KLAUS VON STOSCH · HERAUSFORDERUNG ISLAM

KLAUS VON STOSCH

HERAUSFORDERUNG ISLAM

CHRISTLICHE ANNÄHERUNGEN

3., durchgesehene und korrigierte Auflage

Ferdinand Schöningh

Bibliografische Information der Deutschen Nationalbibliothek

Die Deutsche Nationalbibliothek verzeichnet diese Publikation in der Deutschen Nationalbibliografie; detaillierte bibliografische Daten sind im Internet über http://dnb.d-nb.de abrufbar.

Alle Rechte vorbehalten. Dieses Werk sowie einzelne Teile desselben sind urheberrechtlich geschützt. Jede Verwertung in anderen als den gesetzlich zulässigen Fällen ist ohne vorherige Zustimmung des Verlages nicht zulässig.

3., durchgesehene und korrigierte Auflage
© 2019 Verlag Ferdinand Schöningh, ein Imprint der Brill Gruppe
(Koninklijke Brill NV, Leiden, Niederlande; Brill USA Inc., Boston MA, USA;
Brill Asia Pte Ltd, Singapore; Brill Deutschland GmbH, Paderborn, Deutschland)

Internet: www.schoeningh.de

Umschlaggestaltung, Entwurf Innenteil und Satz:
Martin Mellen, Peter Zickermann, Bielefeld
Herstellung: Brill Deutschland GmbH, Paderborn

ISBN 978-3-506-78020-1

INHALTSVERZEICHNIS

Einleitung   7

I.   Der Koran als Ereignis der Gegenwart Gottes 11
     1. Zur Entstehung des Korans
        in historisch-kritischer Perspektive 11
     2. Zur Bedeutung des Korans
        in der islamischen Schultheologie 18
     3. Zur ethischen Rekonstruktion
        der koranischen Geltungsansprüche 24
     4. Zur Unnachahmlichkeit des Korans 28
     5. Der Koran – ein Wort Gottes auch für Christen? 33

II. Muhammad als Gottes Gesandter 37
     1. Eckdaten zur Biografie Muhammads 37
     2. Die muslimische Begeisterung für Muhammad 42
     3. Die westliche Skepsis gegenüber Muhammad 45
     4. Muhammad – ein Prophet auch für Christen? 53

III. Zeugnis für den einen Gott 61
     1. Einzigkeit und Unvergleichlichkeit Gottes 62
     2. Barmherzigkeit als Wesenseigenschaft Gottes? 65
     3. Gottes Erfahrbarkeit und die Vielfalt
        seiner Eigenschaften 69
     4. Von der Schönheit und vom Schrecken Gottes 74
     5. Glauben wir an denselben Gott? 79

IV. Islam im Vollzug – Beten, Fasten, Pilgern, Teilen 85
     1. Ein christlicher Zugang zu den fünf Säulen des Islams 85
     2. Islam und Recht 97
     3. Mehr Scharia wagen? 107

V.   Der Mensch als Statthalter Gottes 113
     1. Zur Würde und Ambiguität des Menschen 113

  2. Zum Ringen um die menschliche Willensfreiheit 119
  3. Zur Geschlechtergerechtigkeit 126

VI. Modernisierung und Gewalt 135
  1. Monotheistische Religionen und Gewalt 135
  2. Exemplarische Auseinandersetzung
    mit Gewaltversen aus dem Koran 139
  3. Der islamische Fundamentalismus
    als Kind der Moderne 145

VII. Islam und Christentum – zum bleibenden Sinn
  ihrer wechselseitigen Verwiesenheit 153
  1. Christliche Perspektiven auf den koranischen Jesus
    in den mekkanischen Suren 154
  2. Christliche Perspektiven auf den koranischen Jesus
    in den medinensischen Suren 159
  3. Christentumsfreundliche Wendung in Spätmedina
    und Ertrag der koranischen Jesusaussagen
    aus christlicher Sicht 165
  4. Was wir Christen von Muslimen lernen können 169
  5. Der bleibende Skandal des Kreuzes 176

Anmerkungen 179
Ausgewählte Literatur 199
Sachregister 202
Personenregister 205

EINLEITUNG

Der Islam hat derzeit keine gute Presse. Immer wieder wird in den Medien, aber auch in der Wissenschaft behauptet, dass der Islam Schwierigkeiten hat, sich mit der Demokratie auszusöhnen und die individuelle Religions- und Gewissensfreiheit zu akzeptieren.[1] Während das Christentum mittlerweile als Wiege der Aufklärung gilt, wird der Islam oft als finstere Außenseite europäischer Kultur dargestellt. Ja, selbst Kirchenvertreter können mitunter der Versuchung nicht widerstehen, sich auf Kosten des Islams zu profilieren.[2] Besonders perfide wird die Argumentation dann, wenn sie sich direkt auf das islamische Gottesbild bezieht. Der Gott der Muslime – so ist mitunter zu hören – sei ein anderer Gott als der christliche Gott. Angesichts der Christen und Muslimen gemeinsamen Annahme, dass es nur einen Gott gibt, kann eine solche Äußerung aus christlichem Mund nur heißen, dass Muslime einen Götzen verehren. Der muslimische Gott dulde keine Andersheit und werde in seiner Absolutheit und Einsheit so sehr vom Menschen weggerückt, dass dem Menschen keine Autonomie und Freiheit zugestanden werden könne. Das Säkulare könne im Islam kein Eigenrecht haben, weil Gott keine Differenz akzeptiere und den Menschen keinen Eigenraum lasse. Der Islam fordere die totale Unterwerfung unter Gottes Willen und könne geschöpfliche Eigenständigkeit nicht denken. Letzter Grund dieses Defizits sei sein monolithisches Gottesbild, das anders als das trinitarisch-christliche der Andersheit keinen Raum in Gott gebe und deshalb danach strebe, Differenz zu negieren oder abzuschaffen.

Dieses Zerrbild macht es erst möglich, dass politisch orientierter und gewaltbereiter muslimischer Fundamentalismus nicht mehr als Fehlinterpretation des Islams wahrgenommen wird, sondern als Extremform orthodoxen muslimischen Glaubens. Der muslimische Bombenleger erscheint so als extremistischer Vollstrecker der schweigenden muslimischen Mehrheit, die sich weder mit dem westlichen Denken noch mit den westlichen Werten aussöhnen kann – eine Interpretation, die der Selbstwahrnehmung dieser Terroristen entsprechen dürfte, aber im christlichen Diskurs viel zu oft unreflektiert übernommen wird. Die ja tatsächlich in der muslimischen Welt auf breiter Front zu beobachtende Skepsis gegenüber dem Westen wird dann nicht mehr politisch erklärt, indem man Fehlformen westlicher Politik und die Interessenlage der Eliten in muslimisch geprägten Ländern identifiziert. An die Stelle politischer Analyse tritt ein pseudo-theologisches Gerede, das die angeblichen Defizite muslimischen Glaubens aufzählt. Und die Angst vor dem angeblich rückständig-fundamentalistischen Islam geht um.

Dadurch ist ein neuer Typ von Theologen geboren: Der theologische Entwicklungshelfer, der dem angeblich noch im Mittelalter verharrenden Islam helfen soll, endlich in der Moderne anzukommen. Der Islam habe keine Aufklärung durchgemacht und brauche deswegen unsere Hilfe, um endlich aus dem Mittelalter herauszufinden. Der theologische Entwicklungshelfer erklärt dann »dem Islam«, was zu tun ist, um eine heute satisfaktionsfähige Theologie zu entwickeln: Trennung von Religion und Staat sowie Einführung der Differenz in den Gottesgedanken (am besten durch die Trinitätslehre) – so lautet das Credo. Der gute Muslim ist also der, der so ist wie ich: sein Entwicklungshelfer. Der beste Muslim ist eigentlich der Christ[3] – und so ist auch der beste Kenner des Islams ein Christ – ein Denkmuster, das nicht nur bei Karl May zu bestaunen ist, sondern auch heute durch solche Islamwissenschaftler wieder zu beobachten ist, die die Muslime getreu der Schleiermacherschen Hermeneutik besser verstehen als diese sich selbst.[4] Der theologische Entwicklungshelfer weiß, wo die Reise hingehen muss. Und er zeigt dieses Wissen vornehmlich in den Medien des Westens. Dabei inszeniert er seine eigene Aufgeklärtheit, die umso leuchtender erscheint, je dunkler der Islam dargestellt wird.

Blickt man auf diese Diskussionslage, kann es nicht überraschen, dass sich auf der Gegenseite Stimmen mehren, die die Versöhnung der Religionen predigen und das Feststellen jedweder Differenz zwischen Islam und Christentum als Diskriminierung anprangern. Religionen werden so zu einem »Einheitsbrei« verrührt, in dem sich alle wohlfühlen. Das Herausfordernde des Fremden in der anderen Religion verschwindet. Das Ringen um die Wahrheit, das Theologie sich eigentlich zur Aufgabe machen sollte, wird so aufgegeben zu Gunsten eines Pluralismus, der immer schon annimmt, dass alle Religionen gleich viel von Gott erkennen. Die Wahl von Religion verkommt zur Geschmackssache, und unbedingte Geltungsansprüche werden von vornherein eliminiert.

Angesichts dieser aufgeladenen Diskussionslage zwischen Stigmatisierung des Islams als dem Anderen Europas und seiner pluralistischen Vereinnahmung möchte ich mit diesem Buch ein wenig Differenzierungsarbeit leisten. Ich will mich dabei – getreu der aus King Lear geborgten Maxime des späten Wittgenstein »I'll teach you differences«[5] – auf Unterschiede zwischen dem Islam und dem Christentum konzentrieren. Dabei versuche ich zu zeigen, dass gerade diese Unterschiede eine Bereicherung für das Christentum darstellen, sodass Verschiedenheit Anlass für Lernprozesse bieten kann, statt Trennung und Abgrenzung zur Folge zu haben. Es geht mir also um ein unterscheidendes In-Beziehung-Setzen beider Religionen, und ich greife dafür zum einen ausführlicher Diskussionskomplexe um den Koran, Muhammad und das muslimische Gottesbild auf (Kap. I–III) und wende mich zum anderen dem islamischen Recht, Menschenbild und der Gewaltproblematik zu (Kap. IV–VI). Ich hoffe, dabei alle heißen Eisen in der gegenwärtigen Debatte über den Islam aufzugreifen, und versuche, vom Kopftuch über die Gewalt gegen Andersglaubende bis zur Scharia prägnante Themen zu diskutieren, die derzeit mit dem Islam verbunden werden. Das Sachregister soll hier dem Leser oder der Leserin eine schnelle Orientierung und ein Auffinden der sie interessierenden Themen ermöglichen. Abgeschlossen wird mein Buch mit einer Reflexion auf das Verhältnis von Christentum und Islam, das zeigen soll, was Christen von Muslimen lernen können und welche heilsgeschichtliche Rolle der Islam in christlicher Perspektive spielen könnte (Kap. VII).

Dabei ist es an keiner Stelle mein Anspruch, *den* Islam mit *dem* Christentum zu vergleichen. Ein solcher Versuch scheint mir gänzlich zum Scheitern verurteilt zu sein, weil beide Religionen so heterogen interpretiert werden, dass man sie unmöglich als Ganze vergleichen kann. Vielmehr wähle ich bestimmte Lesarten und Interpretationen des Islams aus, die mir besonders einleuchtend zu sein scheinen. So wie ich als katholischer Theologe immer diejenige christliche Theologie stark mache, die mich am meisten überzeugt, versuche ich auch die islamische Theologie von ihrer stärksten Seite zu zeigen. Ich behandle den Islam also – entsprechend dem hermeneutischen Grundsatz des Thomas von Aquin – in der Haltung des *principium caritatis*, also mit liebevoller Aufmerksamkeit. Oder anders gewendet: Ich versuche den Islam möglichst überzeugend zu präsentieren und merke, dass er bei diesem Versuch eine Gestalt gewinnt, die sich merklich von dem unterscheidet, was mich am Christentum fasziniert und gerade in dieser Verschiedenheit meine christliche Theologie bereichert und herausfordert.

Natürlich bleibt auch diese wohlwollende Darstellung des Islams eine christliche Wahrnehmung. Diese Wahrnehmung versucht sich aber immer wieder von muslimischen Stimmen bereichern zu lassen. Das vorliegende Buch hätte deshalb nicht entstehen können, ohne den engen kollegialen Austausch mit meinen muslimischen Kolleginnen und Kollegen am Zentrum für Komparative Theologie und Kulturwissenschaften der Universität Paderborn. Auch die intensiven Gespräche mit Kolleginnen und Kollegen in Qom, Beirut, Kairo, Ankara und Tunis, aber auch in Münster, Berlin, Frankfurt, Erlangen, Hamburg und Tübingen haben dieses Buch bereichert. Ich möchte ihnen allen herzlich danken, vor allem auch für die über Jahre gewachsenen Freundschaften, die die in diesem Buch zum Ausdruck kommende Haltung erst ermöglicht haben. Besonders viel gelernt habe ich von meiner Paderborner Kollegin Muna Tatari, die das Buch auch in seinem Entstehungsprozess kritisch und konstruktiv begleitet hat. Ohne ihre Anregungen und ohne unsere gemeinsamen Lehrveranstaltungen hätte ich ein solches Buch nie schreiben können. Aber auch Tuba Isik, Hamideh Mohagheghi, Idris Nassery, Zishan Ghaffar und Ufuk Topkara haben dieses Buch an entscheidenden Stellen bereichert. Alle fünf sind mir ebenso wie Muna Tatari und viele andere Muslime ans Herz gewachsen und lassen mich erahnen, wie sehr ich mich als Christ durch Muslime bereichern lassen kann, aber auch wie viel Freundschaften über Religionsgrenzen hinweg bedeuten. Ich kann meine Leserinnen und Leser nur ermutigen, selbst solche Freundschaften zu suchen und sich menschlich und im Glauben von ihnen bereichern zu lassen.

Zugleich ist deutlich, dass ich mich zwar von meinen muslimischen Kolleginnen und Kollegen bereichern lasse, aber meine Wahrnehmung des Islams eine christliche bleibt, für die ich allein die Verantwortung trage. Von daher ist es immer meine Schuld, wenn Muslime sich in meinem Buch nicht richtig wahrgenommen fühlen. Und es ist das Verdienst meiner muslimischen Kolleginnen und Kollegen, wenn es mir gelingt, zentrale Punkte des Islams angemessen zu erfassen. Danken möchte ich außerdem meiner studentischen Mitarbeiterin Lena Steindl, die das Manuskript Korrektur gelesen und die Register erstellt hat. Einzelne Kapitel hat neben den oben namentlich genannten Muslimen auch Aaron Langenfeld gelesen. Ihnen allen danke ich herzlich für ihre Hilfe. Schließlich gebührt noch Herrn Dr. Jacobs vom Schöningh-Verlag ein Wort des Dankes. Denn ohne seine Initiative, seine beharrlichen Nachfragen und die Unterstützung von Verlagsseite wäre das Buch nie geschrieben worden. Ich hoffe sehr, dass es einen Beitrag dazu leisten kann, das Gespräch über den Islam in Deutschland so zu verändern, dass wir die Chancen der interreligiösen Begegnung mehr zu erkennen lernen. Zugleich will es Hilfestellungen geben, auch differenzierter mit dem Erscheinungsbild des Islams in der Gegenwart umzugehen. Widmen möchte ich dieses Buch meinen muslimischen Doktorandinnen und Doktoranden, die mir durch ihr Vertrauen, ihre Klugheit, ihre Frömmigkeit und ihre Kreativität täglich neu die Begegnung mit dem Islam zur Freude und Bereicherung machen.

I

DER KORAN ALS EREIGNIS
DER GEGENWART GOTTES

Mitte des Islams und damit auch Mitte seines Offenbarungsanspruchs ist der Koran; er ist aus muslimischer Sicht Urnorm der Wahrheit, Richtschnur für ein gutes Leben und direkte Anrede Gottes an den Menschen. Immer wenn der Koran rezitiert wird, glauben Muslime, dass Gottes Wille für sie hörbar wird; im Vortrag des Korans ereignet sich Gottes Gegenwart. Entsprechend hält etwa der muslimische Theologe Milad Karimi fest, dass Gott mit dem Koran seine eigene Gegenwart offenbart und dass im Akt der Rezitation des Korans »die Gegenwart Gottes sinnlich wahrnehmbar« wird.[6] Von daher hat jede Beschäftigung mit dem Islam vom Koran auszugehen; am Koran und der Art, wie Muslime ihn verstehen, entscheidet sich, wie weit sich Christen dem Islam annähern können.

Um hier klarer zu sehen, wollen wir zunächst einmal in einer historisch-kritischen Perspektive die Entstehung des Korans rekonstruieren (1.), um dann die Sicht der islamischen Schultheologie auf seinen Status nachzuvollziehen (2.). In der islamischen Offenbarungstheologie der Gegenwart kann man m. E. zwei koranhermeneutische Paradigmen wahrnehmen, die zugleich den Erkenntnissen einer historisch-kritischen Exegese standhalten und im Einklang mit der islamisch-theologischen Tradition stehen. Diese beiden Modelle will ich als ethisches (3.) und als ästhetisches Modell der Koranhermeneutik einführen (4.) und aus dem Blickwinkel christlicher Theologie diskutieren. Es soll also zum Abschluss dieses ersten Reflexionsgangs überlegt werden, ob und unter welchen Umständen die Rezitation des Korans auch aus christlicher Sicht als Wort Gottes gewürdigt werden kann (5.).

1. Zur Entstehung des Korans in historisch-kritischer Perspektive

Nach traditioneller muslimischer Sicht ist es so, dass der Koran zu Lebzeiten des Propheten Muhammad entstanden ist und damit im Jahr des

Todes des Propheten 632 n.Chr. inhaltlich abgeschlossen war. Interessanterweise macht bereits diese klassische Bestimmung, der auch die Mehrheit der westlichen Islamwissenschaft bis heute folgt, eine historische Arbeit am Koran erforderlich. Denn auch wenn man davon ausgeht, dass der Koran wortwörtlich von Gott stammt, so ist er auch nach noch so traditionellen Ansichten nicht in einem Moment offenbart worden, sondern in sehr unterschiedlichen Situationen des Lebens Muhammads. Von daher ist ein angemessenes Verstehen eines Koranverses oft erst dann möglich, wenn geklärt ist, in welche Zeit und Situation hinein der Vers ursprünglich gesprochen wurde.

Entsprechend unterscheidet bereits die klassische islamische Koranexegese zwischen mekkanischen und medinensischen Koranversen, also zwischen den Versen, die bereits in Mekka und damit vor dem Auszug des Propheten Muhammad nach Medina 622 entstanden sind, und den später entstandenen medinensischen Versen. Diese Unterscheidung braucht allerdings eigene Forschungsbemühungen, um sie auf den Koran anwenden zu können. Denn alle Interpretinnen und Interpreten sind sich einig, dass die heutige Fassung des Korans nicht der Reihenfolge seiner historischen Entstehung entspricht. Von Anfang an wurden die Koranverse also in einer anderen Weise überliefert als sie entstanden sind. Schon von ihren Anfängen an hat die muslimische Koranexegese deshalb versucht, den historischen Kontext der einzelnen Verse und der Suren des Korans zu rekonstruieren.

Die Tatsache, dass muslimische Forschung schon immer nach den Anlässen der Entstehung – bzw. in muslimischer Diktion der Herabsendung – der Koranverse gesucht hat, bedeutet nicht, dass sie auch im Sinne einer historisch-kritischen Methode vorgegangen ist. Immerhin dürfte sich eine historisch-kritische Forschung im Kontext wissenschaftlicher Forschung damit schwer tun, Gott im Sinne einer Verbalinspiration als Autoren des Korans zu akzeptieren – eine Glaubensannahme, die aber für die meisten Muslime unaufgebbar ist. Insbesondere die Forschungen der Berliner Arabistin Angelika Neuwirth sind allerdings ein gutes Beispiel dafür, dass Ergebnisse einer methodisch ohne Glaubensannahmen vorgehenden Wissenschaft durchaus auch für eine im Glauben stehende islamische Theologie erhellend sein können.

Als Autor des Korans gilt in der historisch-kritischen Rekonstruktion Angelika Neuwirths nämlich nicht etwa der Prophet Muhammad allein, sondern seine Gemeinde tritt als Mitautor des Korans in den Blick. »Nicht ein ›Autor‹ ist hinter dem Koran anzunehmen, sondern – von den allerersten Suren abgesehen, die ein individuelles Zwiegespräch zwischen Gott und Mensch spiegeln – eine sich über die gesamte Wirkungszeit des Verkünders hinziehende gemeindliche Diskussion.«[7] Der Koran spiegelt von daher ein kompliziertes Gespräch zwischen Muhammad, seiner Gemeinde und seinen Gegnern wider, in dem aus muslimischer Sicht Gott die Fäden der Regie zieht, so dass in dieser dialogischen Gesprächsanlage sein Wort an die Menschen erfahrbare Wirklichkeit wird. Muhammads Bedeutung erscheint in dieser Wahrnehmung weniger als Autor im klassischen Sinne sondern als Katalysator und Formgeber der Debatten, in die er verwickelt war.[8] Die von ihm verkündeten Texte entwickelten nach ihrer Verkündigung eine eigene Autorität, die ihm und seiner Verfügungsgewalt entzogen war. Sie konnten zwar durch koranische Zusätze ergänzt, aber nicht mehr aus dem Verkehr gezogen werden, weil sie in der koranischen Gemeinde tradiert wurden.[9]

Eine besonders hohe Erschließungskraft hat Neuwirths Konzept für die historisch frühesten Koransuren. Neuwirth fallen die großen Entsprechungen dieser Suren mit jüdischen und christlichen liturgischen Texten auf. Sie geht davon aus, dass diese Verse aus nächtlichen Psalmenrezitationen Muhammads und seiner Gemeinde entstanden sind, und zwar aus einer asketisch-liturgischen Praxis heraus, »bei der neue Texte aus nächtlich rezitierten, bereits in Gebrauch befindlichen Texten gleichsam herauswachsen«[10]. Entsprechend versteht Neuwirth den frühen Koran als »Teil der spätantiken Psalmenfrömmigkeit.«[11] Allerdings bringe der Koran durch seine starken eschatologischen Prophezeiungen ein innovatives Moment in diese rituellen Gebetskontexte hinein.[12] Neuwirth erkennt also gleich zu Beginn den schöpferischen Neuanfang an, der durch den Koran gesetzt wird.

Ab der mittelmekkanischen Zeit, also ab ca. 615–618 n.Chr., lassen sich ihrer Rekonstruktion zufolge die Koranverse nicht mehr einfach nur als Weiterentwicklung bereits existierender liturgischer Texte verstehen. Sie sind zwar weiterhin im Diskursmilieu der Spätantike und der sie prägenden biblischen Texte beheimatet. Aber sie beziehen sich nun deutlich auf eine außertextliche Autorität und sie verstehen sich als Auszug aus einer himmlischen Schrift. Sure 15 scheint hier die erste Sure zu sein, in der ein gemeindlicher Gottesdienst erkennbar wird, »in dem eine als solche eingeführte Schriftverlesung als wichtigster Teil im Zentrum steht«[13]; d. h. der Koran avanciert zu einer eigenen Offenbarungsurkunde, aus der vorgetragen wird. Ihrem Zeugnis zufolge erfährt der Prophet Muhammad eine vertikale Form der Kommunikation, die ihn zu dem Glauben bringt, dass hier aus göttlicher Autorität heraus ein neuer Diskurs begonnen wird.

Der Koran enthält in den mekkanischen Suren also zwei durchaus unterscheidbare Komponenten: Einerseits den situationsbedingten Vortrag und andererseits das Exzerpt aus der himmlischen Schrift. Erst in den medinensischen Suren fließen beide Komponenten ineinander.[14] Doch erst nach dem Tod Muhammads wird aus dem sich im Koran spiegelnden polyphonen Religionsgespräch »ein einstimmiger Text, ein göttlicher Monolog«[15], indem die muslimische Gemeinde den Text von Anfang an als von Gott kommend anerkennt. Die Kunst historisch-kritischer Rekonstruktion besteht nun darin, das polyphone Gespräch hinter diesem Monolog wiederzuentdecken, um dadurch die ganze Bedeutungsfülle des Korantextes in seinem ursprünglichen Offenbarungskontext erkennen zu können.

Bei dem Versuch der Rekonstruktion des ursprünglichen Korantextes ist zu bedenken, dass der Koran von Anfang an mündlich tradiert und auswendig gelernt wurde. Schon die Gefährten und Freunde des Propheten haben seine Predigt auswendig gelernt und weitererzählt. Möglicherweise gab es schon zu Lebzeiten Muhammads erste schriftliche Aufzeichnungen. Besonders salafistische Geschichtsschreiber, aber auch andere traditionelle Gelehrte betonen im Anschluss an diese Möglichkeit, dass es schon zu Lebzeiten des Propheten Niederschriften vieler Verse auf Palmblattrispen, Lederstücken, Knochen, usw. gab.[16] Der Hauptstrom der klassischen muslimischen Tradition ist an dieser Frage aber völlig uninteressiert, weil sie selbstverständlich davon ausging, dass der Koran ursprünglich in mündlicher Form tradiert wurde. Erst in der Neuzeit kommen Muslime erstmals auf die Idee, die ursprünglich rein orale Form der Überlieferungstradition in Frage zu stellen, was ihre inhaltliche Position historisch gesehen nicht gerade wahrscheinlicher macht. Wir dürfen deshalb mit der klassischen Tradition sagen, dass die mündliche Tradierung des Korans immer im Vordergrund stand und auch nach dem Tod Muhammads die eigentliche autoritative Quelle blieb. Ja, mit Angelika Neuwirth kann man sogar sagen, dass in der spätmekkanischen Zeit die »Mündlichkeit der heiligen Schrift den Rang eines koranischen Glaubensartikels [erhielt; Vf.] ... – ein Phänomen, das von keiner anderen Schrift bekannt ist«[17] und bleibend den Zugang zum Koran prägen sollte.

Zwar wurde nach der traditionellen Sicht kurz nach dem Tod des Propheten Muhammad vom Schreiber des Propheten, Zaid ibn Thābit, im Auftrag des ersten Kalifen Abū Bakr (632–634) eine erste vollständige schriftliche Fassung des Korans angefertigt. Aber dieses Exemplar hatte lediglich die Funktion einer Sicherheitskopie, die beim Kalifen hinterlegt wurde und nicht für die liturgische Praxis in den frühen muslimischen Gemeinden von Bedeutung war. Sie wurde privat an die Tochter des Kalifen vererbt und blieb ohne jede öffentliche Wirksamkeit. Anlass ihrer Erstellung war der Tod zahlreicher »Korankenner in den

Sezessionskämpfen nach dem Tod des Propheten«[18], d. h. sie war eine reine Vorsichtsmaßnahme und kann nicht als Beleg gegen die ursprünglich mündliche Tradierung des Korans ins Feld geführt werden.

In den Gemeinden wurden die Koranverse auswendig rezitiert, und bis heute gilt etwa in traditionellen Sufiorden die mündliche Überlieferung des Korans von einem Scheich zum nächsten als authentischer als jede schriftliche Koranversion. Erst knapp 20 Jahre nach dem Tod Muhammads entstand auch auf Gemeindeebene der Wunsch nach einer schriftlichen Fassung des Korans. Ausgelöst wurde er durch innermuslimische Streitigkeiten um den richtigen Korantext. Der Kalif ʿUthmān ließ deshalb – nach der klassischen Sicht – 650/51 das Koranexemplar Abū Bakrs unter Bereinigung von Dialektdifferenzen abschreiben und entsprechend erstellte Musterkodizes an zentrale Orte seines Reiches bringen. Diese Kodizes enthielten allerdings nur ganz wenige, in ihrer Deutung bisher nicht entschlüsselte diakritischen Punkte und Vokalzeichen, sodass es hier eher um eine Gedächtnisstütze ging, als um eine eindeutige Fixierung des Textes – d. h. ohne Rückgriff auf die mündliche Tradition war der Text nicht eindeutig.[19] Das ist insofern sehr interessant, als diakritische Zeichen zum Zeitpunkt der ʿUthmānschen Koranredaktion bereits bekannt waren und etwa auf einem griechisch-arabischen Papyrus von 643 nachgewiesen sind. Offenkundig wurden diese bewusst nicht verwendet, um die Vielzahl möglicher Rezitationsweisen, die sich etabliert hatten, weiter pflegen zu können.[20] Schon im Deutschen kann man sich klar machen, wie unterschiedlich ein Text verstanden werden kann, wenn er keine Vokale und keine Satzzeichen enthält. Im Arabischen ist hier die Bedeutungsvielfalt sogar noch größer, sodass die Beschränkung auf den reinen Konsonantenbestand eine sehr vielfältige Lesart des Korans ermöglichte.

Diese erstaunlich liberale Handhabung mit einem normativ so stark aufgeladenen Text hatte damit zu tun, dass sich im Islam schon sehr früh die Tradition von sieben verschiedenen Rezitationsweisen des Korans entwickelte, die auf den Propheten selbst zurückgeführt wurden.[21] Diese unterschiedlichen Rezitationsweisen pflegen vor allem ästhetisch bedeutsame phonetische Unterschiede und schlagen nur selten auf den Inhalt durch. Schon vor dem Tod des Propheten waren verschiedene Rezitationsweisen dieser Art im Umlauf und scheinen auch von ihm akzeptiert worden zu sein. Entsprechend wurde der schriftlich verbindliche Kodex zwar auf der Grundlage der letzten Rezitation des Propheten vor seinem Tod entwickelt. Zugleich wurden aber bewusst keine diakritischen Zeichen eingefügt, die es unmöglich gemacht hätten, ihn auch in den anderen gängigen Weisen zu rezitieren; denn die entsprechenden Rezitationsarten der Prophetengefährten sollten nicht ausgeschlossen werden.[22] Die theoretische Möglichkeit von Uminterpretationen wesentlicher Inhalte des reinen Konsonantentextes wurde offenkundig nicht als Problem empfunden, weil sie durch die vorgegebenen oralen Traditionen ausgeschlossen war. D. h. die schriftliche Fixierung schloss zwar einige Randpositionen aus, legte aber nicht *eine* verbindliche Lesart des Korans fest, sondern diente als gemeinsamer Bezugspunkt unterschiedlicher Rezitationsweisen.

Historisch betrachtet scheint sogar die Beschränkung auf sieben Lesarten restriktiver zu sein als die Praxis der ersten Muslime, die noch viel mehr Lesarten kannten und anerkannten. Erst der Bagdader Gelehrte Ibn Mudjāhid (859–936) war es, der in seinem vergleichenden Buch über die Koranlesarten versuchte, eine Kanonisierung von nur sieben Koranlesarten zu begründen.[23] In vielen älteren Lehrbüchern ist noch von deutlich mehr Lesarten die Rede, und diese Beschränkung auf sieben wurde denn auch niemals von allen akzeptiert.[24] Die Reduktion hatte allerdings nachvollziehbare pragmatische Gründe, insofern eine allzu große Vielzahl von Rezitationsweisen des Korans die Entwicklung eines schulmäßigen Betriebs in Sachen Korangelehrsamkeit erschwerte. Gerade für den liturgischen Gebrauch war die Reduktion auf sieben Lesarten erforderlich, um die Tradierung des Korans und seiner Rezitation in den Gemeinden handhabbar zu machen. Interessanterweise wurde in den Koranwissenschaften dennoch die ganze Fülle und Bandbreite möglicher Lesarten rezipiert und diskutiert, um auf alle Verständnismöglichkeiten der Offenbarung zugreifen zu können.

Die hier zum Vorschein kommende Vielfalt betrifft allerdings nicht die zentralen koranischen Inhalte und hat überhaupt nur sehr selten Folgen für das inhaltliche Verständnis des Korans. Die Lesarten zeigen durchgehend eine Pluralität von Rezitationsmöglichkeiten, aber keine inhaltlichen Widersprüche, sodass ihre Anerkennung nicht in den Relativismus führt.[25] Von daher kann man bereits für das achte Jahrhundert konstatieren, dass sich der ʿuthmānsche Text in der gesamten islamischen Welt durchgesetzt hat[26] – vielleicht ja gerade wegen seines respektvollen Umgangs mit der bestehenden Pluralität von Rezitationsmöglichkeiten.

Dieser Text ist allerdings in den alten Kodizes zunächst einmal ein reiner Konsonantentext, der also auch inhaltlich viele Interpretationsmöglichkeiten offen lässt – insbesondere dann, wenn man ihn nicht in einer lebendigen oralen Überlieferungstradition liest. Eben diese Pluralität an der normativen Wurzel des Islams stört insbesondere fundamentalistische Muslime ungemein. Salafistische Historiker verlegen deshalb die Redaktionsarbeit ʿUthmāns fünf Jahre vor und behaupten, dass er im Gehorsam zu den Überlieferungen des Propheten auch inhaltlich bedeutsame Entscheidungen gefällt habe, so dass bereits zu diesem frühen Zeitpunkt der genaue Inhalt des Korans festgestanden hätte. Sie erwähnen dabei aber nicht, dass der Koran in der Frühzeit nur als Konsonantentext schriftlich tradiert wurde und die inhaltliche Klarheit der Tradition zentral auf seiner mündlichen Tradierung gründete – also einer Tradierung, die eben ganz bewusst unterschiedliche Lesarten des Korans zuließ.

Diese Situation änderte sich erst in der Moderne. Im Gefolge des Osmanischen Reiches und der Erfindung des Buchdrucks wurde der Kairiner Koran, gedruckt 1925 in enger Anlehnung an die ʿuthmānsche Schreibung, zu dem *einen* verbindlichen Text aller Muslime, der nun auch in seiner Vokalisierung nur noch *eine* Lesart des Korans zuließ.[27] Dagegen ist es in der klassischen Sichtweise des Islams so, dass die Varianten mit in der Offenbarung enthalten und von Gott vorgesehen sind.[28]

Während die meisten westlichen Forscherinnen und Forscher im Wesentlichen mit den bisher referierten klassischen Positionen übereinstimmen, haben sich seit den späten 1970er Jahren gerade im englischsprachigen Bereich auch revisionistische Versionen zur Entstehung des Korans verbreitet. So sieht etwa John Wansbrough den Koran als Produkt von Gelehrten einer synchretistischen Gemeinde im Mesopotamien des achten oder neunten Jahrhunderts an. Patricia Crone und Michael Cook bringen eine messianische Bewegung in Palästina als alternatives Herkunftsszenario ins Spiel und meinen ebenfalls, den Koran deutlich später datieren zu müssen.[29] Doch derartige Thesen vermögen schon deshalb nicht zu überzeugen, weil sie nicht zur Datierung der ältesten Koranhandschriften passen, die eindeutig in das siebte Jahrhundert weisen.[30] Entsprechend hält Angelika Neuwirth völlig zu Recht fest: »Auch wenn man nicht von einer Redaktion ʿUthmāns von etwa 655 ausgehen will, so liegen doch auf keinen Fall mehr als 60 Jahre zwischen dem Abschluß des Textes und seiner verbindlichen Veröffentlichung«[31], d. h., die Fertigstellung des Korans erfolgt spätestens im Rahmen des imperialen Projekts von ʿAbd al-Malik um 690. Historisch am plausibelsten ist weiterhin der Abschluss der Redaktion des Korans Mitte des siebten Jahrhunderts.[32] Zugleich wird man davon ausgehen dürfen, dass zum Tod Muhammads der Textbestand des Korans in mündlicher Form bereits weitgehend feststand.

Wenn man im Sinne der Revisionisten an diesen Fakten zweifelt, entfernen sich die historischen Einordnungen sehr stark von der muslimischen Tradition und verflüchtigen sich ins Spekulative. Faktisch führt die revisionistische Korankritik deshalb zum selben Ergebnis wie die fundamentalistische Koranlektüre: Die koranischen Inhalte werden aus ihrem geschichtlichen Entstehungsumfeld gerissen und damit der Möglichkeit einer historisch-kritischen Analyse entzogen, die auch die große Mehrzahl der Muslime zu rezipieren bereit ist. Da schon die Tatsache von Handschriftenfunden aus dem siebten Jahrhundert einen Entstehungsprozess des Korans über mehrere Jahrhunderte hinweg ausschließt und sich keine belastbaren Fakten dafür angeben lassen, dass der Koran auch nach dem Tod Muhammads weitergeschrieben wurde, dürfte es auch bei einer christlichen Lektüre des Korans am produktivsten sein, seine Entstehung zur Zeit des Propheten Muhammad anzuerkennen. Dabei wird man allerdings gegen fundamentalistische Uniformierungsversuche nachfragen, wie sich die verschiedenen überkommenen Lesarten zueinander verhalten und den in ihnen liegenden ästhetischen Reichtum auch hermeneutisch für das Koranverständnis fruchtbar machen.

2. Zur Bedeutung des Korans in der islamischen Schultheologie

Nachdem wir im ersten Schritt einen historischen Blick auf die Entstehung des Korans geworfen haben, soll es nun im zweiten Schritt darum gehen, wie der Koran theologisch in der Tradition der Schultheologie angesehen wurde. Wir bemühen uns deswegen um ein tieferes Verstehen einer der ältesten Streitfragen der islamischen Theologiegeschichte, nämlich der Frage, ob der Koran als *geschaffen* oder *ungeschaffen* anzusehen ist. Ursprünglich ausgetragen wurde dieser Streit zwischen verschiedenen theologischen Schulen aus der Frühzeit des Islams und er weist eine Reihe von interessanten Parallelen zu den alten christologischen Streitigkeiten um die Ungeschaffenheit des Logos in Jesus Christus auf, der vor allem im vierten Jahrhundert die christliche Theologie in Atem gehalten hatte.[33]

Doch uns interessiert hier erst einmal nur der innerislamische Streit ab dem achten Jahrhundert, den man in einer vereinfachten Darlegung als Streit zwischen den theologischen Schulen der Muʿtaziliten und der Aschʿariten verstehen kann.[34] Als Muʿtaziliten bezeichnet man eine Gruppe islamischer Theologen aus der Frühzeit des Islams, die sich einerseits methodisch darauf verpflichtet haben, den muslimischen Glauben mit den Mitteln der Vernunft zu verteidigen und somit in der Terminologie griechischer Philosophie verständlich zu machen, und die andererseits in ihrer Entfaltung der Glaubenslehre von der absoluten Transzendenz Gottes ausgehen. Gott übersteige in seiner Einheit,

Einzigkeit und Ewigkeit die Verstehensmöglichkeiten menschlicher Vernunft und sei in menschlicher Sprache nicht adäquat aussagbar. Deshalb könne auch der Koran – anders als die Tradition meine – nicht als ungeschaffen angesehen werden, sondern sei eine von Gott erschaffene Mitteilung des göttlichen Willens.

Die Muʿtaziliten wurden in ihrer Blütezeit bis zur Mitte des 9. Jahrhunderts n.Chr. auch politisch stark gefördert. Den Höhepunkt der muʿtazilitischen Macht bildete das Kalifat von al-Maʾmūn (786–833), eines Sohns von Hārūn ar-Raschīd (reg. 786–809). Hintergrund des Interesses der muslimischen Machthaber an einer rationalen Durchdringung des Glaubens war die Tatsache, dass das Kalifat seit Mitte des 8. Jahrhunderts ein riesiges Gebiet beherrschte, in dem die alten Religionen nach wie vor aktiv waren. Dadurch standen Auseinandersetzungen an mit dem Christentum, aber auch mit dem v. a. im Iran verbreiteten Dualismus sowie mit gnostischem Gedankengut, sodass die rationalistische Theologenschule nach Kräften gefördert wurde – sogar mit inquisitorischen Mitteln.

Wie kein Kalif vor ihm präsentierte sich al-Maʾmūn als Lehrer der Gläubigen und versuchte mit allen ihm zur Verfügung stehenden Mitteln – also auch der Folter und Morddrohung – das anthropomorphe Gottesbild der Tradition durch das fortschrittlichere, die Transzendenz Gottes betonende der Muʿtaziliten zu ersetzen. Prominentestes Opfer des Inquisitionsverfahrens war Ahmad ibn Hanbal (780–855), der trotz Auspeitschung und Morddrohung am Bekenntnis zur Ungeschaffenheit des Korans festhielt.[35] Ibn Hanbal vertrat dabei keine anspruchsvolle Theologie, sondern lehnte ebenso wie die ihm folgende Rechtsschule der Hanbaliten jeden Gebrauch rein philosophischer Vernunft ab. Dennoch erlangte er dadurch Einfluss, dass er unter Einsatz seines Lebens für die Lehre von der Ungeschaffenheit des Korans und damit für die göttliche Autorität und Dignität des muslimischen Offenbarungsanspruchs eintrat. Er begründete damit eine durch den Siegeszug der Wahhabiten derzeit weltweit einflussreich werdende Tradition im Islam, die Treue zur nicht verstandenen Wahrheit für wichtiger hält als ihre rationale Durchdringung.

Im Grunde findet zur Zeit des Kalifen al-Maʾmūn erstmals der Versuch einer Rationalisierung des Islams von oben statt, der genau wie alle Projekte dieser Art scheiterte und ein intellektuelles Trauma entstehen ließ, das es bis heute schwer macht, eine Rationalisierung des Islams mit politischen Mitteln voranzutreiben. Insbesondere die Wiederholung des gleichen Schemas in der Kolonialzeit hat sich tief ins muslimische Bewusstsein eingegraben und macht es schwer, an diese

Tradition anzuknüpfen. Wenn es ausgerechnet die Kolonisatoren waren, die Demokratie, Menschenrechte und Aufklärung verteidigen wollten, lag der Abwehrreflex nahe, ihr Gebaren als ebenso imperiales Projekt abzutun wie die Repressionspolitik al-Maʾmūns. Nichtsdestotrotz gibt es in jüngster Vergangenheit immer wieder muslimische Reformtheologen, die sich bewusst in die muʿtazilitische Tradition stellen und hier einen genuin islamischen Zugang zur Öffnung des Islams für Rationalität und Aufklärung sehen. Ob der so rationalistisch daherkommende Zugang der Muʿtaziliten aber wirklich einer kritischen Überprüfung mit Hilfe der Vernunft standhält, werden wir noch zu überlegen haben.

Da nach Auffassung der Muʿtaziliten angesichts seiner Transzendenz nichts Gott gleich ist, gilt für alles, was nicht Gott gleich ist, dass es geschaffen ist – also auch für den Koran. Neben der Transzendenz ist es vor allem die Einsheit Gottes, auf die die Muʿtaziliten die spekulative Begründung ihrer Lehre von der Geschaffenheit des Korans stützen. Die Einsheit Gottes (at-tauḥīd) gilt im Islam schulübergreifend als Grundprinzip der Theologie. Der Argumentation der Muʿtaziliten zufolge bedroht die Behauptung der Ungeschaffenheit des Korans das Konzept der Einheit und Einfachheit Gottes, weil nichts Ewiges aus Teilen zusammengesetzt sein könne. Im Übrigen sahen die muʿtazilitischen Denker im Bekenntnis zur Ungeschaffenheit des göttlichen Wortes völlig zu Recht eine Parallele zur christlichen Glaubensreflexion, die sie unbedingt vermeiden wollten. Um ihre philosophische Kritik an der Christologie und der mit ihr verbundenen Trinitätslehre aufrecht erhalten zu können, kam alles darauf an, jede Hypostasierung des Korans zu vermeiden und somit auch seine Ungeschaffenheit zu leugnen. Anders schien ihnen weder die Abgrenzung vom Christentum noch die Treue zum Bekenntnis der Einsheit Gottes möglich zu sein.

Neben diesen eher philosophisch-spekulativen bzw. apologetischen Argumenten für die Geschaffenheit des Korans bieten die Muʿtaziliten auch ausführliche exegetische Begründungsfiguren, die sich auf den Wortlaut des Korans stützen und auf diese Weise dessen Begrenztheit und Geschichtlichkeit deutlich machen wollen. Eine besondere Rolle spielt dabei das Phänomen der Abrogation, d. h. der Richtigstellung bestimmter Verse innerhalb des Korans, das in den Augen der Muʿtaziliten die Geschaffenheit des Korans beweist, da es in etwas Ewig-Unveränderlichem keine inhaltlichen Änderungen geben könne und eine Verbesserung von Ungeschaffenem unmöglich sei.

In der sunnitischen Tradition des Islams konnte sich die muʿtazilitische Position trotz aller Repressionsversuche der Kalifen nicht durchsetzen. Zum Glück für die intellektuelle Strahlkraft des Islams blieb aber auch die hanbalitische Verweigerung einer rationalen Beantwortung der Frage nach dem Status des Korans eine Außenseiterposition. Stattdessen gewann bereits kurz nach der Blüte der Muʿtaziliten im 9. Jahrhundert n. Chr. die Position der Aschʿariten immer mehr an Einfluss und wurde in der Folgezeit bestimmend für die Orthodoxie. Al-Ašari (gest. 935), der Begründer dieser Schule, vertritt inhaltlich die Theologie der Traditionsbewahrer, geht methodisch aber wie die Muʿtaziliten vor, d. h. er stellt die rationale Argumentation in den Dienst traditioneller Positionen und will gewissermaßen die rationale in die traditionale Theologie aufnehmen. Allerdings hat die rationale Theologie ihm zufolge keinen Selbstzweck, sondern sie ist nur wegen der vielen Ungläubigen unumgänglich – mit Wittgenstein könnte man sagen: sie hat allein therapeutische Funktion. Al-Ašari begründet damit eine Tradition, die in ihrer Weiterentwicklung durch al-Ghazali (1058–1111) zur führenden dogmatischen Schulrichtung im sunnitischen Islam wurde, deren Lehren sich bis heute durchgezogen haben.

Der Ausgangspunkt der aschʿaritischen Überlegungen ist ebenso wie bei den Muʿtaziliten die Transzendenz und Einheit Gottes. Zugleich fragen sie auf spekulativer Ebene, ob die Vollkommenheit Gottes zureichend gedacht wird, wenn Gott nicht weitere Vollkommenheit verleihende Eigenschaften wie Allwissenheit, Allmacht und Allgüte zugesprochen werden, zumal diese Eigenschaften auch im Koran ebenso selbstverständlich von Gott ausgesagt werden wie seine Transzendenz. Dadurch tritt die auch in der christlichen Theologie nicht unbekannte Frage auf, wie diese Eigenschaften mit der Einfachheit Gottes zusammengedacht werden können.

Die Antwort der Muʿtaziliten auf dieses Problem bestand darin, dass Gott selbst diese Eigenschaften sei. Sie weigern sich also kategorisch, eine selbständige Wirklichkeit von Eigenschaften in Gott auszusagen, da sie an keiner Stelle Unterscheidungen in Gottes Wesen eintragen wollen. Gott ist ihnen zufolge reine Einheit und damit das Gegenteil von Differenz. Dadurch entsteht das Problem, wie all diese Wesensmerkmale zusammenpassen sollen, wie also Gottes Wesen beschaffen sein soll, wenn es mit dem Wissen, Hören, Sehen, Handeln, aber auch mit der Gerechtigkeit und Barmherzigkeit identisch sein soll. Leugnet man wegen dieser Schwierigkeit die Ungeschaffenheit der göttlichen Attribute, fragt sich, wieso gerade die Prädikation von Einheit von diesem Verdikt ausgenommen werden soll und die Gottesrede droht insgesamt beliebig zu werden.

Ibn Kullāb (gest. ca. 855), einer der frühesten Vertreter einer spekulativen Theologie im Sinne der späteren Orthodoxie, ist der erste, der hier einen markanten Gegenentwurf vorlegt und die Identität der Attribute mit Gott in Abrede stellt. Er versteht sie als »›Momente‹ (*maʿānī*) in seinem Wesen, die ein eigenes Sein beanspruchen können«[36]. Da diese Momente aber auch nicht von Gott verschieden sein konnten, wollte man sie nicht auf der gleichen Ebene wie beim Menschen verstehen, lehrte Ibn Kullāb, dass sie weder identisch mit Gott noch nicht identisch mit ihm sind. Bezogen auf die hier für uns im Vordergrund stehende Frage nach der Stellung des Korans eröffnet diese Position die Möglichkeit, den Koran als Gestalt von Gottes Wissen zu verstehen und ihm auf diese Weise immer schon eine eigene, ungeschaffene Wirklichkeit im Wesen Gottes zuzuweisen, ohne die Einheit und Einsheit Gottes in Frage zu stellen. Wie für alle Attribute Gottes gilt auch für sein Wort der Grundsatz Ibn Kullābs, dass es nichts von Gott Verschiedenes sein kann, ohne mit ihm identisch zu sein.

Dabei unterscheiden die Aschʿariten anders als etwa die erzkonservative Rechtsschule der Hanbaliten zwischen dem geistigen und dem materiellen Wort des Korans. Während das geistige Wort des Korans, also sein Inhalt, ewig in der Wesenheit Gottes existiere, seien die Laute und Worte des Korans ebenso wie seine Rezitation geschaffen und damit lediglich Ausdrucksformen von Gottes Rede. »Der Text des Korans ist ewig und ungeschaffen, der Vortrag seiner Worte ist geschaffen und zeitlich.«[37] Entsprechend geht beispielsweise der bereits erwähnte Ibn Kullāb davon aus, dass die Ausdrucksformen der göttlichen Offenbarung variieren können und dass das, was rezitiert wird, Träger von Gottes Wort ist, während die Rezitation ebenso wie ihre schriftliche Fixierung zeitlich entstanden und damit geschaffen sind.

Ibn Hanbal (gest. 855) dagegen lehnte wie bereits angedeutet jede Differenzierung zwischen Koran und dessen Rezitation ab. Entsprechend meinen die Hanbaliten bis heute, dass die Laute und Wörter des Korans selbst ewig sind. Dagegen gilt den anderen Rechtsschulen der Koran lediglich als der sprachliche Ausdruck des ungeschaffenen ewigen Wortes Gottes, so dass es von seinem Wesen her zwar als ganz göttlich, in seiner Sprache aber zugleich als menschlich angesehen werden kann. Oder noch pointierter ausgedrückt: »Der Koran ist gänzlich das Wort Gottes und ... auch gänzlich das Wort Mohammeds«[38] – eine Formulierung, die die spekulative Nähe dieser Lösung mit der der christologischen Zwei-Naturen-Lehre schön deutlich macht.

Vergleicht man den Status des Korans in diesen Schulstreitigkeiten mit den christologischen Debatten im dritten und vierten Jahrhundert, fallen erstaunliche Parallelen auf. So wie die Muʿtaziliten zwar die Präexistenz des Wortes Gottes zuzugestehen bereit waren, dessen Ungeschaffenheit jedoch ablehnten, so beharrten auch die Arianer auf der Präexistenz des Logos, lehnten zugleich aber seine Ungeschaffenheit ab und betonten immer wieder, dass er nur *per creationem* und *per participationem* an der Macht des Vaters teilhat. Genau wie die Muʿtaziliten waren auch die Arianer dabei von der Sorge um die Einheit und Einfachheit Gottes bewegt, ließen mittel- bzw. neuplatonische Einflüsse erkennen und wurden zeitweise von den politisch Mächtigen gefördert.[39] Muʿtaziliten wie Arianer waren zudem stark von einer übersteigerten negativen Theologie geprägt und hielten die Kluft zwischen Schöpfung und transzendentem Gott für unüberwindbar.

Auch auf der Seite der jeweils siegreichen Gegenpartei sind frappierende Ähnlichkeiten zu beobachten. So wie die Aschʿariten das ungeschaffene Wort Gottes im Koran erkennen, in der Gestalt des Korans aber diese ungeschaffene Dimension von der geschöpflich-materiellen Gestalt des Korans unterscheiden, ohne sie davon trennen zu wollen, so unterscheidet auch das Konzil von Nicäa 325 in der bekannten Weise eine göttliche und eine menschliche Natur in Jesus Christus und Chalcedon (451), stellt klar, dass das Verhältnis dieser beiden Naturen ungeteilt (sowie ungetrennt) und unvermischt (sowie unverändert) zu denken ist. So wie sich die christliche Orthodoxie immer wieder mit der alexandrinischen Versuchung auseinandersetzen musste, eine Verschmelzung der göttlichen und menschlichen Natur zu denken, so stehen die Hanbaliten im Islam bis heute für eine (aufgrund der saudischen Öl-Milliarden) einflussreiche Minderheit, die eine unhinterfragte materiale Identität von innerweltlicher Gestalt des Korans und dessen himmlischem Urbild bekennen. So wie sich dem diese Versuchung wehrenden orthodoxen christlichen Glauben das Problem der Zwei-Naturen-Lehre stellt, so stellt sich auch für die Aschʿariten die Frage, wie die sprachliche Gestalt des Korans geschöpflicher Ausdruck des ungeschaffenen Wortes Gottes sein kann und wie sie als solche zu erkennen ist. So wie es die Soteriologie war, die Athanasius und andere Kirchenväter so hartnäckig an der gottmenschlichen Natur Jesu Christi festhalten und auch staatliche Verfolgungen aushalten ließ, so war es auch auf muslimischer Seite die Erfahrung der befreienden Kraft des Korans, die sie so vehement auch in Verfolgungszeiten auf der Ungeschaffenheit des Korans beharren ließ.

Trotz dieser verblüffenden strukturellen Parallelen wird in der islamischen Theologie durchweg jeder Eindruck einer Hypostasierung des Wortes Gottes zurückgewiesen. Die Ungeschaffenheit und Präexistenz des Wortes Gottes bedeutet aus muslimischer Sicht also nicht, dass dieses eine eigene Hypostase in Gottes Wesen erhält. Zu sehr steht Muslimen sonst die Einladung zur Trinitätstheologie vor Augen, die Muslime aller Couleur gerne vermeiden möchten. Stattdessen behilft man sich mit Formulierungen, wie ich sie weiter oben zitiert habe, und verzichtet auf eine spekulative Aufhellung des Problems. An dieser Stelle wird bereits deutlich, dass der Gegensatz zwischen Mu'taziliten und Asch'ariten nicht zu sehr dramatisiert werden sollte und auch nicht in vergleichbarer Weise wie die entsprechenden christologischen Streitigkeiten in der Volksfrömmigkeit bewusst ist. Dennoch stehen beide Schulen für theologische Grundoptionen, die auch heute noch bedeutsam sind und bei den leitenden Kategorien der Koranhermeneutik spürbar werden.

3. Zur ethischen Rekonstruktion der koranischen Geltungsansprüche

Rekapituliert man die Überlegungen der Mu'taziliten, so fragt sich, wie auf reflexiver Ebene der ja doch beibehaltene Anspruch auf göttliche Autorität des Korans mit der starken Betonung der Transzendenz Gottes vermittelt wird. Eine Möglichkeit zur Lösung dieses Problems stellt die ethische Rekonstruktion des muslimischen Offenbarungsanspruchs dar, wie sie in der Gegenwart beispielsweise in der sog. Ankaraner Schule vertreten wird und wie sie auch Nasr Hamid Abu Zaid in seinen Schriften stark gemacht hat. Als Ankaraner Schule bezeichnet man eine neuere theologische Schule in der Türkei, die ursprünglich an der Universität Ankara für eine moderne Hermeneutik des Korans eintrat und heute ihre wichtigsten Vertreter in Ömer Özsoy und Mehmet Paçaci hat. Ihre ethische Rekonstruktion des muslimischen Offenbarungsanspruchs geht in der Regel von einer Denkfigur aus, die in sehr einprägsamer Weise Fazlur Rahman vorgegeben hat. Rahmans Überlegungen sind symptomatisch für die Grundgedanken anderer muslimischer Reformer wie etwa von Abu Zaid, so dass sich der Blick auf ihn lohnt. Rahman sah den Koran als »Handbuch der Ethik, das nicht Einzelanweisungen, sondern Prinzipien bietet«[40]. Er schlägt folgendes dreischrittiges Verfahren zur Eruierung des rechten Verstehens des Korans vor – ein Verfahren, das die Ankaraner Schule übernommen hat.

Im ersten Schritt gehe es um die Rückkehr in die Offenbarungszeit. Denn Gottes Anrede an den Menschen sei im Koran konkret auf bestimmte Menschen und Situationen bezogen, sodass die Frage bei seiner Lektüre immer lauten müsse: »Wer spricht hier jeweils – und zu wem?«[41] Weil sich jede Koranstelle auf Geschichte bezieht, muss man, um die ursprüngliche Bedeutung von Koranstellen festzustellen, jede Stelle in ihrer eigenen geschichtlichen Situation lesen.[42] Der Koran beantworte eben nur die Fragen, die ihm gestellt werden, nicht aber alle, die denkbar sind.[43] Der Koran gilt Özsoy als die »geschichtliche Form des Göttlichen Wortes«[44], und Gott beschränkt sich in seiner Wahrnehmung auf diese kontingente und damit verletzliche Form, weil er nur so die Menschen in ihrer Kontingenz erreichen und ihr Leben verbessern kann.[45]

Ausgehend von der genauen Analyse der geschichtlichen Umstände gelte es dann in einem zweiten Schritt, die hinter den einzelnen Regeln stehenden ethischen Prinzipien zu identifizieren. »Ziel ist …, die universale Botschaft hinter den Urteilen zu fassen zu bekommen, und diese Botschaft auf heute, auf neue geschichtliche Umstände zu übertragen.«[46]

Diese Übertragung ist schließlich der dritte Schritt. Um diesen Schritt leisten zu können, gelte es klar herauszuarbeiten, was der Kern der Texte und was als den geschichtlichen Umständen geschuldet zu vernachlässigen sei. Nur wenn dies geschehen ist, könne man die herausgearbeiteten ethischen Prinzipien in angemessener Weise auf Fragestellungen der Gegenwart anwenden und so zu neuen Antworten kommen.

Wenn es etwa im Koran heißt, dass Frauen nur halb so viel erben sollen wie Männer, so ist dieser Satz im ersten Schritt in seine historische Entstehungssituation einzubetten. Auch wenn man davon ausgeht, dass Gott diesen Satz gesagt hat, stellt sich die Frage, wem er ihn in welcher Situation und in welcher Absicht gesagt hat. Wenn man sich nun klarmacht, dass die Stammesgesellschaft auf der arabischen Halbinsel zur Zeit der Herabsendung bzw. Entstehung des Korans kein Erbrecht für Frauen kannte, stellt die Regelung des Korans einen enormen emanzipatorischen Fortschritt dar. Wenn man überlegt, dass eine völlige Gleichberechtigung von Frauen an dieser Stelle von den Arabern des siebten Jahrhunderts nicht verstanden worden wäre, kann man vermuten, dass die göttliche Pädagogik in dieser Koranstelle (wenn man denn wie Muslime annimmt, dass Gott der Autor des Koran ist) nicht von dem Prinzip geleitet ist, dass Frauen nur halb so viel wert sind wie Männer, sondern eher von der Gleichberechtigung von Mann und Frau. Wie wir weiter unten in unserer Auseinandersetzung mit dem koranischen Menschenbild noch sehen werden, ist diese Vermutung auch deshalb naheliegend, weil es einige erkennbar ahistorische Koranstellen gibt, die diese Gleichberechtigung voraussetzen. Wenn das ethische Prinzip hinter diesen und vielen anderen Koranstellen aber die Gleichwertigkeit von Mann und Frau ist, dann muss diese Stelle auf unsere heutige Gesellschaftsformen übertragen bedeuten, dass Männer und Frauen gleich viel erben müssen.

Will man die Wahrheit des Korans verteidigen, so muss man dieser Lesart zufolge also seine ethischen Grundnormen erarbeiten und verteidigen. Der Kern des muslimischen Glaubens besteht in dieser Deutung demnach in einem rechten Tun bzw. in der durch ihn ermöglichten Rechtleitung, die dazu führt, dass er eine rational verantwortbare Grundorientierung für das gesamte menschliche Leben anbietet. Durch diesen Interpretationsansatz wird in keiner Weise in Frage gestellt, dass der Koran das Wort Gottes ist. Vielmehr könnte man Offenbarung in dieser Spur im Rahmen eines dialogisch-kommunikativen Offenbarungsmodells verstehen und den Koran als Zeugnis der Gespräche Muhammads und seiner Gemeinde mit Gott verstehen. Es wäre also tatsächlich Gott, der im Koran zu den Menschen spricht. Aber er tut dies nicht zeitenthoben mit einem unerschaffenen Wort, sondern indem er auf bestimmte Situationen reagiert. Richtig verstehen kann man den Koran also nur, wenn ermittelt wird, in welche Situation hinein welcher Vers offenbart wurde.

Der bekannte ägyptische Literaturwissenschaftler und Theologe Nasr Hamid Abu Zaid geht an dieser Stelle noch einen Schritt weiter. Während die Vertreter der Ankaraner Schule, allen voran der Schulbegründer Hüseyin Atay, davon ausgehen, dass der Koran wortwörtlich im Sinne einer Verbalinspiration von Gott stammt, versteht Abu Zaid die Eingebungen des Propheten Muhammad in einem vorsprachlichen Sinne.[47] Er geht also davon aus, dass der Prophet Intuitionen hatte, die ihn dazu inspirierten, den Koran zu schreiben. Der Koran ist dann aber in seiner Ausformulierung genauso das Werk des Menschen Muhammad wie der göttlichen Inspiration.[48] Offenbarung wird bei ihm also nicht mehr als Verbalinspiration verstanden, sondern als Annäherung Gottes an Muhammad »auf eine komplizierte, dialogische, diskursive, sogar argumentative Weise.«[49] Sie sei also nicht als Diktat Gottes zu denken – auch nicht vermittelt durch einen Engel –, sondern als eine »nonverbale Kommunikation.«[50]

Doch auch wenn Abu Zaid auf der Ebene der Vermittlung des Korans deutlich liberaler agiert als die Ankaraner Schule, nimmt auch bei ihm die ethische Rekonstruktion des muslimischen Glaubens breiten Raum ein. Ähnlich wie bei Özsoy ist auch für ihn der Koran primär ein Fingerzeig, der mir eine Lebensrichtung vorgibt; also Einladung zu einem bestimmten Lebensentwurf und damit primär ethischer Natur.[51] Die ethische Weisung des Korans lässt sich auch bei Abu Zaid nur durch die jeweilige historische Einbettung der Koranverse erschließen.

An dieser Stelle entstehen allerdings Probleme: Selbst wenn ich bei einer einzelnen Koranstelle den genauen Offenbarungsanlass einigermaßen verlässlich rekonstruieren kann, fragt sich, wie ich aus dieser Beschreibung zu einer normativen Schlussfolgerung kommen kann.

Wie kann man aus deskriptiv angelegten Analysen normative Gehalte ableiten? Weiß ich wirklich, dass an der eben beschriebenen Stelle eine Gleichrangigkeit von Mann und Frau angezielt ist oder ist das Ergebnis der Exegese nicht auch sehr vom guten Willen des hoffentlich liberalen Exegeten abhängig?[52] Woher weiß ich, dass die normative Bedeutung des Korans aus seiner historischen Situierung zu decodieren ist, wenn Gott doch wissen musste, dass sein Wort auch in anderen Situationen gehört wird? Wird hier nicht das überzeitliche Bedeutungspotenzial der Texte ausgehöhlt und die Mannigfaltigkeit ihrer Deutungsmöglichkeiten unnötig stark und tendenziell willkürlich reduziert?[53]

Will man an dieser Stelle das zwangsläufig in der Deduktion der ethischen Prinzipien des Korans enthaltene Willkürmoment tilgen, muss man die verwendeten Prinzipien auch autonom philosophisch begründen. Eben dies scheint der Ankaraner Schule auch vorzuschweben. Die hier erhobenen ethischen Prinzipien des Korans sind jedenfalls offensichtlich auch aus der Perspektive autonomer Moral zu gewinnen und genau hieran machen die Interpreten der Ankaraner Schule auch die Vernünftigkeit des Korans fest. Damit wird aber die religionskritische Anfrage, ob der Koran nicht als Projektion menschlicher Lebensentwürfe durchschaut werden müsste, virulent. Bestreitet man die Konvergenz (und damit auch die Ableitbarkeit) der ethischen Prinzipien des Korans mit den ethischen Prinzipien der praktischen Vernunft und betont, dass der Koran ein höheres Ethos als die Vernunft fordert, das aus ihr nicht ableitbar ist, gerät man in eine gefährliche Nähe zu fundamentalistischen Deutungen, die selbst Verbrechen als Willen Gottes ansehen. Betont man die autonom philosophische Gewinnbarkeit der ethischen Prinzipien des Korans, gerät man in die schon bei dem Aufklärer Lessing zu konstatierende Aporie, dass Offenbarung eigentlich nur noch aus pädagogischen Gründen erforderlich ist. Mit anderen Worten: Entweder der Koran verkörpert nur das Ethische, das dem Menschen auch ohne ihn bekannt wäre, sodass er letztlich überflüssig ist oder er widerspricht dem Ethischen und wird dadurch aus der Sicht neuzeitlich-autonomer Vernunft suspekt.

Ich weiß nicht, wie man aus diesem Dilemma entkommen kann und habe deswegen den Eindruck, dass eine ethische Rekonstruktion von Religion keine überzeugende Strategie darstellen kann. Mir scheint hier geradezu zwangsläufig eine Unterordnung des Glaubens unter die Vernunft (Lessing) oder eine Unterordnung der Vernunft unter den Glauben (Kierkegaard) zu folgen, sodass ich mich im Folgenden einem Erfolg versprechenderen Modell zuwenden möchte, das mir auch prominenter in der islamischen Tradition verankert zu sein scheint.

4. Zur Unnachahmlichkeit des Korans

Eine derartige ästhetische Rekonstruktion des muslimischen Offenbarungsanspruchs wird beispielsweise bei dem deutsch-iranischen Islamwissenschaftler und Schriftsteller Navid Kermani vorgenommen. Sie geht von der Unnachahmlichkeit des Korans (*'iğaz al-qur'ān*) aus und stellt fest, dass diese in der muslimischen Theologiegeschichte zwar anfangs primär inhaltlich, dann aber mehr und mehr mit der sprachlich-stilistischen Gestalt des Korans begründet wird. Der Ursprung dieses Gedankens liegt in Muhammads Herausforderung seiner Gegner zum Wettstreit, sie sollten doch eine ähnliche Offenbarung wie den Koran hervorbringen. Solange ihnen das nicht gelinge, sei seine Behauptung der Göttlichkeit des Korans berechtigt – ein Begründungsverfahren, das ein wenig daran erinnert, dass auch in einem Strafprozess ein Freispruch erfolgt, wenn es gelingt, alle Argumente der Staatsanwaltschaft zu entkräften. Im Zweifel wird der Angeklagte freigesprochen, und so könnte man argumentieren, dass auch der Glaube an die Unnachahmlichkeit des Korans gerechtfertigt ist, solange seine ästhetische Legitimation nicht widerlegt wird.

Interessant an dieser Begründungsstrategie ist, dass die ihr zugrunde liegende Herausforderung historisch zunächst gar nicht oder zumindest nicht primär die sprachlich-stilistische Ebene im Blick hat, dass sie von den späteren Muslimen aber im Sinne einer ästhetischen Herausforderung verstanden wurde. Spätestens seit dem zehnten Jahrhundert christlicher Zeitrechnung gehört der Glaube, dass es niemand geschafft hat, dem Koran etwas Schöneres, Besseres und Hinreißenderes entgegenzusetzen, zu den identitätsstiftenden Elementen der muslimischen Gemeinden.

Zur Logik dieser Art der Begründungsstrategie gehört nicht nur, dass

> »die Araber den Koran aufgrund seiner stilistischen Vollkommenheit als göttliches Werk anerkannt haben, sondern auch, daß diese Araber das Dichtervolk schlechthin und gerade sie es waren, welche das Sprachwunder eingestehen mußten, dasjenige Volk also, das die Kunst der Beredsamkeit über alles schätzte und nur durch ein sprachliches Wunder überzeugt werden konnte.«[54]

Auch Thomas Bauer hält in ganz ähnlicher Stoßrichtung fest, dass zu keiner anderen Zeit der Geschichte »eine Bevölkerung über eine so hohe rhetorische Bildung verfügte wie die Menschen in der islamischen Welt vom 7. bis zum 19. Jahrhundert unserer Zeitrechnung.«[55] Vielleicht könnte man insofern die Eigenart der muslimischen Offenbarung in einem personal-dialogischen Verhältnis Gottes zu Muhammad und seinem Volk sehen. Gott teilt sich den Muslimen in einer ästhetisch vermittelten Weise mit, weil er von diesem Volk gerade so verstanden zu werden hofft. Wenn Gott nicht blinden Gehorsam, sondern verstehende Anerkennung will, muss er einem an dieser Stelle empfänglichen Volk auf ästhetische Weise begegnen.

Denn – so zumindest die These von Navid Kermani – das religiöse Erkennen ist im Islam ästhetisch vermittelt »als ein Schauder erregendes, Gänsehaut verursachendes Hören einer als schön bezeichneten Rede, … eine Schönheitserfahrung«[56]. Wie genau diese ästhetische Besonderheit zu fassen ist, ist natürlich ohne Kenntnisse des Arabischen unmöglich. Der mittelalterliche Denker al-Gurğani würde sagen, dass die Besonderheit eben in der Struktur der Verse, in der sinnvollen Verknüpfung von Wortzeichen zur Übermittlung einer Intention liege, dass alles eben einfach genau an seinem Platz sei. Vers für Vers gebe es kein Wort, das angemessener oder passender ersetzt werden könnte.[57] Der Theologe ar-Rummānī (909–994) argumentierte für die Unnachahmlichkeit des Korans »durch eine stilistische Analyse, in der er nachwies, daß Metaphern nicht der Verunklarung, sondern der Verdeutlichung einer Aussage dienen.«[58]

Auch wenn wir in diesem Zusammenhang solche Behauptungen nicht prüfen können, so bieten sie doch Anknüpfungsmöglichkeiten für eine Rekonstruktion der muslimischen Offenbarungsbehauptung, die einer philosophischen Prüfung standzuhalten vermag, ohne den Koran auf seine ethische Dimension zu reduzieren und ohne ihn als aus der Vernunft ableitbar anzusehen. Auch von einer Reduzierung auf seine Ästhetik kann schon deshalb keine Rede sein, weil die ästhetische Wirkung nur im Zusammenspiel von Form und Inhalt erreicht werden kann. Es geht also nicht um die Reduzierung des Korans auf seine Ästhetik, sondern um die These, dass die Gegebenheitsweise der Offenbarung im Islam primär ästhetisch vermittelt und entsprechend auf dieser Ebene zugänglich ist. Entsprechend müsste dann auch die Koranhermeneutik nicht primär ethisch, sondern ästhetisch orientiert sein.

Natürlich darf die Unterscheidung verschiedener Gegebenheitsweisen der Offenbarung nicht dazu führen, die jeweiligen Religionen auf ihre primären Gegebenheitsweisen festzulegen. Auch im Christentum spielen ästhetische Vermittlungsfiguren eine große Rolle, und es wäre eine eigene Untersuchung wert, warum diese Art der Vermittlung gerade in den orthodoxen Kirchen so ausgeprägt ist und in den Kirchen der Reformation so sehr vernachlässigt wird. Ebenso ist selbstverständlich der Blick auf die Gestalt Christi ein wichtiges ästhetisches Ereignis, das allerdings eher in der Weise des Sehens als des Hörens beheimatet ist – man denke nur an die entsprechenden Überlegungen von Balthasars.[59] Umgekehrt stellt auch der Koran kognitiv-propositionale und auch ethische Ansprüche, die nicht in das ästhetische Hörerlebnis aufgelöst werden dürfen, sondern gerade in ihm erst angemessen erfasst werden. Eben diese Überlappungen könnten ein entscheidender Grund dafür sein, warum sich Christentum und Islam so sehr in einer Konkurrenzsituation wahrnehmen.

Es kann also nicht darum gehen, im Islam eine rein ästhetische Weise der Offenbarung zu sehen und diese von einer rein personal-leiblich-sakramentalen Gegebenheitsweise im Christentum abzusetzen. Verzichtet man auf solche einseitigen Pauschalurteile, scheint mir für das interreligiöse Gespräch dennoch die Wahrnehmung hilfreich zu sein, dass der Modus der Offenbarung im Islam offensichtlich in erster Linie im Hören zugänglich ist und dabei in der Regel nicht ohne ästhetische Elemente auszukommen scheint. Schon Muhammad selbst bekommt kein Schriftstück ausgehändigt, sondern hört die Offenbarung vom Erzengel Gabriel. Bis heute ist der Koran ein Vortragstext und gewissermaßen die liturgische Rezitation der direkten Rede Gottes. »Gott spricht, wenn der Koran rezitiert wird, sein Wort kann man genau genommen nicht lesen, man kann es nur hören.«[60] Entsprechend ist im Islam nicht das Darstellen und Berühren, sondern das Hören im Mittelpunkt des liturgischen Vollzuges: Sein zentraler Kult ist »das Hören oder Aufsagen der göttlichen Rede, die ṣalāt, das täglich drei- bis fünfmalige Ritualgebet«[61]. Das Erleben der Nähe Gottes scheint im Islam durch die Begegnung mit seinem Wort vermittelt zu sein, so dass das Hören des Korans als sakramentale Handlung verstanden werden kann.

Nicht umsonst herrschte in der islamischen Welt – anders als im Judentum – lange ein mitunter heute noch zu beobachtendes Misstrauen gegen ausschließlich schriftliche Überlieferungen der Offenbarung. Letztlich war und ist es die von Generation zu Generation immer neu vermittelte mündliche Rezitation des Korans, die die Authentizität der Offenbarung verbirgt und sie neu erlebbar macht. Selbst die Muʿtaziliten geben zu, dass Gott in der Rezitation so zu einem spricht, wie zu Mose auf dem Berg Sinai und selbst die Gegner des *iğaz* nehmen den Koran als Literaturdenkmal sehr ernst – so wie auch von Nichtchristen Jesus wegen seiner Menschlichkeit bewundert wird. Die Rede vom *iğaz* ist zwar eine apologetische Theorie, die in Theologenstuben geboren wurde, aber erzeugt wurde sie von den Koran-Rezitatoren und ihren Zuhörern und entsprechend kann sie auch historisch-kritisch befragt werden.

Dabei ist zu bedenken, dass die besondere ästhetische Gegebenheitsweise der Offenbarung im Islam es nahezu unmöglich machen muss, den Koran zu übersetzen. Aus der Unmöglichkeit einer adäquaten Übersetzung folgt allerdings kein Übersetzungsverbot. Entsprechend hat sich bereits Abū Ḥanīfa (699–767) dafür eingesetzt, den Koran ins Persische zu übertragen, und es fällt auf, dass »aus der gesamten vormodernen Geschichte des Islams kein einziger Fall bekannt ist, in dem jemand wegen einer Übersetzung des Korans verurteilt oder auch nur angeklagt worden wäre.«[62]

Dennoch gilt natürlich, dass »allein im Original ... die Interpretationsoffenheit des Textes bewahrt«[63] ist. Von daher ist es im Islam theologischer Konsens, dass theologisch und rechtlich verbindliche Standpunkte nur auf der Basis der Kenntnis des arabischen Urtextes des Korans entwickelt werden können. So wie das Christentum an die jüdische Tradition gebunden ist und ohne sie nicht verstanden werden kann, kann auch der Koran nicht ohne die arabische Sprache in seiner letzten Tragweite verstanden werden. Die Bedeutung der ästhetischen Dimension des Korans für die Glaubensverantwortung verdeutlicht im Übrigen die Vielzahl von Bekehrungsberichten der muslimischen Tradition, die von einer *Metanoia* durch das ästhetische Erleben des Wortes berichten.[64] Im Christentum ist mir keine Bekehrungsgeschichte bekannt, in der allein das (ästhetisch vermittelte) Hören des Wortes Gottes zur Konversion führt, während die muslimische Tradition voll von Berichten ist, die die Sprachgewalt des Offenbarungstextes illustrieren.

Von den vielfältigen Beispielen, die Navid Kermani hierzu gesammelt hat, greife ich das der Bekehrung des späteren Kalifen Umar heraus:

> »Er war ursprünglich einer der gefährlichsten Gegner der jungen muslimischen Gemeinde, ein Mann von 30 oder 35 Jahren, der über enorme Muskelkraft und Energie verfügte, Spiel, Wein und Poesie liebte, als ebenso gefühlvoll wie jähzornig galt. ... Eigentlich hatte er an dem Tag, an dem die Handlung spielt, vor, den Propheten zu töten, doch gerade, als er zu ihm hingehen wollte, erfuhr er, dass sich seine Schwester Fatima und deren Mann ... dem Islam angeschlossen hatten. Wutentbrannt lief er zu ihrem Haus. Schon auf der Straße vor der Haustür hörte er, wie jemand den beiden den Koran vortrug. Umar stürmte in das Zimmer. Der Rezitator versteckte sich, so schnell er nur konnte, während Fatima die Koranblätter an sich nahm und unter ihren Beinen versteckte.
> ›Was ist das für ein Murmeln, das ich hörte?‹ herrschte Umar sie an.
> ›Du hast nichts gehört‹, versuchten Fatima und ihr Mann ihn zu beruhigen.

Da rief Umar: ›Doch, das habe ich, bei Gott, und ich weiß, dass ihr Mohammed in seiner Religion folgt!‹

Er wollte auf seinen Schwager losgehen, aber Fatima warf sich zwischen die beiden, so dass ihr Umar unbeabsichtigt einen gewaltigen Schlag versetzte.

›Ja, wir haben uns zum Islam bekehrt, und wir glauben an Gott und seinen Gesandten – so tu' nun, was du willst‹, riefen Fatima und ihr Mann.

Umar jedoch bereute schon sein Verhalten, das Blut im Antlitz seiner Schwester rührte ihm das Herz. Mit sanfter Stimme fragte er sie nach der Schrift. Nachdem ihm Fatima das Versprechen abgenommen hatte, das Blatt unbeschädigt wieder zurückzugeben, und ihn zudem bewogen hatte, sich einer rituellen Waschung zu unterziehen, da kein Unreiner den Koran berühren dürfe, händigte sie es ihm aus. Umar begann, die Sure Taha (Nr. 20) zu rezitieren. Nach wenigen Versen schon hielt er ein und rief:

›Wie wunderschön, wie erlesen ist diese Rede … !‹

Nachdem er zu Ende gelesen hatte, suchte er sofort Mohammed auf, um sich vor ihm zum Islam zu bekennen.«[65]

Offensichtlich ist es bei dieser Bekehrungsgeschichte die Schönheit des Korans, die den Gegner zum Anhänger Muhammads macht. Diese Schönheit wird hier allerdings nicht so stark mirakulös überhöht, dass sie völlig isoliert als Grund der Bekehrung erscheint. Vielmehr bedarf es erst der Erschütterung Umars durch die unbeabsichtigte Verletzung, die er seiner Schwester angetan hat, um ihn so aufgewühlt sein zu lassen, dass er dazu bereit ist, den Koran ernst zu nehmen. Erst auf der Grundlage dieser Bereitschaft ist er dazu in der Lage, den Koran in seiner Schönheit zu würdigen und als Glaubensgrund gelten zu lassen. Das personale Zeugnis der Schwester hat hier offenkundig eine nicht zu unterschätzende Rolle für die Wirksamkeit der ästhetischen Besonderheit des Korans, so dass es deutlich ist, dass man diese nicht von ihrem Kontext trennen darf.[66]

In anderen Geschichten fehlt eine solche Einbettung, aber das Motiv der Schönheit des Korans hält sich durch. Die Schönheit des Korans ist es auch, die einen einzigartigen Normwandel in der Dimension der Sprache und Ästhetik im Einflussgebiet des Islams verursacht hat. »Er ist, wie Bernard Lewis einmal bemerkte, das eigentliche Wunder der arabischen Expansion.«[67] Der Koran ist den Arabern »der sprachliche Himmel auf Erden«; in ihm erscheint ihnen die Menschheitsutopie von der vollkommenen Sprache verwirklicht.[68]

Die hier angedeutete ästhetisch perspektivierte Hermeneutik scheint mir für das Verstehen des Islams von schwer zu überschätzender Bedeutung zu sein, sodass ich in diesem Buch immer wieder auf sie zurückkommen werde. An dieser Stelle gilt es erst einmal zu überlegen, welche Rezeptionsmöglichkeiten für eine christliche Würdigung des Korans dieser Zugang eröffnet.

5. Der Koran – ein Wort Gottes auch für Christen?

Für eine christliche Rezeption ist der ästhetische Interpretationszugang zum Koran deshalb so spannend, weil er es erlaubt, den koranischen Unbedingtheitsanspruch so zu fassen, dass er zugleich den Rückfragen der Vernunft standhält und mir als Christ Bedeutsames zu sagen hat. Zugleich eröffnet die ästhetische Koranhermeneutik eine Verhältnisbestimmung von Offenbarung und Vernunft, die sich im Einklang mit der islamischen Tradition und zugleich auf der Höhe der Zeit bewegt und die im Rahmen eines dialogisch-kommunikativen Offenbarungsverständnisses rekonstruierbar ist.

Sicher muss man zugeben, dass eine derartige Verteidigung des muslimischen Offenbarungsanspruchs in der muslimischen Welt zumindest derzeit wohl kaum eine Mehrheit finden kann. Es dominieren hier immer noch instruktionstheoretisch konfigurierte Modelle, die die Offenbarung als wörtliche Kundgabe des Willens Gottes verstehen und jede Form moderner Hermeneutik im Umgang mit dem Koran ablehnen. Wird der Koran in dieser Tradition als wortwörtliche unerschaffene Wahrheit verstanden, die inhaltlich an allen Stellen unfehlbar zutreffende und bedeutsame Sachverhalte darstellt und Handlungsanleitungen gibt, die genauso, wie sie im Koran stehen, auch heute zu befolgen sind, wird man ihm als Christ und als moderner Mensch entschieden widersprechen müssen.

Der hier vorgestellte Weg zur Rekonstruktion des muslimischen Offenbarungsanspruchs ist also nicht repräsentativ für den Islam und ist auch unter liberalen Muslimen umstritten. Nichtsdestotrotz zeigt er die Möglichkeit einer Konfigurierung des muslimischen Offenbarungsdenkens auf, die den scharfen Gegensatz zwischen Islam und Christentum abmildert und Christen ein offenes Verhältnis zum Islam erlaubt, ja sogar eine christliche Anerkennung des Korans als Wort Gottes denkbar erscheinen lässt. Denn auch wenn man daran festhält, dass Gott sich in Jesus von Nazaret in unüberbietbarer, irreversibler, definitiver und normativer Weise den Menschen zugesagt hat, schließt das nicht aus, dass sich derselbe Gott an anderer Stelle in seiner Schönheit zeigt und durch seine Schönheit um die Liebe und Hingabe des Menschen wirbt. Denn schließlich ist es ja oft die Schönheit des Geliebten, die uns zur Liebe zu ihm bzw. zu ihr entzündet. Und auch wenn Jesus Christus die einzige Mensch gewordene Gestalt des Logos Gottes ist, schließt das nicht aus, dass im Koran die Schönheit dieses Logos hörbare Wirklichkeit wird.

Natürlich hängt die Frage, ob der Koran aus christlicher Sicht als Wort Gottes gehört werden kann, entscheidend von inhaltlichen Fragen ab, die wir in diesem Buch noch zu einem späteren Zeitpunkt diskutieren werden. Denn immerhin scheint es gerade im Blick auf Christologie und Trinitätstheologie im Koran verankerte handfeste Widersprüche zwischen Islam und Christentum zu geben, die wir noch bearbeiten müssen, bevor wir die Möglichkeit ernsthaft bedenken können, den Koran auch als Wort Gottes für Christen ernst zu nehmen. Doch bleiben wir in diesem ersten Verstehenszugang noch auf einer rein formalen Ebene. Was genau könnten Christen denn vom Koran und der mit ihm ins Spiel kommenden Gegebenheitsweise der Offenbarung lernen, was ihnen aus ihrer eigenen Tradition nicht sowieso schon geläufig wäre, wenn man erst einmal nur auf die Form der Gegebenheitsweise der Offenbarung im Islam achtet? Vier Punkte fallen hier ins Auge, die sich bereits aus dem bisher Gesagten rekonstruieren lassen.

Zunächst einmal ist es die ästhetische Form der Ansprache Gottes an den Menschen, die mir zu denken gibt. Auch in der christlichen Tradition spielen Musik, Kunst und Literatur eine große Rolle. Aber wir wagen es normalerweise nicht, sie direkt mit Gott zusammenzubringen und die Schönheit Gottes in ihnen zu preisen. Zumindest die moderne Theologie ist im Blick auf die ästhetische Dimension des Glaubens merkwürdig sprachlos geworden. Die ästhetische Koranhermeneutik macht mir hier Mut, der Ästhetik auch im Christentum, auch in meinem eigenen Glauben mehr Raum zu geben. Wie sehr Christen auf dieser Ebene etwas vermissen und sich auch von muslimischer Seite ansprechen lassen, zeigt meines Erachtens der große Erfolg von Navid Kermanis Buch über das Christentum, mit dem er ja in ganz zentraler Weise gerade die ästhetischen Seiten der christlichen Traditionen vor Augen stellt und sie uns so wieder neu erschließt.[69]

Doch nicht nur die Tatsache, dass uns der Islam helfen kann, wieder stärker die ästhetischen Erfahrungen am Grund des Christentums zu erhellen, halte ich für bedeutsam. Auch die Betonung der Mündlichkeit im Rahmen seines Zugangs zu seinen normativen Texten scheint mir ein wichtiges Lernfeld zu sein, von dem wir Christen profitieren können, wenn wir den Koran und die muslimische Tradition auch als Anrede an uns verstehen. Denn leider hören wir Gottes Wort immer weniger und lernen es auch kaum noch auswendig. Ich erinnere mich noch gut, wie glücklich es mich in meiner Jugend gemacht hat, ganze

Psalmen auswendig zu lernen und mit ihnen im Herzen wandern zu gehen. Derartige Erfahrungen drohen uns modernen Menschen immer mehr verloren zu gehen. Dabei ist es ein ungeheurer Reichtum, mit dem Herzen zu lernen, schöne, heilige Texte in sich aufzunehmen. Auch die Bibel empfiehlt uns an prominenter Stelle, Gottes Worte auf unsere Herzen zu schreiben und immer wieder zu wiederholen (Dtn 6,6 f). Wenn wir diesen Rat beherzigen, werden wir erleben, dass uns seine Worte finden, wenn es uns schlecht geht. Doch auch wenn niemand Geringerer als Paulus sagt, dass der Glaube vom Hören kommt (vgl. Röm 10,17), verlassen wir uns doch immer mehr aufs Sehen und räumen in unseren Herzen dem Hören von Gottes Wort kaum Raum ein. Hier kann eine ästhetische Koranhermeneutik und die Erinnerung an die orale Übermittlung des Korans ein wichtiges Lernfeld auch für uns Christen sein, um das Wort Gottes wieder mehr zu hören und auswendig zu lernen.

Ein dritter Aspekt, der mir aus den bisherigen Überlegungen auch christlich bedeutsam zu sein scheint: Es ist interessant, dass der Koran in seiner dialogischen Form Wort Gottes zu sein beansprucht. D. h. nicht nur die Anrede Gottes an mich ist Gottes Wort, sondern auch das Ringen der Menschen um dieses Wort, das im Koran bezeugt wird. Gerade dass Muslime so kompromisslos darauf bestehen, dass der Koran insgesamt Wort Gottes ist, kann uns dafür sensibilisieren, dass das Wort Gottes kein Wort sein muss, das sich bei mir privat im Herzen ereignet. Vielmehr ist der Diskurs der Propheten mit Gott, aber auch ihr Diskurs mit den Menschen, ja das Ringen und Suchen der Menschen insgesamt, Wort Gottes, sofern sich darin Gottes Gegenwart ereignet. Damit können wir sensibel dafür werden, dass nicht der Inhalt des Wortes Gottes das Entscheidende ist, sondern der Akt des Sprechens Gottes, weil allein so die Gegenwart Gottes zum Inhalt der göttlichen Botschaft wird.

Ein letzter Punkt, auf den ich ausführlicher eingehen will, betrifft die Ambiguität, die aus der Tatsache der unterschiedlichen Lesarten des Korans folgt. Diese Ambiguität wird dadurch verstärkt, dass es auch schwer zu verstehende Verse des Korans gibt, die man in unterschiedlicher Weise deuten kann – eine Tatsache, die der Koran selbst bereits thematisiert (vgl. Q 3:7). In der klassischen muslimischen Exegese gilt die Unverständlichkeit mancher Textstellen als »eine unvermeidliche, da gottgewollte Eigenschaft des Textes …, eine göttliche List, die die Menschen zu ständiger neuer Beschäftigung mit dem Text anreizt und ihnen Gelegenheit zur Bewährung ihres Wissens und ihres Scharfsinns gibt«[70]. Gott will eben keine stumpfen Befehlsempfänger, sondern Menschen, die sich von seiner Kreativität und Schöpferkraft anstecken lassen und so je neue Deutungsmöglichkeiten seiner Worte erhandeln. Entsprechend gelten der klassischen Exegese die »Vielzahl von Interpretationsmöglichkeiten des Textes als Bereicherung und Gewinn«[71]. Mystiker wie Ibn Arabi gehen sogar so weit, gerade in der Deutungsoffenheit des Korans seine himmlische Natur begründet zu sehen; denn sie ermögliche es, dass der Koran unter so »vielen Perspektiven gesehen und erlebt werden kann und in der Interaktion zwischen Hörer und Text immer neue Aspekte und Resonanzen offenbart« werden können, ohne dass der Koran jemals aufhörte, er selbst und damit die göttliche Rede zu sein.[72]

Damit eröffnet der Koran uns eine für die Moderne durchaus nachdenkenswerte Weltsicht, in der nicht die Eindeutigkeit Voraussetzung von Wahrheitsansprüchen ist, sondern sich das Beanspruchtsein durch das Wort der Wahrheit in einer großen Verschiedenheit und Vielfalt von Formen der Resonanz auf sie ausdrückt. Der Koran erscheint so als »ein gewaltiges Meer, in dem man nie auf Grund stößt und nie durch ein Ufer zum Halten gebracht wird.«[73] Ähnlich wie Juden in der mündlichen Tora bereits im Akt der Offenbarung alle Deutungsmöglichkeiten der Tora enthalten sehen, sind diese auch aus muslimischer Sicht von Gott in der Offenbarung in den Koran hineingelegt worden, auch wenn sie erst im Laufe der Geschichte entschlüsselt werden.[74] Die Vielfalt der Interpretationsmöglichkeiten des Korans findet nach der klassischen Exegese »lediglich im Postulat der Widerspruchsfreiheit ihre Grenze«[75].

Erst die Vielfalt, Ambiguität und die damit verbundene Zukunftsoffenheit des Korans macht es also plausibel, wieso man mit seiner Deutung nie an ein Ende kommen kann und der hermeneutische Prozess der Aneignung des Korans in der Geschichte keinen Abschluss findet. So beschreibt schon der Koran selbst die Unerschöpflichkeit seiner eigenen Bedeutung (vgl. Q 31:27) und auch für klassische Gelehrte wie Ibn al-Djazarī ist die Offenbarung zwar abgeschlossen, ihr Inhalt aber »nicht ausgeschöpft, weil die Bedeutungsfülle des Korans unausschöpflich ist.«[76] Ja, für ihn liegt die Unnachahmlichkeit des Korans auch darin begründet, dass es ihm gelingt, durch die Verteilung verschiedener Bedeutungen auf verschiedene Lesarten in wenigen Worten besonders viel auszusagen. Im Hintergrund steht hier ein altes arabisches Stilideal, das darauf abzielt, mit wenigen Worten viel zu sagen.[77] Vielleicht ist die hierin zum Ausdruck kommende Wertschätzung poetischer und metaphorischer Rede ein Punkt, den wir in einer Zeit, die so viel Wert auf analytische Klarheit und Effizienz legt, wieder neu lernen sollten.

II

MUHAMMAD ALS GOTTES GESANDTER

Der Prophet Muhammad gilt Muslimen als lebendiger Koran und als Verkörperung der Barmherzigkeit Gottes. An ihm lässt sich aus ihrer Sicht ablesen, was es heißt, den Koran zu leben und sich ganz und gar Gott hinzugeben. Zwar hat er deswegen keine göttlichen Züge, sondern bleibt ein gewöhnlicher Mensch. Im Mittelpunkt des Glaubens steht der Koran, nicht der Prophet. Oder anders gewendet: Im Mittelpunkt des Glaubens steht Gott allein, der uns anspricht im Koran und der bezeugt wird durch das Leben Muhammads. Aber auch wenn der Prophet nicht vergöttlicht werden darf, gilt dennoch, dass kein anderer Mensch eine vergleichbare Verehrung genießt wie Muhammad. Von daher kann man die Wichtigkeit der Frage, ob Christen Wege der Anerkennung Muhammads finden, in ihrer Bedeutung für das islamisch-christliche Bekenntnis gar nicht hoch genug einschätzen.

Leider haben Christen bis heute ein äußerst ambivalentes Verhältnis zu Muhammad. Es war für sie seit jeher ausgesprochen irritierend, dass er neben seiner religiösen Bedeutung zugleich Heerführer und Politiker ist. Auch die Anzahl seiner ehelichen Verbindungen und einige dazu verbreitete Geschichten weckten und wecken bei vielen Christen Argwohn. Im nachfolgenden Kapitel wollen wir diesen Bedenken Raum geben und sie diskutieren (3.). Wir wollen aber auch zu verstehen suchen, was Muslime so sehr an Muhammad fasziniert (2.) und die historischen Fakten über sein Leben rekonstruieren (1.). Münden sollen unsere Überlegungen in eine Auseinandersetzung um die Frage, wie dieser Prophet aus christlicher Sicht zu beurteilen ist und ob auch Christen in ihm einen Menschen sehen können, der in den Spuren der Propheten wandelt (4.).

1. Eckdaten zur Biografie Muhammads

Beginnen wollen wir unsere Überlegungen mit einer historischen Würdigung Muhammads. Hierbei können wir nur wenige Eckdaten zu seiner Biografie benennen, weil die Quellenlage zu seiner Person nur wenig verlässliches Wissen hergibt. Zwar gibt es zahlreiche schon sehr alte muslimische Darstellungen seiner Person, die uns detailliert und farbenreich sein tugendhaftes, gütiges, humorvolles und in jeder Hinsicht liebenswertes Wesen vor Augen stellen. Aber keine dieser Darstellungen ist in einer historischen Perspektive vertrauenswürdig, weil die Biografien über den Propheten einfach mit zu viel Abstand zu seinem Leben entstanden sind, um wirklich verlässlich zu sein. So ist z. B. die Prophetenbiografie Ibn Ishāqs, die älteste erhaltene Muhammad-Biografie, erst ca. 150 Jahre nach dem Tod Muhammads geschrieben worden. D. h. auch die ältesten Quellen zur Biografie des Propheten reichen nur in eine Zeit, in der es bereits Herrscherdynastien gab, die die muslimischen Länder beherrschten und die eine bestimmte Stilisierung des Lebens des Propheten brauchten, um ihre eigene Macht zu legitimieren. Dieser Umstand wird noch im Kontext unserer Auseinandersetzung mit der Gewaltproblematik von Bedeutung sein.

Neben den Biografien gibt es Sammelwerke von Hadithen, also von Berichten über das Verhalten des Propheten, die ihrerseits die wichtigste Grundlage der Biografien darstellen. Die Hadithe sind von großer Bedeutung zur richtigen Deutung des Korantextes und sie reichen bis in die Zeit des Propheten zurück. Allerdings ist umstritten, welche Hadithe authentisch sind, sodass auch unter muslimischen Gelehrten die Anzahl der Hadithe sehr unterschiedlich beziffert und ihr Quellenwert sehr unterschiedlich beurteilt wird.[1] Ihre systematische Sammlung und ihre Zusammenstellung in größeren Kompendien haben ebenfalls nicht vor dem achten Jahrhundert begonnen.

Sicher kann man davon ausgehen, dass bei den großen Sammlern der Hadithe wie al-Bukhārī (810–870) und Muslim (817–875) die allzu offensichtlich gefälschten Hadithe aussortiert wurden.[2] Akribisch wurde versucht zu schauen, ob die Hadithe wirklich ihren Ausgangspunkt beim Propheten selbst haben können, eine lückenlose Kette der Überlieferer bzw. Überlieferinnen vorliegt, verlässliche Personen in dieser Kette stehen, ob sie breit bezeugt und inhaltlich stimmig sind.[3] Als wirklich hundertprozentig vertrauenswürdig gilt ein Hadith erst dann, wenn er in einer sehr breiten Masse überliefert wird und deshalb keinen vernünftigen Zweifel an seiner Authentizität zulässt – der Fachterminus dafür ist *mutawātir*.[4] Es ist allerdings ziemlich unklar, welche Hadithe eigentlich genau dieses Kriterium erfüllen, so dass in diesem Kontext keine letzte Sicherheit zu erreichen ist.[5]

Die älteste und verlässlichste Quelle für das Leben Muḥammads stellt deshalb der Koran selbst dar. Im Koran erfahren wir allerdings nicht viel über Muhammads Leben, weil Gott nicht über ihn, sondern mit ihm spricht.⁶ Immerhin enthält der Koran einige bedeutsame Hinweise auf Muhammads Leben, die in einer Rekonstruktion der Eckpunkte seines Lebens zu berücksichtigen sind. Auffällig ist, dass der Koran durchaus auch kritisch mit dem Propheten umgeht und er nicht immer der überschwänglichen Verehrung seiner Person Nahrung gibt, die sich in den anderen Quellen wiederfindet. Allerdings kann man auch die anderen Quellen zu Muhammad historisch-kritisch zu befragen versuchen und dabei ihren Charakter als Tendenzschriften im Blick behalten. Folgende Eckpunkte seiner Biografie erscheinen mir durchaus glaubwürdig, so dass ich sie kurz rekonstruieren will.

Nach der muslimischen Tradition wurde Muhammad ca. 570 in Mekka geboren und schon bald nach seiner Geburt zum Waisen. Aufgezogen wurde er dann von seinem Großvater und seinem Onkel und war zuerst Hirte, dann Handelsreisender und nach seiner im Alter von etwa 25 Jahren erfolgten Heirat mit einer reichen Witwe namens Chadiğa Geschäftsführer ihres Karawanenhandels. Bei seinen Reisen bis nach Palästina und Syrien lernte er auch Christen und Juden besser kennen. Immer mehr scheint er mit den »Gottsuchern« (*hanif*) sympathisiert zu haben, die außerhalb des in Mekka üblichen Polytheismus nach einer reineren Religion suchten und sie im Glauben an den einen Gott Abrahams fanden.

Sein entscheidendes Bekehrungserlebnis wird normalerweise auf das Jahr 610 datiert und wird uns unter 4. noch genauer beschäftigen, weil es Muhammad in der Weise seiner literarischen Stilisierung sehr deutlich in die Tradition biblischer Prophetie einreiht. Ungefähr im Jahr 613 begann Muhammad mit seiner etwa 20 Jahre dauernden öffentlichen Verkündigung. Im Vordergrund standen dabei die Macht und Güte Gottes und die Ankündigung des Gerichts, die Menschen zu mehr Solidarität und Nächstenliebe motivieren soll. Durch die Gerichtsbotschaft rückte auch die Eschatologie ins Zentrum der Verkündigung, wobei insbesondere der Glaube an die leibliche Auferstehung viel Irritation bei den praktisch veranlagten Kaufleuten Mekkas auslöste.⁷

Noch viel anstößiger als die religiöse Dimension seiner Botschaft war aber ihre politische Bedeutung. Denn gerade die soziale und egalitäre Dimension seiner Botschaft war im vom Karawanenhandel reichen Mekka äußerst unbequem. So heißt es in einer sehr frühen Sure des Korans:

> »Wehe jedem Stichler, Lästerer, der Reichtum sammelte und zählte! Er denkt, sein Reichtum mache ihn unsterblich. O nein! Hinabgestoßen wird er in den Trümmergrund.«⁸

Im Hintergrund dieser Sozialkritik steht die neue Prosperität von Mekka als Handels- und Pilgerzentrum, die die »bereits bestehenden Spannungen zwischen Arm und Reich« verstärkte.[9] Anhänger fand Muhammad mit dieser unangenehmen Botschaft zunächst nur bei den niederen Klassen der damaligen Gesellschaft: bei Sklaven und Frauen, aber auch bei Fremden und Angehörigen des eigenen Clans, die zusammen die erste kleine muslimische Gemeinde bilden. Seine Gegner waren vor allem die betroffenen Großkaufleute und führenden Mitglieder der mächtigen Clans. Muhammad trat in Mekka also erst einmal auf als »ein Unruhestifter, ein Rebell, der die traditionelle Wertordnung in Frage stellte.«[10]

Nach einiger Zeit wurde mehr und mehr der religiöse Glaube und hierbei der Glaube an den einen Gott Mittelpunkt der Auseinandersetzungen. Dieser Glaube war besonders heikel, weil Mekkas Reichtum davon abhing, alle Götter der Gegend zu beherbergen und an der Kaaba einen toleranten und inklusiven Polytheismus zu pflegen. Denn Mekka lag abseits der Haupthandelsroute und wurde nur deswegen von den Kaufleuten aufgesucht, weil sie hier ihre wirtschaftlichen Tätigkeiten mit religiösen Riten verbinden konnten.[11]

Anfangs erwog Muhammad scheinbar noch, an dieser Stelle Kompromissbereitschaft zu zeigen. Zumindest deuten die sogenannten satanischen Verse darauf hin, die – nach einer gängigen islamwissenschaftlichen, muslimisch aber umstrittenen Deutung – später aus dem Koran getilgt wurden und die zu zeigen scheinen, dass Muhammad anfangs durchaus bereit war, die Verehrung anderer Gottheiten in der Kaaba zuzulassen. Ihr Text setzte an bei Q 53:19 f.: »Was haltet ihr denn von al-Lat und von al-ʿUzza und von Manah, der dritten dazu?« Hierauf folgt nun nach einer sehr alten Überlieferung: »Das sind die erhabenen Kraniche. Auf ihre Fürbitte darf man hoffen.« Der Koran erklärt diesen Ausfall Muhammads durch eine Einflüsterung Satans (vgl. Q 22:52). Im weiteren Verlauf der Sure 53 werden die satanischen Verse dann auch prompt abrogiert. Denn so lautet die kompromisslose Botschaft: Es gibt keine Zwischeninstanzen oder niederen Götter neben oder unter dem einen Gott.

Entsprechend wies Muhammad alle Bestechungsversuche der Mekkaner zurück, die ihn von seiner Verkündigung abhalten wollten.[12] Und er wird im Zuge seiner Verkündigung immer entschiedener und klarer. In der mittelmekkanischen Phase seines Wirkens wird die kritische Auseinandersetzung mit jeder Form von Vielgötterei zum prägenden Zug seiner Verkündigung. Besonders prägnant formuliert etwa Q 4:48:

»Siehe, Gott vergibt nicht, dass ihm etwas beigesellt wird. Doch was geringer ist als dies, das vergibt er, wem er will.«

Mit dieser eindeutigen Ablehnung jedes Polytheismus greift der Koran und mit ihm der ihn verkündigende Muhammad radikal und kompromisslos die Grundlage des politischen Zusammenlebens in Mekka an.

»Muhammads Eintreten für die Unterordnung unter den *einen und einzigen* Gott bedroht den ganzen Kult und Kommerz rund um die Kaaba, nicht nur die dortige Verehrung anderer Götter oder Göttinnen, sondern auch den Wallfahrtsbetrieb, den Markt und damit Mekkas Finanz- und Wirtschaftssystem, Mekkas Außen- und Handelspolitik, alle bestehenden religiös-sozial-politischen Institutionen, ja, die ehrwürdige Tradition, die innere Einheit und das äußere Prestige des Stammes überhaupt.«[13]

Es kann wenig überraschen, dass Muhammad es sich mit dieser Radikalität mit den herrschenden Eliten in Mekka gründlich verdarb und sein Aufenthalt in Mekka immer riskanter für ihn wurde. Schließlich nach dem Tod seiner Frau und seines Onkels (ca. 619), seines einflussreichsten Fürsprechers innerhalb der Mekkaner Eliten, war er isoliert und vogelfrei. »Dass er an diesem Tiefpunkt seines Lebens nicht an sich und seiner Mission verzweifelte, zeugt für ein ungebrochenes Gottvertrauen.«[14] Diesem Gottvertrauen gepaart mit seinem politischen Geschick dürfte es zuzuschreiben sein, dass er den Mut zum Exodus fand und mit seinen Getreuen im Jahr 622 ins heutige Medina übersiedelte.

Diese sog. Hidschra, also die Emigration des Propheten Muhammad nach Medina, markiert bis heute den Beginn der islamischen Zeitrechnung, die den 16. Juli 622 als ersten Tag des ersten Jahres festsetzt. Muhammad folgte bei dieser Emigration der Einladung von 73 Neubekehrten aus dieser Stadt, die schworen, den Islam zu leben, d. h. an den einen Gott zu glauben, Diebstahl, Verleumdung, Ehebruch und Kindermord zu verneinen, dem Propheten zu gehorchen und ihm eine Schutzgarantie zu geben. In Medina gelang es ihm schnell die dort lebenden verfeindeten Stämme auf der Basis der koranischen Verkündigung zu versöhnen; er erweist sich als geschickter Politiker und er wird zu einem erfolgreichen Staatsmann. Muhammad begreift, dass er als Prophet nicht nur an die Quraisch, sondern an alle Araber, ja an die ganze Welt gesendet wurde (vgl. Q 7:158; 34:28).

Bedingt durch seine neue Rolle entwickelte der koranische Text nach seiner Emigration nach Medina auch stark gesetzgeberische Züge; kultische und rechtliche Fragen nahmen immer mehr Raum ein.[15] Der von Muhammad verkündigte Glaube wurde immer mehr als Lebensform erkennbar, die das ganze Leben durchtränkt. Zur Rolle Muhammads als Warner vor dem Jüngsten Gericht und Verkündiger des einen Gottes trat Muhammad als Organisator, Gesetzgeber, Schiedsrichter und Feldherr. Dennoch wurde Muhammad zeit seines Lebens nicht nur als politischer Führer anerkannt, sondern immer auch als religiöses Vorbild.[16] Nach der friedlichen Einnahme Mekkas im Jahr 630 starb er schließlich am 8. Juni 632 in Medina.

Sein Lebenswerk lässt sich gut im Anschluss an Hans Küng folgendermaßen würdigen:

- »Der Prophet hat das *Arabien* der Stämme und Clans *geeint*, das zuvor von ständigen politischen Streitigkeiten und Fehden zerrissen und aufgrund seiner verschiedenen Stammesgötter auch religiös zersplittert war: religiös geeint durch seine Botschaft von der Einzigkeit Gottes und politisch geeint durch seine neuartige Herrschaftsform. Der Islam, der religiöse Vollmacht und politische Macht verbindet, als Grundlage der Einheit Arabiens.
- Der Prophet hat damit die Araber – gemessen am sehr diesseitigen Polytheismus der altarabischen Stammesreligionen – auf ein den benachbarten Großreichen vergleichbares *religiöses Niveau gehoben*. Der Islam als eine monotheistische, ethische Hochreligion.
- Der Prophet hat durch den Koran unzähligen Menschen seines und der folgenden Jahrhunderte unendlich viel *Inspiration, Mut und Kraft zu einem religiösen Neuaufbruch* geschenkt: zum Aufbruch in größere Wahrheit und tiefere Erkenntnis, zum Durchbruch auf Verlebendigung und Erneuerung der überlieferten Religion. Der Islam als die große Lebenshilfe.«[17]

2. Die muslimische Begeisterung für Muhammad

Mit den bisher genannten äußeren Lebensdaten Muhammads und dem ersten Versuch einer Würdigung seiner Leistungen ist allerdings erst wenig von dem erfasst, was Muslime an Muhammad fasziniert. Für die muslimische Frömmigkeit spielt nämlich die charakterliche Integrität und Vorbildlichkeit Muhammads eine große Rolle. Sie wird in vielen Erzählungen ausgemalt und macht seine Lebensführung zur Richtschnur in allen Lebenslagen. Selbst für Reformtheologen wie Nasr Hamid Abu Zaid steht fest, dass seine Persönlichkeit »sehr anständig, sehr gesellig und sehr umgänglich« war.[18] Schon zu seinen Lebzeiten wurde niemand von seinen Freunden und Gefährten so verehrt und geliebt wie Muhammad[19], sodass man die emotionale Bindung der Muslime an den Propheten und seine Vorzüge gar nicht hoch genug einschätzen kann. Muslime sehen bei Muhammad eine bewundernswerte, tiefe, persönliche Frömmigkeit und Aufrichtigkeit, die sich mit einer großen Barmherzigkeit für die ihm Anvertrauten paart[20] – so sehr, dass der Koran von ihm sagen kann, dass Gott Muhammad als Barmherzigkeit zu den Menschen geschickt hat (Q 21:107).

Muslime ahmen deshalb die Sunna des Propheten nach, d. h. sie orientieren sich an seinen Bräuchen und Gepflogenheiten. Er gilt ihnen als der lebendige Koran und damit als derjenige, der die koranischen Werte exemplarisch vorlebt.[21] So wird Muhammad auch im Koran ausdrücklich als »schönes Vorbild« für die Gläubigen bezeichnet (Q 33:21) und als »vertrauenswürdiger Gesandter«, dem Gehorsam zu leisten ist (Q 26:107 f.). Umgekehrt lässt sich Muhammad anrühren von den Nöten seiner Anhänger: »Er sorgt sich um euch. Zu den Gläubigen ist er gütig, barmherzig.« (Q 9:128)

Zugleich wird Muhammad schon im Koran dazu aufgerufen zu sagen, dass er einfach nur ein Mensch wie wir ist (Q 18:110). D. h. der Koran achtet darauf, dass die Verehrung des Propheten nicht dazu führt, dass er vergöttlicht wird. Sie ist für ihn kein Selbstzweck, sondern ist immer auf das bessere Verstehen des Korans ausgerichtet. Denn für die Tradition ist »das gelebte Vorbild des Propheten weit eindeutiger als der deutungsoffene Text«[22], sodass die Ambiguität des Textes erst durch den Blick auf ihn und sein Leben den Weg zu einer handhabbaren Form von Spiritualität eröffnet.

Entsprechend hält die muslimische Religionspädagogin Tuba Işik fest, dass es im Kontext der gottesdienstlichen Handlungen ('ibādāt) völlig unerlässlich sei, sich am Propheten zu orientieren. Denn der Koran selbst lasse viele, für die muslimische Spiritualität wichtige Details offen, sodass sich seine Regelungen nur unter Bezug auf Muhammad mit Leben füllen lassen – etwa, was die Anzahl und die Art der täglich zu sprechenden Gebete angeht. In diesem Kontext sehen deshalb auch liberale Muslime die Sunna des Propheten als verbindlich an. Auch ein so wichtiger ritueller Akt wie die Beschneidung wird nirgends im Koran erwähnt, aber da Muhammad der Legende nach sogar beschnitten geboren wurde, ist sie Teil der Sunna und wird unter Muslimen in der Regel nicht in Frage gestellt.[23]

Auch in Hinblick auf ethische Fragen entspricht Vieles von dem, was Muhammad getan hat, ethischen Maßstäben, die uns auch heute noch als vorbildlich erscheinen, sodass es nicht überraschen kann, dass auch seine ethische Vorbildlichkeit unter Muslimen allgemein akzeptiert wird, auch wenn sie normativ keine letzte Verbindlichkeit hat.[24] Der Prophet wird charakterisiert als glaubwürdiger, zuverlässiger und liebenswürdiger Mensch, der zugleich sanftmütig und tapfer, freigebig und klug handelt.[25]

Zahlreiche Hadithe unterstreichen seine ethische Vorbildlichkeit und werden entsprechend in der muslimischen Erziehung eingesetzt. So heißt es in einem Hadith, dass der Prophet gesandt wurde, »um guten Charakter zu vervollkommen.«[26] An anderer Stelle ermahnt der Prophet, ehrlich zu sein und die gegebenen Versprechen einzuhalten. Bemerkenswert erscheint mir dabei, dass er nicht nur ein reziprokes Verhalten im Sinne der goldenen Regel anmahnt, sondern erwartet, dass Muslime sich auch dann an seinem Ethos orientieren, wenn die Welt nicht entsprechend auf sie reagiert. So sagt er: »Sei nicht untreu gegenüber jemandem, der untreu zu dir war!«[27]

In anderen Hadithen wird deutlich, wie sehr der Glaube an Gott sich auch im Einsatz für die Armen zeigen muss. So heißt es beispielsweise an einer Stelle: »Derjenige ist nicht gläubig, der sich satt isst, während sein Nachbar an seiner Seite hungert.«[28] Besonders ruft Muhammad zur Gastfreundschaft Fremden gegenüber auf[29] und fordert in bemerkenswerter Weise auch Respekt vor Andersgläubigen ein: »Als einst der Prophet einen Trauerzug vorbei gehen sah, stand er auf. Einer seiner Gefährten sagte, dass es sich um Juden handele. Daraufhin erwiderte der Prophet: ›Ist das etwa kein Leben gewesen!‹«[30]

Die Liste dieser Beispiele ließe sich problemlos noch erheblich verlängern und würde eine Reihe von Charaktereigenschaften zeigen, die auch viele Nichtmuslime als vorbildlich ansehen würden. Allerdings werden nicht nur religiös und ethisch bedeutsame Handlungen und Aussprüche des Propheten überliefert. Auch ethisch und religiös völlig belanglose Überlieferungen existieren und werden von manchen Muslimen normativ aufgeladen. Tuba Işik erklärt das so: »So wie Fans ihren Vorbildern durch Nachahmung von Kleidung und Lebensstil nacheifern, gibt es Muslime, die aus Liebe zu ihrem Propheten seine unverbindlichen Handlungen z. B. in Sachen Kleidung nachahmen möchten, um sich ihm näher zu fühlen.«[31] Muslime verhalten sich hier also wie Fans eines Popstars, die auch die albernsten Dinge in ihrer Kleidung und ihren Gewohnheiten tun, um die Verbundenheit mit ihrem Idol zu zeigen.

Im zeitgenössischen Islam sind es insbesondere die Salafisten, die in drolliger Weise Gewohnheiten und Bekleidungsvorschriften des Propheten normativ aufladen und sie befolgen, um sich dem Propheten nahe zu fühlen. So lassen sie sich ihren Bart lang wachsen und tragen lange Gewänder, die sie in den westlichen Gesellschaften sogleich als Fundamentalisten stigmatisieren. Ein religiöser Sinn ergibt sich aus diesen Bekleidungsregeln schon deshalb nicht, weil die Kleidung und der Bartwuchs des Propheten einfach den Konventionen seiner Zeit entsprachen, d. h. auch seine Gegner folgten denselben Konventionen. Auch wenn Muhammad sich mit einem *Miswāk* statt mit einer Zahnbürste die Zähne putzte, gehört schon viel fromme Fantasie dazu, um hierin einen tieferen Sinn zu sehen, weil er auch hier einfach die Mundhygienepraktiken seiner Zeit befolgte.

Bei anderen Gepflogenheiten des Propheten wissen wir nicht, wie sehr sie in seiner Kultur verankert waren. So bevorzugte er es beim Schlafen offenbar, auf der rechten Seite zu liegen und beim Trinken achtete er darauf, ein Glas Wasser in drei Schlucken leer zu trinken.[32] Auch hier folgen ihm seine muslimischen Anhänger und können so auch die kleinsten Handlungen des Alltags als Handlungen der Nachfolge stilisieren. Wir werden noch sehen, dass man in dieser ästhetischen Stilisierung der eigenen Lebensvollzüge durchaus auch einen intelligiblen Sinn entdecken kann (vgl. dazu Kapitel IV).

Weniger plausibel ist diese Nachahmungspraxis, wenn man sie unter ethischen Gesichtspunkten betrachtet. In dieser Perspektive erscheint das Ausmaß der Verehrung des Propheten nicht nur als skurril, sondern auch als willkürlich. Denn warum sollte die Kleidung oder Zahnhygiene des Propheten normative Bedeutung haben, nicht aber die Art seines Hausbaus? Und selbst unter muslimischen Fundamentalisten ist mir niemand bekannt, der aus Liebe zum Propheten in einem aus Lehm gebauten und mit Bananenblättern gedeckten Haus lebt.[33] Eigentlich zeigt die Einfachheit seiner Bekleidung und seiner Lebensgewohnheiten doch nur, dass der Prophet sich hier nicht von den Menschen seiner Zeit unterschied und damit gerade seine Bescheidenheit und Einfachheit unter Beweis stellt. Wer ihm hier nachfolgen will, müsste also gerade heute die Kleidung der einfachen Menschen seiner Gesellschaft tragen und nicht die Gewohnheiten einer vergangenen Zeit nachahmen. Von daher leuchtet es mir sehr ein, wenn Tuba Işik als Ziel muslimischer Religionspädagogik festhält, »in den Schuhen von Muhammad den eigenen Weg zu finden.«[34] Erst wenn Muslime diesen eigenen Weg überzeugend in unsere Zeit hinein übersetzen, wird auch ihre Begeisterung für Muhammad für Nichtmuslime nachvollziehbar.

3. Die westliche Skepsis gegenüber Muhammad

Gegenüber der muslimischen Begeisterung für Muhammad steht christlicherseits eine große Skepsis seine Person betreffend. Diese Skepsis beschränkt sich nicht nur auf religiöse Menschen, sondern ist auch in islamwissenschaftlichen Darstellungen greifbar, sodass ich in ihr eine allgemeine westliche Skepsis sehe, die eine lange geistesgeschichtliche Tradition im Abendland hat. Ich will hier aber nicht diese ganze Tradition aufarbeiten, sondern mich auf die zentralen Argumente der Kritiker Muhammads konzentrieren und diese mit den über ihn eruierbaren historischen Fakten abgleichen.

Im Wesentlichen lassen sich drei Kritikpunkte ausmachen, die westliche Denker davon abhalten, Muhammad mit Wertschätzung zu begegnen: sein Umgang mit Frauen, seine Haltung zur Gewaltfrage und sein Verhalten gegenüber den Juden. Hinzu kommt für Christen seine kritische Haltung gegenüber einigen der christlichen Grundüberzeugungen, die wir gleich unter d) noch diskutieren wollen. Gehen wir aber zuerst auf die genannten drei Punkte ein, die allesamt die persönliche Integrität Muhammads in Frage stellen.[35]

Vielen Christen erscheint insbesondere »sein von Leidenschaft gezeichneter Umgang mit den Frauen«[36] als wenig verehrungswürdig. Insgesamt hatte Muhammad nach muslimischer Überlieferung 13 Frauen in seinem Leben; hinzu kommen mindestens zwei Konkubinate mit Sklavinnen. Wenn von muslimischer Seite dann noch erklärend beteuert wird, dass er allerdings in jeder Nacht versucht hat, eine andere seiner Frauen zu bedienen[37], entsteht in der westlichen Fantasie das Bild eines vor Potenz strotzenden Wüstlings, und es wird schwer, noch religiöse Gefühle mit Muhammad zu verknüpfen. Wenn man zudem bedenkt, dass Gott Muhammad die Sondererlaubnis gibt, so viele Frauen zu heiraten, wie er will (Q 33:50) – eine Sondererlaubnis, die später allerdings wieder zurückgenommen wird (Q 33:52) –, werden Muhammad und das von ihm verkündete Gottesbild vollends fragwürdig.

Allerdings muss man sich vor Augen halten, dass Muhammad bis zu seiner Emigration nach Medina, also bis zum Alter von ca. 50 Jahren, monogam mit einer wahrscheinlich deutlich älteren Frau gelebt hat. Bedenkt man zudem, dass Heiraten in seinem kulturellen Kontext ein völlig normales Mittel war, um Clans zu versöhnen und politische Herrschaften zu stabilisieren, wird klar, dass Muhammads Polygamie nicht vor dem Hintergrund seiner angeblichen Lüsternheit gesehen werden darf. Seine Heiraten dürften eher politisch motiviert gewesen und auch um der Versorgung der Frauen willen erfolgt sein, deren Ehemänner im Krieg für Muhammad gefallen waren.[38]

Gegen eine solche Diagnose wird in der antimuslimischen Polemik schon seit Johannes von Damaskus darauf hingewiesen, dass Muhammad Zainab, die Frau seines Adoptivsohnes Zaid, geheiratet hat.[39] Angeblich hat Muhammad sie seinem Adoptivsohn weggeheiratet, weil er sie in dessen Haus ohne Untergewand gesehen hatte und daraufhin ihrem Charme verfallen war – ein Gerücht, das sich gut in die antimuslimische Propaganda von Muhammad als Wüstling einfügt, aber historisch durch nichts belegt ist. Das Hauptproblem seiner Eheschließung mit Zainab bestand darin, dass nach der Scharia und nach dem Stammesrecht die Heirat mit der Frau des eigenen Sohnes verboten war. Aber – so macht diese Begebenheit deutlich – ein Adoptivsohn ist eben dem Sohn nicht gleichgestellt. Muslime verteidigen Muhammad in diesem Kontext auch dadurch, dass sie verdeutlichen, dass Muhammad Zainab zu ermutigen versucht hat, in der Ehe mit Zaid zu bleiben. Erst nach langem Drängen von ihr gibt er schließlich nach und heiratet sie.[40]

Noch viel anstößiger aus moderner Sicht ist sicher Muhammads Heirat mit Aischa, die zum Zeitpunkt der Eheschließung nur neun oder zehn Jahre alt gewesen sein soll. Interessant ist allerdings, dass Kritik an dieser Handlung erst in der Moderne aufkommt und im Mittelalter selbst die zahlreichen Gegner Muhammads diese Eheschließung an keiner Stelle kritisieren.[41] Hierfür bieten sich zwei Erklärungen an: Die eine lautet, dass die Heirat mit einem so jungen Mädchen in vormoderner Zeit ganz normal war. Im Imperium Romanum heirateten bekanntermaßen 8 % der Frauen im Alter von 10 oder 11 Jahren. Und auch der Vollzug der Ehe war nach der ersten Menstruation der Frau völlig normal, so dass auch hier im Blick auf Muhammad nichts für seine Zeit Anstößiges überliefert wird, zumal man gemäß der Überlieferung davon ausgehen darf, dass er im Blick auf Aischa auch bis zu diesem Zeitpunkt abgewartet hat.[42]

Historisch-kritisch gesehen ist es allerdings äußerst fraglich, ob Aischa wirklich so jung war, wie das in manchen Strängen der islamischen Tradition behauptet wird und wie es auch die meisten zeitgenössischen muslimischen Apologeten annehmen. Neben den Traditionen, die sie noch als Kind die Ehe schließen sehen, gibt es nämlich auch Überlieferungen in denselben kanonischen Werken, die den Rückschluss erlauben, dass sie zum Zeitpunkt der Eheschließung mit Muhammad bereits erwachsen war. Die Tradition der Heirat im Kindesalter ist erst ca. 200 Jahre nach dem Tod Muhammads entstanden und scheint einer apologetischen Tendenz von Anhängern Aischas zu entstammen, die auf diese Weise ihre Person aufwerten wollten. Denn die Idee, dass Aischa schon zu so früher Zeit der Fürsorge des Propheten anheimgestellt war, lässt sie als eine Person erscheinen, deren Charakter und Persönlichkeit durch und durch von Muhammad geprägt wurden. Eine solche Prägung erschien aber in einer Volksfrömmigkeit, die Aischa wie eine Heilige verehren wollte und sie zu einer der wichtigsten Tradenten seiner Hadithe machte, als so erstrebenswert, dass die Erfindung ihrer Verheiratung als Kind gerne geglaubt wurde. Historisch mindestens ebenso begründbar ist aber die Annahme, dass sie erst als Erwachsene mit dem Propheten zusammengekommen ist, zumal Muhammad selbst sich auch nach übereinstimmender Überlieferung der Quellen geweigert hat, seine Tochter Fatima in einem ähnlich frühen Alter zu verheiraten.[43]

Bei näherer Betrachtung erweisen sich also die Vorwürfe im Blick auf Muhammads Verhältnis zu Frauen als nur begrenzt überzeugend bzw. man muss zumindest zugeben, dass sein Verhalten mit Blick auf die Normen seiner Zeit in vielen Fällen nicht weiter ungewöhnlich war.[44]

Ähnliches kann man hinsichtlich seiner angeblichen »Heimtücke gegenüber manchen Gegnern« und »seines Verhaltens im Krieg und bei den Razzien« sagen.[45] Denn die ihm oft zur Last gelegten Überfälle auf Karawanen der Mekkaner waren »reine Beutezüge, wie sie unter den arabischen Stämmen an der Tagesordnung waren«[46]. Zudem war die Lage der Emigranten in Medina äußerst prekär, »weil sie – in der Landwirtschaft völlig unerfahren, die in Mekka nicht möglich war – in einer Oasensiedlung wie Medina, in der die Ressourcen schon verteilt waren, keine Existenzgrundlage hatten.«[47] Es ist an dieser Stelle nur zu verständlich, dass Muhammad und seine Anhänger sich das Geld bei ihren ehemaligen Stammesgenossen zu verschaffen suchten, die ja aus ihrer Sicht auch durch ihre Ablehnung und Verfolgung Muhammads ihre schwierige Lage erst herbeigeführt hatten. Ihre Überfälle auf die Karawanen der Mekkaner erschienen ihnen so durchaus verständlicherweise als ein legitimes Mittel, um »einen Teil ihres Besitzes wiederzuerlangen, den die Quraisch beschlagnahmt hatten.«[48] Völlig zu Recht hält etwa der muslimische Reformtheologe Nasr Hamid Abu Zaid fest: »Diese Menschen hatten ihre Häuser, teilweise ihre Familien und allen Besitz verloren; und wenn man in so einer Situation eine Chance erkennt, sich wieder etwas zurückzuholen, dann tut man es.«[49]

Allerdings kann man auch umgekehrt verstehen, dass die Mekkaner die Raubzüge der Anhänger Muhammads nicht unbeantwortet lassen wollten und zum Krieg gegen sie rüsteten. 624 kam es zum Kampf von Badr, bei der es den Muslimen gelang, das feindliche Heer der Mekkaner trotz seiner großen Übermacht zu besiegen. Dieser überlebenswichtige Sieg wird auch im Koran bezeugt und galt den Muslimen als Beleg dafür, dass Gott ihnen beisteht (vgl. Q 3:123). Doch schon im nächsten Kampf wendete sich das Kriegsglück und die Muslime erlitten auch wegen ihres großen Leichtsinns und des übertriebenen Gefühls der Sicherheit, Gott auf ihrer Seite zu haben, eine empfindliche Niederlage, die als Kampf von Uhud bekannt wurde und ausführlich im Koran reflektiert wird (vgl. Q 3:140–160). Ein entscheidender Grund scheint dabei die Gier von Muhammads Anhängern gewesen zu sein, die schon vor dem endgültigen Sieg mit dem Einsammeln der Beute beginnen wollten und gerade deswegen besiegt wurden. Muhammad, der selbst im Kampf verletzt wird, muss erkennen, wie brüchig sein Erfolg ist und wie sehr er darauf achten muss, am Charakter seiner Anhänger zu arbeiten.

Doch der verlorene Kampf hindert ihn nicht daran, bald wieder mit seinen Beutezügen gegen die Mekkaner zu beginnen. So kommt es 627 zur entscheidenden Auseinandersetzung mit den Mekkanern, die ein riesiges Heer gegen Medina losschickten, um dem Treiben der Muslime ein Ende zu setzen. Doch durch einen Graben, mit dem die Muslime die nicht befestigten Teile der Oase schützen, vereiteln sie den Angriff und gehen siegreich aus diesem sog. Grabenkampf hervor. Im Vertrag von al-Hudaibiya 628 nutzt Muhammad diesen militärischen Erfolg aus, um einen Waffenstillstand mit den Mekkanern zu schließen, der den Muslimen ab dem folgenden Jahr freies Geleit zu den Heiligen Stätten während der Zeit der Pilgerfahrt einräumt.

Muhammad war also zeit seines Lebens nur an drei größeren Waffengängen beteiligt, die alle den Charakter der Selbstverteidigung hatten. Auch seine Beutezüge gegen die Mekkaner sind angesichts des Unrechts, das ihm in Mekka angetan wurde, durchaus im Kontext der Selbstverteidigung interpretierbar, so dass Muhammad als Politiker und Heerführer nicht nur ausgesprochen erfolgreich war, sondern auch ethisch in nachvollziehbarer Weise handelte.

Diese Einschätzung wird nun allerdings insbesondere im Blick auf Muhammads Verhalten gegenüber den jüdischen Clans in Medina immer wieder in Frage gestellt. Gelegentlich gehen die Vorwürfe dabei sogar so weit, die heutige Feindschaft vieler Muslime gegenüber dem Staat Israel als eine in Muhammads Verhalten gründende Judenfeindschaft zu verstehen. Doch muss man an dieser Stelle sehr zurückhaltend sein, weil wir historisch nur sehr wenig Verlässliches über Muhammads Einstellung zu Juden wissen.

Immerhin ist die historisch gut bezeugte Konstitution von Medina aber ein starkes Indiz für eine (zumindest ursprünglich) ausgesprochen judenfreundliche Haltung Muhammads. Denn in dieser Grundordnung des Zusammenlebens für Medina werden Juden erwähnt, die zu bestimmten Stämmen gehören und zusammen mit den Muslimen wortwörtlich eine Gemeinde (umma) bilden. Dabei wird ausdrücklich darauf verwiesen, dass die Juden und Muslime jeweils ihre eigene Religion haben und in dieser auch zu respektieren sind. Das weist nochmal darauf hin, dass Muhammad Juden nicht systematisch verfolgen wollte und zudem bereit war, sie als Teil seines politischen Gemeinwesens anzuerkennen.

Einigermaßen gut belegt ist zudem die große Enttäuschung, die Muhammad erlitten haben muss, als sich im Laufe seines Wirkens in Medina herausstellte, dass die dortigen jüdischen Clans nur begrenzt loyal mit ihm zusammenarbeiten wollten. Zuerst sah sich Muhammad in Medina wohl in einer großen Verbundenheit mit den Juden. Jerusalem war ja schon seit der mekkanischen Zeit Orientierungspunkt für das Gebet der Muslime. In der Frühzeit der medinensischen Suren lassen sich zudem Revisionen von biblischen Geschichten aus mekkanischer Zeit feststellen, »die eindeutig auf jüdische Bibelexegese zurückgehen.«[50] Besonders markant ist die Einführung des Fastenmonats Ramadan, der sich offensichtlich aus dem ʿAshūrāʾ-Fasten entwickelt hat, das sich seinerseits aus »einer Adaption der Riten des jüdischen Versöhnungstags, Jom Kippur, als seinem Nukleus gebildet« hat.[51] Auch das jüdische Recht wurde »als ethisches Grundgerüst des Islams übernommen« und hatte wesentlichen Einfluss auf die Entwicklung der Scharia.[52] Der Koran versteht sich in dieser Phase als reine Bestätigung der Tora (Q 46:12), und Muhammad agiert aus einem »Gefühl einer tief verankerten theologischen und historischen Gemeinsamkeit.«[53]

Diese große Hoffnung auf Gemeinsamkeit der monotheistischen Religionen erfüllte sich jedoch nicht. Muhammad distanzierte sich so Schritt für Schritt vom jüdischen Glauben. Entsprechend wandert »das Zentrum der Exilssehnsucht, Jerusalem, ... nach Mekka, das nun zum Kristallisationspunkt der rituellen Gebete wird«[54], und Mekka erhält »den Rang eines neuen Jerusalem.«[55] All diese Punkte lassen sich vom Koran her belegen, sodass wir hier auf historisch sicheren Füßen stehen.

Unklar ist hingegen, ob die Bestrafungsaktionen an jüdischen Clans, die die muslimische Geschichtsschreibung dem Propheten Muhammad zuschreibt, historisch tatsächlich stattgefunden haben. Besonders umstritten ist die Historizität der Bestrafungsaktion des jüdischen Clans der Banū Quraiẓa, bei der angeblich 700 Mann als Bestrafung für deren Verrat bei der Belagerung von Medina hingerichtet wurde. Die muslimische Tradition berichtet, dass Muhammad hier das Urteil über das Schicksal des Clans einem ehemaligen Alliierten von ihnen überlassen hat und dieser dann in der überlieferten Weise entschieden hat – eine Rechtfertigung Muhammads, die ein wenig daran erinnert, wie Pilatus meint begründen zu können, dass er seine Hände in Unschuld wäscht. In jedem Fall entsprach die Bestrafungsaktion offenbar den damaligen ethischen Werten oder sie wurde zumindest nicht hinterfragt.[56] Zugleich findet sich auch ein wichtiger koranischer Anhaltspunkt für diese Aktion. Aber dieser Anhaltspunkt macht doch auch deutlich, dass es zwar Juden gab, die beim Grabenkampf mit den angreifenden Mekkanern kollaboriert hatten und dafür bestraft wurden. Aber zugleich spricht die koranische Formulierung nicht für die Tötung aller Männer dieses jüdischen Clans (vgl. Q 3:25–27). Von daher wird man hier antijüdische Interessen aus dem neunten Jahrhundert am Werk sehen müssen, die in ihrer Historizität fragwürdig sind. Insgesamt ist der historische Hintergrund des Berichts über diese Bestrafungsaktion also unklar[57], sodass man vorsichtig mit Bewertungen der Person Muhammads aufgrund dieser Handlung sein sollte.

Offenbar hielt sich Muhammad in all seinen Bestrafungsaktionen und Gefechten immer an das geltende Kriegsrecht – nur einmal nicht, als er bei der Belagerung der Banu Nadir Palmen umhauen ließ.[58] Und seinen so oft erwähnten angeblich brutalen Aktionen steht seine historisch gut belegte maßvolle Politik den Mekkanern nach seinem Sieg gegenüber.[59] Von daher scheint es mir historisch wenig plausibel zu sein, den erst sehr spät entstandenen Berichten von Handlungen wie dem Massaker an den Banū Quraiẓa mehr Glauben zu schenken, als dem fest im Koran verankerten muslimischen Glauben an Muhammad als Propheten der Barmherzigkeit, der mit derartigen Bestrafungsaktionen schlechterdings nicht in Übereinstimmung zu bringen ist.

Natürlich wird man die politischen Aktionen Muhammads durchaus auch kritisch beurteilen können. Und der muslimische Glaube würde an Überzeugungskraft nicht gerade gewinnen, wenn Muhammad aus muslimischer Sicht als ein Mensch ohne jeden Fehler behauptet würde. Dies ist aber ja auch gar nicht der Fall. Der Koran selbst geht an einigen Stellen durchaus kritisch mit Muhammad um und macht deutlich, dass er sich schwerwiegende Fehler hat zuschulden kommen lassen.

Besonders deutlich fällt die koranische Kritik in Sure 80 aus. Der historische Hintergrund dieser Sure scheint eine Begegnung Muhammads mit einem Blinden gewesen zu sein, der ihn um Rat gefragt hat. Doch Muhammad ist in diesem Moment so sehr mit der katechetischen Unterweisung der anwesenden Stammesführer beschäftigt, dass er sich von dem Blinden abwendet und seine Fragen ignoriert. Im Koran heißt es dazu: »Er blickte finster drein und wandte sich ab, dass der Blinde sich an ihn gewandt. ... Wer aber sich auf seinen Reichtum stützt, dem schenkst du Beachtung, und es stört dich nicht, dass er sich nicht läutert« (Q 80,1f.5–7). Der Koran kritisiert Muhammad also dafür, dass er den Reichen und Mächtigen mehr Aufmerksamkeit entgegenbringt als dem blinden Außenseiter. Seine Missachtung wird schon dadurch ausgedrückt, dass er über Muhammad in der dritten Person spricht, statt ihn anzureden.[60] Zugleich wird deutlich, dass Gott den Propheten immer dann korrigiert und in seinem Handeln maßregelt, wenn er sich gegen seinen Willen wendet.

So wird an anderer Stelle eine politische Entscheidung Muhammads von Gott kritisiert (Q 9:43), und der Prophet wird immer wieder als Lernender in den Blick genommen, den Gott einlädt, an seinem Charakter zu arbeiten.[61] Der Koran spricht also ganz offen die Schwächen Muhammads an, besteht aber zugleich darauf, dass diese in seinem prophetischen Tun nicht handlungsleitend sind. So heißt es in Q 17:73 f.: »Fast hätten sie verführerisch dich von dem abgebracht, was wir dir offenbarten, … Hätten wir dir nicht Festigkeit verliehen, dann hättest du dich fast ein wenig bei ihnen angeeint.« Letztlich sorgt also Gott dafür, dass der Prophet sich immer wieder auf seinen Auftrag zurückbesinnt. Der Grund der Besonderheit Muhammads ist also nicht seine eigene Leistung, sondern das Handeln Gottes, der ihn führt und immer dafür sorgt, dass an ihm Gottes Barmherzigkeit und Gerechtigkeit erfahrbar wird. Seine Überzeugungskraft erscheint so nicht als sein eigenes Verdienst, sondern ist in Gott begründet – so wie auch seine Predigt nicht seine eigene Leistung ist, sondern von Gottes Initiative herkommt.

Nimmt man den Koran ernst, so ist Muhammad also kein perfekter Mensch, sondern ein Mensch, der immer wieder Schuld auf sich lädt (vgl. Q 48:2), der sich aber jedes Mal neu der Barmherzigkeit und Rechtleitung Gottes anvertraut und so gerade in seiner Menschlichkeit Vorbild für uns fehlbare und schwache Menschen ist. Entsprechend bittet Muhammad auch in einem Hadith um Vergebung und er betont in verschiedenen Hadithen, dass er sich irren kann und somit nicht unfehlbar ist.[62] Gerade diese offen eingestandene Schwäche des Verkünders des Korans macht dessen Verkündigung umso glaubwürdiger. Denn ein falscher Prophet würde sicher darauf achten, dass die von ihm ausgerichtete Botschaft ihn nur im besten Licht erscheinen lässt. Gerade die Tatsache, dass der Koran Muhammad kritisiert, stärkt so gerade seine Dignität und macht die Position plausibel, dass er tatsächlich ein von Gott inspiriertes Wort verkündet.

Leider meinen die meisten muslimischen Exegeten in apologetischem Übereifer bis heute, dass es sich bei den Vergehen Muhammads nicht um Sünden, sondern um kleinere Fehler und Unachtsamkeiten handelt, und halten oft auch an seiner Unfehlbarkeit fest.[63] Aus malikitischer Sicht etwa ist es ein todeswürdiges Verbrechen, vom Propheten etwas zu sagen, das einen Mangel ausmacht.[64] Und traditionelle mythische

Erzählungen wie die von der Herzwaschung des Propheten sollen seine Sündlosigkeit illustrieren und zeigen, wie stark dieses Theologumenon auch in der Volksfrömmigkeit verankert ist.[65]

In historischer Sicht kann man diese Behauptungen allerdings mit guten koranischen Argumenten in Zweifel ziehen und erhält so Bewegungsspielraum, nicht alle Details der Praxis und des Lebens Muhammads anerkennen zu müssen, um ihn als Propheten anzusehen. Denn auch wenn man sich mit einem ethischen Urteil über Muhammads Kämpfe und seine Polygamie zurückhält, wird man von christlichen Wertmaßstäben her doch bleibende Rückfragen haben, sodass der prophetische Anspruch Muhammads gerade dann eine ernsthafte Prüfung verdient, wenn er nicht mit einer angeblichen Fehler- und Sündlosigkeit Muhammads verknüpft wird. Auch die biblischen Propheten zeichnen sich ja keineswegs durch Sündlosigkeit aus, sodass christlich durchaus Spielraum besteht, auch einen Menschen, der uns gelegentlich in einem ambivalenten Licht erscheint, als Propheten anzuerkennen. Kann man Muhammad also christlicherseits als Prophet würdigen? Oder ist es zumindest denkbar, ihn – eine Formulierung des nestorianischen Patriarchen Timotheus aus dem achten Jahrhundert aufgreifend – als einen Menschen zu verstehen, der in den Spuren der Propheten wandelt?[66]

4. Muhammad – ein Prophet auch für Christen?

Um diese Frage adäquat beantworten zu können, ist es wichtig, zunächst einmal wahrzunehmen, dass die muslimische Tradition Muhammad deutlich im Sinne der jüdisch-christlichen Tradition als Prophet versteht und ihn genealogisch entsprechend einordnet.[67] Muhammad sah sich selbst offenkundig in positiver Anknüpfung an die biblische Tradition. Die Heiligen Schriften der Juden und Christen werden als von Gott gesandte Schriften gewürdigt. Auch in den Berichten über Muhammads Leben gibt es zahlreiche Anklänge gerade an alttestamentliche Prophetenbiografien. Besonders markant ist in diesem Zusammenhang der Bericht über seine Bekehrung, wie er in den Worten eines Neffen von Muhammads späterer Lieblingsfrau überliefert ist und der deutlich im Sinne eines biblischen Berufungsberichts stilisiert ist. Schon die Zeitangabe im 40. Lebensjahr verweist auf biblische Berichte; so erinnert die Zahl zum Beispiel an die 40 Tage in der Wüste bei Elija und Jesus). Ähnlich wie Jesus und Elija zog sich Muhammad diesem Bericht zufolge wiederholt ins nahe Gebirge zurück, um sich dem Gebet hinzugeben.

Nach mehreren Tagen und Nächten der Einsamkeit und des Gebets in der Wüste hat er bei seiner Rückkehr eine erste Vision, in der er zum Propheten berufen wird:

> Zuletzt kam unerwartet die Wahrheit zu ihm und sagte: O Mohammed, du bist der Gesandte Gottes.
> Der Gesandte Gottes sagte: Ich hatte gestanden, doch ich sank auf meine Knie; dann kroch ich davon, und meine Schultern zitterten; dann betrat ich Chadīgas Zimmer und sagte: Hüllet mich ein, hüllet mich ein, bis die Angst von mir gelassen hat. Dann kam er zu mir und sagte: O Mohammed, du bist der Gesandte Gottes.
> Er (d. h. Mohammed) sagte: Ich hatte daran gedacht, mich von einer Felsenklippe herabzustürzen, aber während ich so dachte, erschien er mir und sagte: O Mohammed, ich bin Gabriel, und du bist der Gesandte Gottes.
> Dann sagte er: Trag vor. Ich sagte: Was soll ich vortragen? Er (Mohammed) sagte: Dann nahm er mich und preßte mich dreimal heftig, bis Erschöpfung mich befiel; dann sagte er: Trag vor im Namen deines Herrn, der erschaffen hat. Und ich trug vor.
> Und ich kam zu Chadīga und sagte: Ich bin voller Angst um mich, und ich erzählte ihr mein Erlebnis. Sie sagte: Freue dich! Bei Gott, niemals wird Gott dich in Schande stürzen.[68]

In dieser Berufungsgeschichte gibt es gleich mehrere Anspielungen auf die biblische Tradition. Zunächst einmal fällt auf, dass der Engel Gabriel als Offenbarungsbote zur Geltung kommt – genau wie bei der Ankündigung der Geburt Jesu. Wie Maria wird Muhammad von Furcht ergriffen und wie Jeremia und wie zu Beginn Mose und Jona wehrt er sich und will nicht, erfährt sich aber als unter einem Zwang stehend.[69] Die Art, wie Gott Muhammad würgt und geradezu zwingt, seinen Auftrag zu erfüllen, erinnert insbesondere an das Ringen des Propheten Jeremia mit Gott. Es macht deutlich, dass er den Koran nicht aus eigener Machtvollkommenheit verkündet, sondern im Auftrag Gottes. Koran heißt ja im Arabischen nichts anderes als dieses »Trag vor!«, das in Muhammads Berufungsgeschichte so eine prominente Rolle spielt. »Mohammed gehört – das will die Erzählung sagen – in die Reihe der biblischen Propheten, die Gott zu den Menschen sandte, um sie wieder auf den rechten Weg zu bringen, von dem sie abgewichen waren.«[70] Und Muhammad tritt in diese Genealogie nicht aus eigenem guten Willen ein, sondern weil Gott ihn dazu zwingt.

Der adäquateste Vergleichspunkt für Muhammad in der christlichen Tradition ist vielleicht Maria. Beide benötigen die Verkündigung durch den Erzengel Gabriel, um ihre Sendung zu verstehen und sie anzunehmen. Beide nehmen ihren Auftrag nach anfänglichem Zögern an und verschreiben sich völlig dem Dienst am Wort Gottes. So wie Maria ihre Rolle darin findet, ganz auf Jesus zu verweisen, geht es Muhammad darum, ganz auf den Koran zu deuten. So wie es der christlichen Tradition wichtig war, dass Maria Jungfrau war, um so zu verdeutlichen, dass ihr die Geburt Jesu durch Gott allein ermöglicht wurde, so war es für den Islam schon früh wichtig, dass Muhammad Analphabet war, um auf diese Weise zu illustrieren, dass die poetische und sprachliche Schönheit des Korans allein aus Gottes Kraft kommen kann. Und so wie die Jungfräulichkeit Mariens in der modernen liberalen Theologie historisch in Zweifel gezogen wird, kann man dies auch im Blick auf Muhammads Analphabetentum machen.

Denn der koranische Beleg für Muhammads Illiteralität in Q 7:157 scheint eher daran zu denken, dass Muhammad noch keine Heilige Schrift kennt bzw. jedenfalls nicht als seine kennengelernt hat. Als erfolgreicher Kaufmann wird er wohl schon so viel Schriftkenntnisse gehabt haben, dass er seine Geschäfte abwickeln konnte.[71] Es ging hier also eher um die Frage, ob Muhammad seine Ideen aus der Bibel übernommen oder aus seiner eigenen poetischen Kraft entwickelt hat. Und hier gilt eben, dass er kein bekannter Dichter war und kein Offenbarungsbuch vorher gelesen hat bzw. zumindest mit keinem vertraut war. Muhammad scheint zwar in oralen Traditionen zu stehen, die sich mit biblischen Stoffen auseinandersetzen. Aber die Genialität seiner eigenen Syntheseleistung und vor allem die ästhetische Kraft seines Werks ist nichts, was man aus diesen Traditionen erklären kann. Genauso wenig erfasst man aus muslimischer Sicht das, worauf es im Koran ankommt, wenn man es Muhammad als Mensch allein zuschreibt. Seine Illiteralität verweist also wie Mariens Jungfräulichkeit auf die je größere Kraft Gottes, die allein das Wort Gottes hervorbringen kann. Die Wahrheit, dass nur Gott sein Wort sprechen kann, hängt dabei nicht von der Frage ab, ob der Prophet in historischem Sinne Analphabet war – genauso wenig wie von der Frage, ob Maria im biologischen Sinn Jungfrau war. Aber die Rede von ihr schützt die Dignität des göttlichen Handelns und verweist auf das Wunder seines Wortes.

Doch kehren wir wieder zum soeben geschilderten Ablauf des Offenbarungsereignisses bei Muhammad zurück. Aus moderner Sicht ist besonders bemerkenswert, dass es in dieser Geschichte erst seine Frau Chadīǧa ist, die ihm den Mut gibt, seinen Erlebnissen zu vertrauen. Traut man der muslimischen Überlieferung, war es der Christ Waraqa ibn Naufal, ein Vetter von Muḥammads Frau, der ihn entscheidend dazu ermutigt hat, seine Offenbarung ernst zu nehmen und sie mit den

Erfahrungen des Mose zu vergleichen.[72] Wie immer es um die Historizität dieser Überlieferung bestellt sein mag, kann man jedenfalls auch hieran erkennen, wie sehr die islamische Tradition daran interessiert war, Muhammads Berufungserlebnis in der biblischen Tradition zu verorten. Auch nach seinem Berufungserlebnis hat Muhammad immer wieder prophetische Auditionen, in denen ihm der Engel Gabriel den Willen Gottes offenbart. Begleitet von Ängsten und Zweifeln verkündet Muhammad die ihm offenbarten Einsichten erst nur im Familien- und Freundeskreis und braucht einige Jahre bis er endlich anfängt, in der weiter oben geschilderten Weise seine Botschaft in Mekka zu verkünden. Mit Küng kann man festhalten:

> »Wie die Propheten Israels war Muhammad eine willensstarke Persönlichkeit, die sich von ihrer göttlichen Berufung völlig durchdrungen, total beansprucht, exklusiv beauftragt sah.
>
> Wie die Propheten Israels, so hat auch Muhammad in eine religiösgesellschaftliche Krise hineingesprochen, stand er mit seiner leidenschaftlichen Frömmigkeit und seiner umstürzenden Verkündigung in Opposition zur vermögenden herrschenden Kaste und zu der von ihr gehüteten Tradition.
>
> Wie die Propheten Israels will Muhammad, der sich meist ›Warner‹ nennt, nichts als Sprachrohr Gottes sein und Gottes Wort, nicht sein eigenes, verkünden.
>
> Wie die Propheten Israels kündet Muhammad unermüdlich den einen Gott, der keine anderen Götter neben sich duldet und der zugleich der gütige Schöpfer und barmherzige Richter ist.
>
> Wie die Propheten Israels, so fordert auch Muhammad gegenüber diesem einen Gott unbedingten Gehorsam, Unterwerfung, ›Hingabe‹ (›Islam‹): alles das, was Dankbarkeit gegenüber Gott und Großzügigkeit gegenüber den Mitmenschen einschließt.
>
> Wie die Propheten Israels verbindet auch Muhammad seinen Monotheismus mit einem Humanismus, den Glauben an den einen Gott und sein Gericht mit der Forderung nach sozialer Gerechtigkeit: Drohungen den Ungerechten, die in die Hölle gehen, und Verheißungen den Gerechten, die zu Gottes Paradies versammelt werden.«[73]

Vielleicht könnte man noch ergänzen: Wie Elija verhüllt Muhammad sein Antlitz angesichts des ihm begegnenden Gottes (vgl. 1 Kön 19,13 mit Q 73:1). Wie der alt- und der neutestamentliche Josef (Gen 37,5-8; Mt 2,13) erhält er Gottes Offenbarung gelegentlich im Traum und wie Samuel wird er aus dem Schlaf gerissen (1 Sam 3). Und wie Johannes der Täufer mahnt er zur Umkehr und Buße und droht ein baldiges göttliches Strafgericht an (vgl. Mt 3,2-12 mit Q 92:14-21). Sicher ließe sich diese

Liste noch verlängern. Aber schon so sollte deutlich werden, dass der Koran und die nachkoranischen Erzählungen über sein Leben Muhammad deutlich als Propheten in der biblischen Tradition kennzeichnen.

Natürlich bedeutet dieser muslimische Stilisierungsversuch von Muhammad als biblischer Prophet noch nicht, dass man diesen christlicherseits auch anerkennen kann. Es gibt nicht wenige christliche Theologen, die anders als Küng davon ausgehen, dass eine Anerkennung von Muhammad als Prophet einer Aufgabe christlicher Identität gleichkäme. So behauptet etwa der libanesische Theologe *Samir Khalil Samir*:

> »Da der Koran es nicht ermöglicht, das wahre Gesicht Christi zu entdecken, und da er die grundlegenden Wahrheiten des christlichen Glaubens ablehnt (Dreifaltigkeit, Göttlichkeit Christi, Inkarnation, Erlösung, Tod und Auferstehung Jesu), kann er nicht als von Gott offenbart angesehen werden.«[74]

Und in der Tat ist es aus muslimischer Sicht klar, dass die Wahrheit des Korans selbst die alles entscheidende Grundlage und Beglaubigung des prophetischen Anspruchs Muhammads darstellt. Zu Muhammads Mission gehört es nicht, Zeichen und Wunder zu tun. Die Legitimation seines Handelns und Ausweis seiner prophetischen Sendung ist allein der Koran.

Erkennt man den Koran also nicht als göttlich inspirierte Schrift an, wird man auch Muhammad nicht als Propheten akzeptieren können. Sieht man also im Koran direkte Widersprüche zum christlichen Glauben, nützen die Feststellungen der vielen biblischen Stilisierungen Muhammads genauso wenig wie Entdeckungen von zentralen Übereinstimmungen in Gottesbild und Botschaft. Man käme bei einer solchen Diagnose unweigerlich zum Urteil, dass man aus christlicher Sicht aus Treue zum eigenen Beanspruchtsein durch die eine Wahrheit Gottes darauf verzichten muss, Muhammad als Propheten zu bezeichnen und ihm einen göttlichen Auftrag zuzubilligen.[75] Muhammad wäre ein antichristlicher Prophet, den man vielleicht politisch und menschlich ernst nehmen kann, nicht aber in seinem prophetischen Selbstverständnis.

Nun ist die antichristliche Deutung, die Samir und andere christliche Theologen in ihrer Lesart dem Koran geben, alles andere als alternativlos. Wir werden in den folgenden Kapiteln noch sehen, dass sich im Blick auf Christologie und Gotteslehre durchaus mehr Möglichkeiten der Anerkennung der koranischen Botschaft ergeben, als Samir das zugestehen möchte. Auch das exklusivistische Selbstverständnis, das Samir Muslimen unterstellt[76], ist längst nicht mehr unumstritten und wird etwa von Theologen wie Mouhanad Khorchide als unkoranisch abgelehnt.[77] Von daher wird man an dieser Stelle zwar christlicherseits sehr vorsichtig sein müssen, aber angesichts der Neuentwicklungen in der islamischen Theologie und Koranhermeneutik kann man durchaus abwarten, ob muslimischerseits wirklich die Auffassung leitend bleiben wird, dass der Koran dem richtig verstandenen christlichen Glauben in Trinitätstheologie und Christologie direkt widerspricht. Sollte von muslimischer Seite der Koran so neu gelesen werden, dass er sich nicht in ein kontradiktorisches Verhältnis zum christlichen Glauben setzt, eröffnet sich jedenfalls für die christliche Theologie ein Weg, wie man den Koran als eine vom Christentum unterschiedene Form von Offenbarung anerkennen kann, ohne dadurch den eigenen Geltungsansprüchen untreu zu werden (siehe nochmals Kapitel I). Und im Gefolge dieser Möglichkeit würden auch die bisher genannten Argumente gegen die Möglichkeit einer christlichen Anerkennung von Muhammad als Prophet hinfällig.

Fragen wir also noch einmal: Können Christen Muhammad als Propheten anerkennen und blicken wir zur Beantwortung der Frage etwas genauer auf das biblische Prophetenverständnis? Aus biblischer Sicht zeichnet sich ein Prophet primär durch seine göttliche Beauftragung aus. In den Worten des Neutestamentlers Günter Röhser könnte man sagen: »Der Prophet oder die Prophetin verkünden den Willen einer Gottheit.«[78] Ähnlich betont auch der Alttestamentler Bernhard Lang, dass bereits in der griechischen Kultur der Prophet jemand ist, »der stellvertretend für einen Gott spricht.«[79] Propheten sind Mittler und Unruhestifter, die sich herrschafts- und kultkritisch in die Religionsausübung einmischen. »Das letztlich entscheidende Merkmal des Prophetischen ist das Leiden und die Bereitschaft dazu im Widerspruch zur Ungerechtigkeit der Welt.«[80] Propheten und Prophetinnen sind also Personen, die sich mit letzter Leidenschaft und letztem Einsatz für Gerechtigkeit einsetzen, die den Willen Gottes verkünden wollen und die auch Entbehrungen für ihre Botschaft auf sich zu nehmen bereit sind.

Das Neue an den Propheten der Achsenzeit liegt laut Bernhard Lang in der wiederholten Berufung auf universale, nicht nur Israel betreffende Werte und Maßstäbe.[81] Zugleich bleibt es formal bei dem bereits in der archaischen Prophetie gegebenen »Bewusstsein, göttliche Inspiration zu empfangen und zu verkünden«[82]. Im Prophetenverständnis der drei abrahamischen Religionen werden beide Elemente aufgenommen und radikalisiert. Im Zentrum steht jeweils der Glaube und die Beanspruchung durch den einen Gott, die Sozialkritik und das prophetische Grundethos: »die Verpflichtung auf Gerechtigkeit, Wahrhaftigkeit, Treue, Liebe als Forderung Gottes selbst«[83]. Juden, Christen und Muslime vereint der Glaube an den einen Gott, der sich für die Marginalisierten und Unterdrückten einsetzt und vom Menschen letzte Hingabe an seinen guten Willen verlangt. Vermittelt wird dieser Glaube durch die Propheten, die diesen authentisch und glaubwürdig verkünden. »So ist der prophetische Mensch ein von Gott Berufener, der Menschen auf den Willen dieses seines Gottes verpflichten will.«[84]

Heute ist uns ein solcher Anspruch fremd geworden: »Die Berufung auf unmittelbare göttliche Inspiration gehört einer fremden, vergangenen Kultur an.«[85] Umso deutlicher ist, wie lebendig Muhammad dieser Anspruch vor Augen stand und wie sehr er ihn sich zu Eigen macht. Alles, was wir über ihn wissen, kennzeichnet ihn als typischen Propheten. Auch wenn nicht all seine Handlungen und Lehren aus christlicher bzw. moderner Sicht akzeptabel sind, kann anerkannt werden, dass er als prophetischer Mensch in der biblischen Tradition agiert bzw. dass er, um noch einmal das Eingangszitat von Timotheus aufzugreifen, in den Spuren der Propheten wandelt. Ob Christen ihn nicht nur als solchen prophetischen Menschen, sondern auch als Gesandten akzeptieren können (also koranisch gesprochen nicht nur als *nabī*, sondern auch als *rasūl*), hängt letztlich von der Koranhermeneutik ab, mit der man vorgeht und von der Frage, ob man den Koran im direkten Widerspruch zum Christentum sieht. Hier ist die innermuslimische Diskussionslage noch zu heterogen, als dass man zu einer klaren Einschätzung kommen kann. Aber wie ich oben zu zeigen versucht habe, braucht man auch hier eine Anerkennung der Gesandtschaft Muhammads nicht kategorisch auszuschließen und kann offen und lernbereit in den Dialog mit Muslimen hineingehen.

Auch wenn mit dem Untergang des Judenchristentums die Rede von Propheten im Christentum verschwunden ist, gibt es nach neutestamentlichem Zeugnis auch nach Jesus noch echte Propheten, nämlich die, die seine Botschaft in eine neue Situation hinein aussagen (vgl. nur 1 Kor 12,28). Insofern können Propheten auch nach Christus noch auf ihn hindeuten und auf ihn vorbereiten. Denn auch wenn es aus christlicher Sicht so ist, dass alle Propheten die Ankunft Christi vorbereiten[86], so kann dies ja nicht heißen, dass diese Propheten dies auch explizit tun, weil sonst auch die alttestamentlichen Propheten nicht als solche anerkannt werden könnten.[87] Von daher kann man Muhammad vielleicht durchaus in die Reihe derjenigen einreihen, die vom Geist Gottes ergriffen werden, für das von ihm kommende menschenfreundliche Zusagewort Zeugnis ablegen und die so auf die menschliche Zusagegestalt des Logos hindeuten.

Muslime können mit diesem Verständnis der prophetischen Mission Muhammads natürlich nicht einverstanden sein, weil sie die christologische Zentrierung christlicher Theologie nicht mitzumachen bereit sind. Aber christliche Theologie kann in ihren eigenen Kategorien und Verhältnisbestimmungen Muhammads Beauftragung durch Gott noch deutlich klarer würdigen als dies bisher geschehen ist. Sie wird dabei genauso den Endgültigkeits- und Überbietungsanspruch Muhammads zurückweisen, wie Muslime sich nicht damit einverstanden erklären können, dass in Christus Gott in definitiver und einmaliger Weise sein Wesen offenbar gemacht hat. Aber genauso wie Muslime Jesus dennoch als Propheten und Wort Gottes anerkennen, sollten sich Christen zumindest für die Möglichkeit öffnen, die Besonderheit Muhammads und seine prophetische Sendung zu würdigen. Zumindest scheint mir das dann angemessen zu sein, wenn sich aus dem Koran ein Gottesverständnis erheben lässt, das den Gott Israels und den Gott Jesu Christi in seiner Verkündigung erkennen lässt. Ob eine solche Ableitung dem Koran gerecht wird, soll uns im nächsten Kapitel beschäftigen.

III

ZEUGNIS FÜR DEN EINEN GOTT

In den vergangenen Jahren hat sich in der christlichen Theologie die Diskussion darüber zugespitzt, ob sich der muslimische und der christliche Glaube auf denselben Gott beziehen.[1] Auf muslimischer Seite betonen gerade die Neosalafisten die Differenz der Gottesbilder beider Religionen, indem sie den Gott des Islams durch das arabische Wort »Allah« bezeichnen. Diese auch in der christlichen Theologie immer wieder praktizierte Form terminologischer Abgrenzung ist allerdings schon aus etymologischen Gründen unsachgemäß. Denn zum einen ist das Wort »Allah« vermutlich eine Zusammensetzung aus dem bestimmten Artikel al (der, die, das) und dem Wort elah oder ilah. Ilah kommt von a-la-ha, was so viel wie *anbeten* bedeutet.[2] Für *Elah* gibt es verschiedene Definitionen: Jemand, bei dem der Mensch Zuflucht findet, jemand, zu dem der Menschen Zuneigung empfindet, oder ein Dasein, das im Verborgenen existiert.[3] Keine dieser Definitionen erlaubt es, diesen Gottesbegriff spezifisch nur für den Islam zu reservieren.

Zum anderen – und dieser Grund scheint mir der eigentlich durchschlagende zu sein – war der Begriff »Allah« schon vor der Herabsendung des Korans üblich auf der arabischen Halbinsel, und zwar sowohl bei Juden, Christen und Hanifen, als auch bei polytheistischen Arabern.[4] Schon in vorislamischer Zeit wurde »Allah« als Hauptgott in Mekka verehrt und als einziger Gott nicht durch Bilder verehrt.[5] Gerade dieser gemeinsame Begriff erlaubte es dem Koran, mit den Angehörigen anderer Religionen um Gott zu streiten. Ganz offensichtlich bricht der Koran nicht völlig mit den vorislamischen Gottesvorstellungen, korrigiert sie aber, insbesondere durch die Ablehnung jeder Form von Beigesellung. Auch heute noch beten arabischsprachige Christen zu »Allah«, weil sich dieser Begriff für den einen Gott in der arabischen Sprache durchgesetzt hat. Von daher ist es nicht sinnvoll, eine Differenz in der Gottesvorstellung zwischen Islam und Christentum dadurch ausdrücken zu wollen, dass man im Deutschen das Wort »Allah« verwendet, wenn man vom Gott des Islams sprechen will. Dennoch haben die bisherigen Untersuchungen zum Koran und zum Propheten Muhammad gezeigt, wie viel von einer genaueren Untersuchung der koranischen Gottesvorstellung abhängt. Nur wenn der im Koran präsentierte Gott sich in Anknüpfung an den Gott Israels und den Gott Jesu Christi verstehen lässt, können Christen den Koran als Wort Gottes und Muhammad als in den Spuren der Propheten wandelnd verstehen.

Von daher muss es im Folgenden zunächst einmal um das muslimische Verständnis der Einheit Gottes gehen (1.), aber auch um die Tragweite seiner Barmherzigkeit (2.). Die übrigen Eigenschaften Gottes sollten wir ebenfalls in den Blick nehmen und überlegen, wie sie sich zu seiner Einheit verhalten (3.). Schließlich ist zu überlegen, wie sich die in der Koranrezitation erfahrene Schönheit Gottes zum ebenfalls im Koran bezeugten Schrecken Gottes verhält (4.). Im theologischen Durchgang durch diese Fragen wird im nachfolgenden Kapitel deutlich werden, wie nah sich die koranische und die biblische Tradition im Ringen um den einen Gott sind. Umso drängender ist deshalb die Frage, warum sich der Koran so klar gegen die christliche Trinitätslehre ausspricht und wie diese Absage christlicherseits aufgenommen werden kann (5.).

1. Einzigkeit und Unvergleichlichkeit Gottes

Als wichtigste Aussage des Korans über Gott gilt gemeinhin die Betonung seiner Einheit und Einzigkeit und damit sein strikter Monotheismus. Meistens wird hierzu auf Sure 112 verwiesen, in der es heißt: »Sprich:›Er ist Gott, der Eine, Gott, der Beständige, er zeugte nicht und wurde nicht gezeugt, und keiner ist ihm ebenbürtig.‹« Laut der klassischen Sureneinteilung von Theodor Nöldeke ist diese Sure eine der frühesten Suren des Korans und damit noch nicht im Kontext von Diskussionen um die Trinitätslehre, sondern als Absage an den polytheistischen Kult der Kaaba zu verstehen.[6] Wir hatten ja schon im zweiten Kapitel gesehen, wie wichtig die Verteidigung des Monotheismus gerade vor dem Hintergrund der sozialkritischen Anliegen Muhammads war. Von daher sollte klar sein, dass es bei der Verteidigung des Monotheismus nicht um ein abstraktes philosophisches Prinzip ging, sondern um ein Anliegen mit hoch politischen Implikationen.

Ähnlich wie in der prophetischen Subkultur des Alten Israel wird der eine Gott als ein Gott verstanden, der sich auf der Seite der an den Rand Gedrängten in die Geschichte einbringt. Von daher ist es durchaus berechtigt, wenn Befreiungstheologen wie Farid Esack betonen, dass das Prinzip der Einheit und Einzigartigkeit Gottes alle menschlichen Rangunterschiede nivelliert und eine emanzipatorische Bedeutung für die hat, die an den Rand gedrängt sind.[7] Denn wenn nur der eine Gott herausgehoben werden darf, müssen sich alle Menschen unter dessen Herrschaft beugen und dürfen sich nicht mehr gegenseitig drangsalieren oder unterdrücken.

Entsprechend gilt die Verehrung von Götzen und die damit verbundene Beigesellung von anderen Göttern neben Gott (*schirk*) als einzige unverzeihliche Sünde im Islam (vgl. nochmals Q 4:48) – übrigens in Aufnahme einer Formulierung aus dem Talmud[8] und ganz ähnlich wie die Sünde wider den Heiligen Geist im Christentum. Denn wenn ich etwas anderes neben Gott stelle und Gott damit begrenze, kann Gott nicht mehr Gott sein und seine Einzigkeit ist preisgegeben. Außerdem ist die Menschlichkeit des Menschen gefährdet, wenn dieser sich durch unterschiedliche Beigesellungen neben Gott ermächtigt fühlt, den eigenen Clan anderen Clans gegenüber zu privilegieren.

Schon in Sure 112 ist nicht nur die Einzigkeit Gottes ausgesagt, sondern auch seine Unvergleichlichkeit, die jede Form der Gleichsetzung mit Gott ausschließt. Aus muslimischer Sicht gibt es in der Schöpfung nichts, das auch nur annähernd Gott ähnlich ist. Eben darin gründet politisch gesehen der Grund für den egalitären, emanzipatorischen und sozialkritischen Grundansatz der muslimischen Botschaft.

Doch natürlich lässt sich die Unvergleichkeit Gottes auch durch philosophische Argumente stützen. Ein wichtiges derartiges Argument ist in der islamischen Philosophie der Hinweis auf die Notwendigkeit seiner Existenz. Auch in dem hierdurch gegebenen ontologischen Unterschied von allem Seienden gründet die Ablehnung jeder Form von Beigesellung: Gott allein ist unbegrenzt und er ist die Dimension, die alle anderen Dimensionen ermöglicht.[9] Als Urgrund und Schöpfer von allem kann er nicht mit einem einzelnen seiner Geschöpfe verglichen werden, sondern bleibt ihr unaussprechliches Geheimnis.

Aus diesem Zusammenhang ergeben sich auch die absolute Transzendenz und die absolute Nähe Gottes. Einerseits ist Gott das absolute Geheimnis, das unverfügbare Wovonher und Woraufhin von allem. Andererseits ist er als Schöpfer in allen seinen Geschöpfen nahe.[10] Er würdigt auch jede noch so kleine Tat seiner Geschöpfe und reagiert auf sie.[11] Insbesondere auf die Bittgebete seiner Geschöpfe hat er versprochen zu antworten, sodass man sich jederzeit vertrauensvoll an ihn wenden kann. So heißt es in Sure 2:186: »Wenn dich meine Knechte nach mir fragen, so bin ich nahe. Ich erhöre die Bitte des Bittenden, wenn er mich bittet.«

Zugleich darf die Nähe Gottes nicht im Sinne eines Anthropomorphismus missverstanden werden. Wenn im Koran von Gottes Hand (Q 48:10), seinen Augen (Q 11:37; 52:48; 54:14) und seinem Thron die

Rede ist, so sind diese Redewendungen zumindest aus mu'tazilitischer Sicht als Metaphern zu verstehen. Aus asch'aritischer Sicht ist es zwar so, dass sie wörtlich ernst genommen werden müssen. Allerdings ist dann eben die Hand so stark verschieden von einer menschlichen Hand, dass die Unähnlichkeit beider größer ist als ihre Ähnlichkeit. Insofern ist auch bei einem solchen Verständnis, wie es klassisch etwa Abū Ḥanīfa entwickelt hat, die Transzendenz Gottes gewahrt. Zugleich wird hier aber durch das Ernstnehmen eines rationalen Kerns der Metaphern die Zugewandtheit und Berührbarkeit Gottes ernst genommen – eine bedeutsame Hilfestellung, um Transzendenz und Nähe Gottes zugleich begreiflich zu machen.

Eine wichtige Brücke der Einheit und Transzendenz Gottes bei gleichzeitiger Präsenz Gottes in der Welt ist für viele Muslime im Symbol des Lichts gegeben. Laut Sure 24:35 ist Gott »das Licht der Himmel und der Erde. Sein Licht ist einer Nische gleich, in welcher eine Leuchte steht.« D. h. ausgehend vom Rand der jeweiligen menschlichen Wahrnehmung, ausgehend von Stellen, die ihm gar nicht bewusst sind, erhellt Gott den menschlichen Horizont und ermöglicht es ihm, alles neu zu sehen. Wenn Menschen ihn selbst sehen wollen, werden sie geblendet. Sein Wesen bleibt dem Menschen notwendig verborgen. Allein von seinem Licht her bekommt die ganze Welt erst ihre Farben und ihren Glanz. Als Licht ist Gott von sich aus in seinen Wirkungen sichtbar und leuchtet von sich aus.[12] Zugleich ist er die Instanz, die allen Geschöpfen erst Sichtbarkeit ermöglicht. Entsprechend versteht auch al-Ghazali in seiner berühmten Deutung dieser Koranstelle das Licht »als Ausdruck für das, was an sich selbst sichtbar ist und was durch sich anderes sichtbar macht.«[13] Die ganze Schöpfung wird durch das Licht Gottes sichtbar. Sie erscheint geradezu als Selbstmitteilung Gottes, die mit Sinnen, Herz und Verstand wahrnehmbar wird.

Mit diesen Überlegungen ist natürlich noch nicht das spekulative Problem gelöst, wie die Einheit Gottes vermittelt werden kann mit seinen Eigenschaften und mit der Vielfalt der Welt. Es ist auch nicht klar, wie die Transzendenz und Unvergleichbarkeit Gottes dazu passt, dass der Koran sehr konkrete Aussagen über Gott macht. Wie man diese Probleme löst, hängt stark davon ab, wie man die übrigen Eigenschaften Gottes versteht und welche Aspekte man besonders hervorheben will. In der gegenwärtigen Theologie sehen viele Theologinnen und Theologen neben der Einheit die Barmherzigkeit als die entscheidende Eigenschaft Gottes an.[14]

2. Barmherzigkeit als Wesenseigenschaft Gottes?

Barmherzigkeit ist im Koran die einzige Eigenschaft, zu der sich Gott selbst verpflichtet und der er sich rückhaltlos verschreibt (vgl. Q 6:12; 6:54). Es gibt einige Koranstellen und Überlieferungen, die islamische Theologen wie Mouhanad Khorchide zu der Ansicht bringen, dass es sich bei dieser Eigenschaft nicht nur um ein Attribut neben anderen, sondern um die entscheidende Wesenseigenschaft Gottes handelt. So wird beispielsweise in Sure 17:110 der Name Gottes als ebenso anrufungswürdig dargestellt wie die Bezeichnung als absolut barmherzig. Und in Sure 7:56 verwendet der Koran ein Personalsuffix im Maskulinum, um sich auf die Barmherzigkeit Gottes zu beziehen, die eigentlich grammatikalisch im Femininum bezeichnet werden müsste.[15] Da Gott aber im Arabischen oft als »Er« bezeichnet wird, spricht hier viel dafür, dass *die* (grammatisch feminine) Barmherzigkeit Gottes und »Er«, also Gott, als austauschbar und damit weitgehend synonym verstanden werden.

In historischer Sicht kann man diesen Befund so erklären, dass in der mittelmekkanischen Zeit für einige Zeit *ar-Raḥmān* als Gottesname üblich war.[16] Wieso sich dieser dann wieder geändert hat und sonst immer Allah als Gottesbezeichnung firmiert, ist allerdings noch nicht zureichend geklärt.[17] Interessant ist jedenfalls, dass es gerade die mittelmekkanische Zeit ist, in der mit der Sure 19 die ausführlichste und zugleich ausgesprochen christentumsfreundliche Geburtsgeschichte Jesu erzählt wird. In eben der Zeit, in der der Koran in sehr warmen Worten von Maria und Jesus erzählt, erscheint also Gott ganz und gar als der Barmherzige – so sehr, dass diese Barmherzigkeit zu seinem Namen avanciert.

Doch nicht nur in der mittelmekkanischen Zeit spielt die Rede von der Barmherzigkeit Gottes eine entscheidende Rolle. Jede Sure des Korans außer der neunten beginnt mit der Anrufung der Barmherzigkeit Gottes, und viele fromme Muslime beginnen ihre theologischen Wortbeiträge der sog. Basmala: *bi-smi l-llāhi l-raḥmāni l-raḥīm*, »im Namen Gottes, des barmherzigen Erbarmers«, die oft als eine radikale Umdeutung der christlichen Invokation der Trinität interpretiert wird.[18] Schaut man sich die Literatur vorislamischer syrischer Kirchenväter an, stellt man allerdings fest, dass die Basmala eine gängige Einleitung der eigenen Rede auch schon bei Christen war.[19] Erst als Reaktion auf die Usurpation dieser Rede durch Muslime scheint sich die christliche Invokation der Trinität als Antwort auf die muslimische Formel durchgesetzt zu haben.

Sicher ist die Basmala zu Beginn der koranischen Suren kein ursprünglicher Bestandteil des koranischen Textes. Doch sie prägt muslimische Identität in kaum zu überschätzender Weise. Und auch im Wortlaut des Korans ist keine andere Eigenschaft Gottes auch nur annähernd so prominent vertreten wie die der Barmherzigkeit.

Dies lässt sich schon in einer rein statistisch-quantitativen Betrachtung belegen. 169mal ist von seiner Allbarmherzigkeit die Rede (*ar-raḥmān*) und 226mal von seiner Barmherzigkeit (*ar-raḥīm*).[20] Aber auch zahlreiche weitere Namen Gottes im Koran und in der Tradition drücken seine Barmherzigkeit aus, sodass insgesamt 598mal eine derartige Bezeichnung im Koran vorkommt. So wird beispielsweise Gottes unermessliche, nicht berechenbare Gnade gerühmt (Q 14:34; 16:18) und Gott stellt sich im Koran als *rabb al-ālamīn* dar. Dieser Begriff wird im Deutschen häufig als »Herr der Welten« übersetzt; das arabische Wort *rabb* betont aber auch die Fürsorglichkeit Gottes, denkt also den Herrn auch als Versorger und fürsorglichen Begleiter – eben als unterstützende Kraft, die dem Menschen »näher ist als seine Halsschlagader« (Q 50:16).[21]

Die fürsorgliche Barmherzigkeit Gottes zeigt sich auch schon in der Schöpfungsordnung, genauerhin in der Erschaffung der Natur für den Menschen.[22] Gott rüstet den Menschen mit dem aus, was er für ein gutes Leben braucht. In diesem Zusammenhang muss man auch die Barmherzigkeit verstehen, die Gott ausübt, wenn er uns Propheten schickt.[23] Barmherzigkeit zeigt sich insbesondere in Gottes Rechtleitung für den Menschen (vgl. 16:64; 44:2–6; 45:20). Von daher kann auch der Koran insgesamt als Ausdruck von Gottes Barmherzigkeit gewertet werden.

In einem Hadith des Propheten Muhammad heißt es:

> »Gott hat seine Barmherzigkeit in 100 Teile geteilt, auf die Erde hat er nur einen Teil davon geschickt, das ist der Teil, der seinen Ausdruck in der Liebe zwischen Eltern und ihren Kindern sowie in der zwischenmenschlichen Liebe findet, die anderen 99 Teile hat er für den Tag der Wiederauferstehung aufgehoben.«[24]

Die auf der Erde erfahrbare Barmherzigkeit ist also nur ein Bruchteil dessen, was dem Menschen eschatologisch begegnen wird, sodass man fast versucht sein könnte, von einem Leben und Sterben im Vertrauen auf die bedingungslose Barmherzigkeit Gottes zu sprechen.

Bei einer solchen Qualifizierung muss man allerdings vorsichtig sein. Die Barmherzigkeit Gottes wird im Koran nicht als bedingungslose Zuschreibung verstanden, die alle anderen Eigenschaften Gottes aufhebt. Selbst in Sure 6:54, einer der zentralen Belegstellen für Gottes Barmherzigkeit im Koran heißt es: »Euer Herr hat sich selber der Barmherzigkeit verschrieben, dass er nämlich dann, wenn jemand von Euch Böses aus

Unwissenheit tat, hinterher jedoch umkehrte und gedeihlich handelte, dass er dann bereit ist zu vergeben, barmherzig.« Offensichtlich will Gott uns nicht mit seiner Barmherzigkeit überschütten, sondern wartet auf unsere Umkehr. Die Barmherzigkeit ist uns versprochen und fest zugesagt. Aber sie gilt uns nicht, wenn wir uns ihr nicht öffnen und sie nicht für uns erbitten.

An dieser Stelle kann es weiterhelfen, die oben bereits erwähnte Unterscheidung zwischen Gottes Namen der Allbarmherzigkeit (*ar-raḥmān*) und der Barmherzigkeit (*ar-raḥīm*) aufzunehmen. Nach dem Korankommentar von Yusuf Ali meint *ar-raḥmān* Gott in seiner Barmherzigkeit als Grundversorgung jedes Menschen, ohne die Leben gar nicht möglich ist. Diese Form der Barmherzigkeit wäre dann zumindest in diesem Leben unverlierbar und unbedingt. Dagegen wäre die Rede von *ar-raḥīm* Gott in seiner Barmherzigkeit, wie sie konkret für Menschen erfahrbar wird, die sich ihm bewusst zuwenden.[25] Diese Unterscheidung würde es erlauben, doch eine unbedingte und bleibende Barmherzigkeit Gottes für alle Menschen zu behaupten, die sich dann noch einmal von seiner liebend-barmherzigen Antwort auf die sich ihm zuwendenden Menschen unterscheidet. Gott wäre dann immer und allen Menschen gegenüber voller Erbarmen geöffnet und wartet auf ihre Hinwendung zu ihm. Aber erst wenn diese sich konkret vollzieht, vergibt er uns unsere Sünden und eröffnet den Neuanfang, den der Mensch nun zulassen möchte.

Ohne diese wichtige Differenzierungsleistung würde das Erbarmen Gottes zu einem unmenschlichen Automatismus. Entsprechend darf man die Rede von der Barmherzigkeit Gottes im Koran nicht von der Betonung seiner Gerechtigkeit lösen. Gerade das Aushalten der Spannung von Gerechtigkeit und Barmherzigkeit ist ja auch charakteristisch für den biblischen Zugang zur Barmherzigkeit Gottes. So warnt der jüdische Religionsphilosoph Emmanuel Levinas völlig zu Recht: »Eine Welt, in der die Versöhnung allmächtig ist, wird unmenschlich.«[26] In ähnlicher Stoßrichtung gibt auch der im Apartheidkampf bekannt gewordene islamische Befreiungstheologe Farid Esack gegen allzu liberale theologische Traditionen zu bedenken, dass die Rede von einer allgemeinen Befreiung und Barmherzigkeit leicht dazu führen kann, die Interessen der Starken zu bedienen. Der Koran wolle aber nicht nur Almosen für die Armen, sondern eine gerechte Gesellschaftsordnung, die keine falschen Kompromisse mit den Mächtigen eingeht. Von daher ziele er auf mehr ab als auf Barmherzigkeit und es sei theologisch nicht gerechtfertigt, Gott unterschiedslos als barmherzig zu charakterisieren.[27]

Entsprechend werden im Koran immer wieder Gottes Barmherzigkeit und seine Strenge im Strafen unvermittelt nebeneinander gestellt (vgl. Q 5:98). Sie bilden keine Gegensätze, sondern stellen zwei Seiten ein- und derselben Medaille dar. Im asch'aritischen und noch mehr im salafistischen Denken hat das dazu geführt, dass die Barmherzigkeit nicht mehr als verlässliche Wesenseigenschaft Gottes gedacht wird, sondern als Attribut, das den Menschen immer erreichen kann, wenn Gott es will, auf das man sich aber niemals verlassen darf. Letztlich ist es in diesem Ansatz reine Willkür Gottes, ob er uns seine Barmherzigkeit zuwendet oder uns straft. Aus asch'aritischer Sicht kann man nicht einmal sicher sein, dass Gott gutes Handeln belohnt, weil erst von Gott festgesetzt wird, was gut ist und er hier vollkommen frei ist. In unseren auch noch so gut begründeten ethischen Urteilen können wir irren, sodass durchaus denkbar ist, dass auch ein Mensch, der nach menschlichen Maßstäben immer gut handelt, keine Barmherzigkeit bei Gott findet.

Hintergrund dieser Einschätzung könnte die Überlegung sein, dass auch ein noch so gutes Handeln von niedrigen Beweggründen hervorgerufen sein kann. So könnte die Hilfe für Arme allein dadurch motiviert sein, dass man sie in Unmündigkeit und Abhängigkeit halten möchte, um den eigenen Reichtum nicht zu gefährden. Aus muslimischer Sicht ist die innere Gesinnung des Handelnden aber das alles entscheidende Kriterium zur Beurteilung seiner Taten. Von daher kann nur Gott wissen, wie eine Handlung eines Menschen zu beurteilen ist, weil nur er das menschliche Herz in seinen tiefsten Abgründen sieht und durchschaut. Überhaupt muss man bei den überspitzten Formulierungen mancher Asch'ariten in den Debatten mit den Mu'taziliten immer den polemischen Kontext mit bedenken, sodass man sie immer mit einer gewissen hermeneutischen Vorsicht beurteilen sollte. Aus menschlicher Betrachtung bekommt Gottes Handeln bei solchen Formulierungen allerdings ein Moment der Willkür.

Im mu'tazilitischen Denken soll eben dieses Willkürmoment ausgeschlossen werden, und man kann sich auf die wohl verdiente Barmherzigkeit Gottes verlassen. Entsprechend der platonischen Philosophie ist hier das Gute gut, weil es gut ist und kann auch von den Menschen mit der rein philosophischen Vernunft als gut erkannt werden. Wer also nach menschlichen Maßstäben gut handelt, darf sich auch seines Lohns gewiss sein – vorausgesetzt er ist Muslim. Allerdings wird die Gerechtigkeit Gottes so sehr betont, dass im Zweifelsfall auch die Barmherzigkeit eine gerechte Strafe nicht abwenden kann. Immer wieder wird auf das Gericht verwiesen (vgl. Q 1:4; 21:47; 38:55–59). Gott ist eben auch der,

der rächt, nicht nur der, der verzeiht. Das Verzeihen Gottes muss also immer neu verdient werden. Denn geleitet ist Gott aus mu'tazilitischer Sicht immer durch seine Gerechtigkeit.

Aus christlicher Sicht wird man an dieser Stelle die bange Frage stellen dürfen, ob wir Menschen uns wirklich das Erbarmen Gottes verdienen können, ob wir nicht immer auf seine Barmherzigkeit angewiesen bleiben. Erst in der neueren islamischen Theologie ist hier eine Öffnung für den Gedanken zu beobachten, dass man die Barmherzigkeit als Eigenschaft aller Eigenschaften Gottes verstehen und damit als Schlüssel für die Gott-Welt-Beziehung ansehen könnte. Entsprechend wird dann auch der Gedanke des Gerichts von seinen Strafaspekten gereinigt und auf eine Transformation des Menschen hin umgedeutet.[28] Und auch wenn solche Strafaspekte weiter zugestanden werden, steht am Ende in jedem Fall der gnädige, nicht der strafende Gott.[29] Hier darf man auf die weitere Entwicklung des islamischen Denkens gespannt sein, insbesondere wie eine derart betonte Barmherzigkeit Gottes mit seiner Gerechtigkeit vermittelt wird.[30]

3. Gottes Erfahrbarkeit und die Vielfalt seiner Eigenschaften

Es würde den Rahmen dieses Buches sprengen, wenn ich alle Namen und Eigenschaften Gottes aufzählen wollte, die in der muslimischen Tradition von Bedeutung sind. Religionsgeschichtlich betrachtet, findet sich in der Vielzahl der Namen und Attribute Gottes ein Nachhall der vielen Götter der vorislamischen Zeit, deren Erbe auf diese Weise in den Glauben an den einen Gott integriert wird.[31] Im Folgenden sollen nur noch einige wenige Eigenschaften Gottes bedacht werden, die für die soeben bedachte Spannung von Barmherzigkeit und Gerechtigkeit Gottes relevant sind.

Zunächst einmal ist die Personalität Gottes zu nennen. Dabei ist das zentrale Moment des Personseins Gottes aus islamischer Sicht, dass Gott eine persönliche Beziehung zu jedem Individuum hat.[32] Es geht also nicht darum, Gott als Person in einem menschlichen Sinn anzusehen, sondern ihm die Macht zuzutrauen, sich konkret den Menschen zuzuwenden und sich um sie zu kümmern. Mit dem Stichwort Macht wird eine weitere unverzichtbare Eigenschaft des muslimischen Gottesbegriffs benannt. In asch'aritischer Sicht ist die Allmacht Gottes so zu verstehen, dass buchstäblich jedes Ereignis in der Welt von Gott herbeigeführt wird. So etwas wie Kausalität ist in diesem Denken bloßer Schein. Wir werden noch genauer zu bedenken haben, ob und wie sich ein solches Denken mit der für neuzeitliches Denken so zentralen Annahme menschlicher Willensfreiheit verträgt.

Eine Eigenschaft Gottes, die insbesondere in der islamischen Befreiungstheologie hervorgehoben wird, ist sein Wirken als Befreier. Dieses emanzipatorische Wirken ist immer wieder explizit auf die Zerstörung lebensfeindlicher Strukturen gerichtet. Insofern wird Gott im Koran genauso wenig wie in der Bibel immer als versöhnend und langmütig beschrieben. Er ist auch der, der Unheilstifter (Q 2:205), Frevler (Q 3:57), Verräter (Q 8:58) und Ungerechte nicht liebt und sie mit schweren Strafen im Jenseits bedroht. Er verweigert seine Liebe und Zuwendung denjenigen, die eingebildet und prahlerisch sind (Q 57:23), Übertretungen begehen (Q 5:87) und Böses sprechen (Q 4:148).[33] Ziel ist dabei die Umkehr der Menschen, deren Lebensstil anderen und der Schöpfung insgesamt schadet. An dieser Stelle will der Gott des Korans Umkehr und ist nicht bereit, den unheilen Zustand der Welt kampflos hinzunehmen.

Der Mensch wird so in die Entscheidung gerufen. Gott lädt ihn ein, sich ihm hinzugeben – Hingabe an Gott ist die Bedeutung des Wortes Islam – und also auch *muʾmin* zu sein und damit jemand, der sich Gott rückhaltlos anvertraut und seinen guten Willen in diesem Leben umzusetzen versucht. Geht er auf diese Einladung ein, wird der Gläubige Gott als Freund und Vertrauten entdecken (Q 3:68). Dabei kann er sich auf die Liebe zu Gott stützen, die als natürliche Veranlagung immer schon in jedem Menschen angelegt ist[34], die ihm aber auch in der Botschaft der Propheten entgegentritt.

Geht er auf die Einladung Gottes nicht ein, kann er aber auch ganz andere Seiten Gottes entdecken. Je nach Situation können Gott deshalb sehr unterschiedliche Eigenschaften zugesprochen werden. Diese lassen sich dann verstehen und kohärent interpretieren, wenn man Gott als den Lebendigen, mit dem Menschen in Beziehung Stehenden begreift. Der Koran wird also erst dann als Offenbarung lebendig und Gott durch ihn verständlich, wenn man in ihm und durch ihn Gott erfährt und ihn als den erfasst, der jedem Einzelnen in seinem Leben Rechtleitung geben will.

Angesichts der starken Betonung der Transzendenz Gottes könnte man argwöhnen, dass im Islam kaum Möglichkeiten einer konkreten Erfahrbarkeit Gottes gegeben sind. Dagegen betont beispielsweise Abdoldjavad Falaturi (1926–1996), dass gerade diese Betonung in Kombination mit der Einsicht in die Einheit Gottes ein Weg zu Gott sein kann, weil so ausgeschlossen wird, dass der Mensch sich nur durch einen Mittler abspeisen lässt.[35] Denn letztlich kann nur Gott selbst die Sehnsüchte des Menschen stillen, sodass Muslime schon sehr früh und in sehr vielfältiger Weise nach Gotteserfahrungen gesucht haben. Besondere Erwähnung verdient in diesem Zusammenhang die islamische Mystik.

Als einer der ersten Vorläufer der islamischen Mystiker gilt Hasan al-Basri (gest. 728), der angesichts des großen politischen Erfolges der Muslime vor allem im Irak der Verweltlichung des Islams entgegentrat und eine asketische Frömmigkeit predigte und praktizierte. Dhu'n Nun dagegen ist der erste, der der totalen Abkehr von allem Weltlichen der frühen Sufis entgegentritt und überall Fingerzeige auf die Einzigkeit Gottes findet. Annemarie Schimmel unterscheidet in ihren verschiedenen Publikationen zum Thema zwei unterschiedliche Haupttypen mystischer Erfahrungen, die auch meinen nachfolgenden Überlegungen zugrunde liegen sollen. Auf der einen Seite die »Unendlichkeitsmystik«, der es letztlich um das Einswerden mit Gott geht, sowie die »Persönlichkeitsmystik«, die nicht Aufgehen ins Unendliche erreichen will, sondern eine dialogische Liebesbeziehung zwischen Schöpfer und Geschöpf.[36]

Die Unendlichkeitsmystik stellt einen mystischen Weg dar, der sich auch in allen anderen Religionen findet – beispielsweise im *Advaita Vedanta* in der Interpretation des Shankara – und den bereits Plotin denkerisch in seiner auch für den Islam sehr einflussreichen Philosophie erkundet hat. Seine Hauptvertreter im Islam dürften neben al-Halladsch (857–922) Ibn al-Arabi (1165–1250) und Rumi (1207–1273) sein. Sein Ziel ist die totale Entwerdung und Einswerdung mit Gott, und er kann sich philosophisch leicht mit einem monistischen Denken verbinden – so zumindest tendenziell bei Ibn al-Arabi.[37] Ein schönes Beispiel findet sich bei Rumi und wird in unterschiedlichen Versionen immer wieder in der islamischen Tradition erzählt:

> »Jemand (= der Mystiker) pochte ans Tor des Vielgeliebten (= Gott), und eine Stimme im Innern fragte: Wer ist da? – Ich bin es, antwortete er. Und die Stimme erwiderte: In diesem Haus ist nicht Raum für mich und dich. Und das Tor blieb geschlossen. Da ging der Gläubige in die Wüste, fastete und betete in der Stille. Ein Jahr danach schlug er von neuem ans Tor, und die Stimme fragte wieder: Wer ist das? Der Gläubige antwortete: Du bist es. Da öffnete sich das Tor.«[38]

Die Schwierigkeit der Unendlichkeitsmystik für die islamische Orthodoxie besteht darin, dass in ihr der Welt und dem Menschen keine eigene Wirklichkeit zugebilligt wird und das für den Koran konstitutive Gegenübersein Gottes eigentlich nicht mehr gedacht werden kann. Auch wenn bestimmte östliche Meditationstechniken auch im Sufismus rezipiert werden und so Wege der Entwerdung des Ichs auch im Islam populär machen, bleibt dieser Weg der Unendlichkeitsmystik innerislamisch immer umstritten. Al-Ghazali beispielsweise sieht im Ausruf von al-Halladsch, dass er die Wahrheit sei, einen Ausruf des Verliebtseins, den er besser hätte für sich behalten sollen.[39]

Akzeptabler erscheint vielen die sog. Persönlichkeitsmystik. In ihr geht es um eine Sehnsucht nach Verschmelzung mit Gott, die aber als zumindest innerweltlich bleibend unerfüllbar charakterisiert wird. Als Hauptvertreter könnte man Dschunaid (830–910), al-Ghazali (1058–1111) und Naqshband (1318–1389) bezeichnen. In unterschiedlichsten literarischen Zeugnissen wird das Wechselspiel der leidenschaftlichen und leiderfüllten Liebe des Menschen zu Gott in seiner Schönheit und Einzigartigkeit beschrieben. Vergleicht man die Grundidee der Persönlichkeitsmystik mit der der Unendlichkeitsmystik, so kann man das mit dem Bild des Eisens im Feuer tun. Während sich aus Sicht der Unendlichkeitsmystik der Mystiker in Gott auflöst, so dass sich jede Unterscheidung als Schein entpuppt, ist der Mystiker im Sinne der Persönlichkeitsmystik wie ein Eisen im Feuer ganz vom Feuer durchglüht, aber in der Substanz doch immer noch Eisen. Deshalb darf der Rausch des Mystikers etwa in der Sicht von Naqshband nicht der Endzweck sein, sondern muss als bloß trügerisch entlarvt werden. Denn auch mit noch so großer Sehnsucht und meditativer Anstrengung kann die Grenze zwischen Geschöpf und Schöpfer nicht eingerissen werden.

Diese Einsicht ist allerdings auch Denkern der Unendlichkeitsmystik nicht fremd, sodass man die Unterscheidung zwischen Unendlichkeits- und Persönlichkeitsmystik auch nicht überbewerten sollte. Paradigmatisch kann man sich die Nähe beider Spielarten der Mystik an der Liebe zwischen Leila und Madschnun klarmachen, die als klassisches Liebespaar der persischen Dichtung gelten und in ihrer Liebe – ähnlich wie Romeo und Julia – nie zusammenfinden.[40] Ihre Liebe gilt der Mystik als paradigmatisches Beispiel für die Liebe des Menschen zu Gott. So wie der Mensch Gott in seiner Liebe nie erreichen kann, so verzehrt sich auch Madschnun nach Leila, ohne sie je erreichen zu können. Bezeichnend für die in ihm aufscheinende Spiritualität ist seine Bitte an der Kaaba, nachdem er die Hoffnung auf ein Zusammenkommen mit der Geliebten aufgeben musste:

> »Herr, lass wachsen meine Liebe zu Leila von Augenblick zu Augenblick! Lass sie dauern, auch wenn ich selbst vergehe! Gib mir zu trinken aus dem Quell der Liebe, bis mein Durst gestillt ist. Lass mich lieben, o Gott, lieben allein um der Liebe willen, und mache diese Liebe noch hundertmal größer, als sie schon war und jetzt ist!«[41]

Diese Liebe allein um der Liebe willen ist nur dann sinnvoll, wenn in der Liebe selbst die Geliebte bereits anwesend ist. Wenn Gott die Liebe ist, kann der Mensch, der sich restlos der Liebe hingibt, schon anfanghaft die Vereinigung mit Gott erleben, auch wenn er nie ganz in Gott aufgehen wird. Das Streben nach Einheit wird so faktisch zu einem Erleben, das nicht mehr von der Persönlichkeitsmystik unterscheidbar ist und das charakteristisch für viele Schilderungen in der islamischen Mystik ist.

Ein besonders prominentes Beispiel dafür, dass viele Mystiker sich allein der Liebe Gottes hingeben möchten, ist Rabi'a al-'Adawiyya (gest. 801). Sie schreibt in einem viel zitierten Ausspruch:

> »O, mein Herr, wenn ich dich anbete aus Furcht vor der Hölle, so verbrenne mich in ihr, und wenn ich dich anbete in der Hoffnung auf das Paradies, so verbanne mich daraus, aber wenn ich Dich anbete um Deiner selbst willen, so verberge nicht vor mir Deine ewige *Schönheit*.«[42]

In dieser Sicht wird die Begegnung mit Gott das zentrale Moment der eigenen Frömmigkeit und selbst der Koran tritt gegenüber dem Erleben Gottes in den Hintergrund. »Warum, so ein Sufi-Meister, warum sollte man seine Zeit damit verschwenden, einen Liebesbrief (nämlich den Koran) zu lesen, wenn der Geliebte anwesend ist, der ihn geschrieben hat?«[43]

Im Sufismus ist also die Liebe zwischen Gott und Mensch das Fundament der Schöpfung; die Liebe ist das Wesen Gottes.[44] Sie bleibt in der Welt zwar im Letzten unerfüllt, ist aber dennoch die letzte Antriebskraft und Sehnsucht des Glaubenden. Die intime Liebe des Mystikers zu Gott wird auch sehr schön in dem nachfolgenden Gedicht Rabi'as deutlich:

> »Du bist mein Atem,
> Meine Hoffnung,
> Mein Gefährte,
> Meine Sehnsucht,
> Mein ganzer Reichtum.
> Ohne Dich – mein Leben, meine Liebe –
> Hätte ich nie diese unendlichen Länder durchwandert …
> Überall suche ich Deine Liebe –
> Dann plötzlich erfüllt sie mich.
> O Herr meines Herzens,
> Strahlendes Auge der Sehnsucht in meiner Brust,
> Nie werde ich von Dir frei sein,
> Solange ich lebe.
> Sei Du zufrieden mit mir, Geliebter,
> Dann bin auch ich zufrieden.«[45]

Auch wenn die Rede von einer wechselseitigen Liebe zwischen Mensch und Gott durchaus Anhaltspunkte im Koran vorweisen kann (vgl. Q 5:54), findet ihre derart emphatische Betonung nur geringen Rückhalt im Koran. Dennoch ist sie auch in ihrer ekstatischen Dimension fest in der Tradition der islamischen Mystik verankert und kann eine wichtige Brücke zum Gott der Liebe sein, den Jesus von Nazaret gepredigt hat.

4. Von der Schönheit und vom Schrecken Gottes

Ich hatte bereits im ersten Kapitel darauf hingewiesen, dass der Koran in der Weise seiner Rezitationen eine Erfahrung der Schönheit Gottes verbürgt, die entscheidend zur Liebe entzünden kann. Entsprechend hatte ich die Bedeutung der ästhetischen Seite des Korans betont. Das Verstehen und die Erkenntnis des Korans braucht also unbedingt – so hatten wir festgestellt – »die akustische, damit die sinnliche Wahrnehmung, denn der Koran übt seine Wirkung unabhängig vom Willen und den intellektuellen Voraussetzungen des Hörenden aus – sofern Gott das will.«[46] Es geht beim Verstehen des Korans also immer auch um die Aufnahme der künstlerischen Struktur des Textes. Das bedeutet gerade nicht, dass man die Vernunft bei der Rezeption des Korans Kermani zufolge ausschalten darf. Glaube ist für ihn kein blinder Sprung, sondern geschieht aufgrund von nachvollziehbaren Argumenten. Doch diese Argumente gründen zumindest auch im sinnlichen Erkennen der Schönheit Gottes[47]; sie rekurrieren also auf Wahrnehmung.

Entsprechend hält Kermani fest:

> »Appelliert Gott an den Verstand? … ja, auch. … Aber es ist eben nicht nur der Verstand, mit dem der Mensch die Zeichen erkennen kann, und es ist auch nicht das moderne, auf der Polarität von Sinnlichkeit und Verstand beruhende Verstand-Konzept, das im Koran vorliegt … Der Mensch wird beständig aufgefordert, seine Erkenntnisorgane inklusive der Herzenswahrnehmung einzusetzen, um das Offensichtliche zu sehen.«[48]

Gott nähert sich dem Menschen also zunächst einmal in seiner Schönheit. Nach dem oben bereits genannten koranischen Gleichnis gleicht er einer in einer Nische stehenden Lampe, die einen dunklen Raum erleuchtet (Q 24:35). Ihr funkelndes Licht macht das Leben hell und schön. Sie hilft dem Menschen zu einer differenzierten Wahrnehmung der Wirklichkeit, sie erschließt uns den Farbenreichtum des Lebens und sie lockt uns mit ihrer Wärme und ihrem Glanz.

So spannend und vielversprechend der Versuch Kermanis ist, den Offenbarungsglauben in der *Aisthesis* zu begründen und die Erkenntnis Gottes als Herzenswahrnehmung zu verstehen, so fragwürdig wäre dieses Anliegen doch, wenn es die Erfahrungen des Schmerzes und der Abwesenheit Gottes in dieser Welt ausblenden würde. Die Abgründe der Leidensgeschichte dieser Welt lassen gerade bei einem ästhetischen Zugang zum Offenbarungsglauben die Frage dringlich werden, wie Leidens- und Heilserfahrungen, Schrecken und Schönheit Gottes zusammengedacht werden können. Doch auch hier bietet die islamische Mystik eine interessante Antwort, wie Kermani in seinem Buch über den Schrecken Gottes zu zeigen vermag.

Er stellt sich dabei in die Tradition des klagend-anklagenden Ijob, der gegen allen Augenschein nicht müde wird, Gottes Gerechtigkeit gegen die Ungerechtigkeit dieser Welt einzufordern, also – kantisch gesprochen – die Wirklichkeit Gottes und damit seine authentische Selbstrechtfertigung zu postulieren, ohne sie doktrinär vorwegzunehmen. Zu diesem Postulat gehört notwendig der Protest gegen das Leiden, der sich im Hadern mit Gott und in der Anklage Gottes äußert. Auch wenn das Hadern mit Gott in der islamischen genauso wie in der christlichen Orthodoxie weitgehend verpönt ist, zeigt sich in der von Kermani zitierten islamischen mystischen Literatur ebenso wie im Buch Ijob ein Weg des Haderns mit Gott, das aus der Hingabe ihm gegenüber gespeist wird und das die hier geforderte postulatorische Gottesrede begleiten kann. Das bedeutendste Zeugnis dieses Haderns ist »Das Buch der Leiden« des persischen mystischen Dichters Attar (1145–1221). Es »lehrt, dass die Wege, auf denen mit Gott gehadert wird, auch mitten durch die islamische Frömmigkeit verlaufen können.«[49]

Kermani ist sich völlig darüber im Klaren, dass die Haltung der Anklage und des Haderns von der islamischen Tradition bisher immer sehr skeptisch betrachtet worden ist. Besonders augenfällig wird dies bei der koranischen Schilderung Ijobs, der – ähnlich wie in der biblischen Rahmenerzählung, aber anders als in den Dialogteilen des biblischen Buches – zwar als klagend, aber eben nicht als anklagend dargestellt wird. Ijob wird im Koran als bußfertiger Dulder stilisiert (vgl. Q 21:83; 38:44). Und auch sonst gilt: »Der Koran lässt keine Form der klagenden oder gar Gott anklagenden Frömmigkeit gelten.«[50] Statt hieraus Rückschlüsse über *den* Islam zu ziehen, macht Kermani auf die oft übersehene Tatsache aufmerksam, dass der Koran von seinem Selbstverständnis her gar keinen Raum für die anklagend-hadernde Seite des Menschen haben kann. »Beklagen können sich die Menschen im Koran schon deshalb nicht über Gott, weil es dem Textkonzept nach Gott selbst ist, der im Koran in erster Person spricht.«[51] Wie sollte Ijob sich aber bei Gott beschweren, wenn nicht er, sondern Gott spricht?

Kermani zufolge darf man also aus der Gegebenheitsweise der Offenbarung nicht Rückschlüsse auf ihr Wesen oder gar das Wesen Gottes ziehen und er ermutigt so zu einer neuen Aneignung bisher verdrängter Bestandteile der islamischen Tradition. Die von Atheisten immer wieder geforderte Haltung des Protestes gegenüber dem Leiden wird bei ihm deshalb nicht widerlegt, sondern noch einmal überbietend aufgenommen, aber in den Dialog mit Gott integriert und damit mit der theistischen Perspektive verbunden. Es sind gerade die Gläubigen, die fragen, warum sich Gott wie ein Verfolger verhält und sie ins Elend führt.[52] Es sind gerade die Frömmsten, die Gott nicht aus seiner Verantwortung für die Schöpfung entlassen wollen und die darauf beharren, dass er machtvoll das Schicksal der Entrechteten wenden möge. Bei aller Sehnsucht nach Gott und bei aller Annahme auch noch so schlimmer Schicksalsschläge bleibt dennoch um des Anderen willen die Anklage und Nachfrage; »in ihrer Verzweiflung sind sie religiöser als die Gläubigen, die Gott preisen, aber vor den realen Verhältnissen Seiner Schöpfung die Augen verschließen.«[53]

Der von Navid Kermani aufgezeigte und in Teilen der islamischen Mystik beschrittene Weg der Bejahung Gottes im Modus des Protestes eröffnet eine oft übersehene Antwortmöglichkeit auf die Kritik des Protestatheismus. Dies kann die argumentative Auseinandersetzung um das Theodizeeproblem mit den Mitteln der theoretischen Vernunft nicht ersetzen. Natürlich muss ich zunächst einmal mit den Mitteln der theoretischen Vernunft zeigen, wieso es nicht unvernünftig ist, an einen guten und allmächtigen Gott angesichts des Leidens zu glauben – eine Aufgabenstellung, die Kermani aus seiner korrektivischen Perspektive heraus ignoriert, die aber durchaus auch in der islamischen Tradition in prominenter Weise angegangen wurde.[54]

Wenn nun aber gegen diese Argumentation moralische Bedenken geltend gemacht werden, kann man mit Attar, Ijob, Kant und Kermani den Modus der Gottesrede ändern und alle menschliche Gottesrede in ihrem postulatorischen Modus kenntlich machen. Gott selbst kann im Koran bzw. in Christus auch im Indikativ sprechen und uns direkt seine Barmherzigkeit und Liebe zusagen. Aber wir können hierauf nicht glaubend und liebend antworten, ohne klagend und hadernd das geschundene Gesicht dieser Welt vor Gott zu bringen. Wir müssen deshalb alle theoretische Rede von Gott unterfassen durch den Modus des Postulats, so dass deutlich wird, dass wir das Leiden des Anderen nicht ideologisch verklären, sondern einfach nur die Solidarität mit ihm nicht aufzugeben bereit sind. Da nur Gottes Liebe stärker ist als der Tod, kann ich eben nicht ohne Gott kategorisch für den zu Tode Gemarterten eintreten und diesem Eintreten einen letzten Sinn zuschreiben. Und so können und dürfen wir uns das Postulat seiner Wirklichkeit auch vom Protestatheismus nicht ausreden lassen, ohne dass wir deshalb die berechtigten Intuitionen dieser Haltung ignorieren müssten. Es ist gut zu sehen, dass ein muslimischer Denker, wie Navid Kermani uns hier zu einer Haltung ermutigt, die christlicherseits Vertreter der politischen Theologie schon seit langem einfordern.[55]

Allerdings fragt sich natürlich, was den Menschen dazu bringen sollte, die Haltung des Glaubens mit der des Protestes zu verbinden, statt die Haltung des Protestes zu benutzen, um gegen den Gottesglauben zu argumentieren. An dieser Stelle kann Kermanis typisch muslimischer Zugang zum Offenbarungsdenken weiterhelfen.

Kermani ist es nämlich wichtig, dass es beim Glauben nicht um blindes Engagement geht, sondern um ein Handeln aus einem sinnlichen Wahrnehmen der Wirklichkeit. Dabei ist diese Erfahrung der Wirklichkeit bleibend ambivalent. Die Schönheit Gottes und sein Schrecken erscheinen für uns bedingte Wesen als untrennbar miteinander verbunden. Angesichts dieses Zwiespaltes zu glauben, und also im Schrecken den Blick für das Schöne nicht zu verlieren, vermag nach Kermani allein die Liebe. Das Besondere an Attars Angriffen gegen Gott besteht darin, dass sie von jemandem artikuliert werden, der Gott verfallen ist: »Nur wer an den Höchsten glaubt, kann mit Steinen bis in den Himmel schmeißen.«[56] »Die über das übliche Maß lieben, wagen es den Gott einzufordern, wie Er sich selbst offenbart hat.«[57] Gerade die Auflehnung gegen Gott wird so vielleicht als das intimste Moment des Glaubens überhaupt sichtbar;[58] und sie erscheint als etwas, das untrennbar mit Liebe verbunden ist.

Wie wichtig die Liebe für Kermanis Konzeption der Gotteserfahrung ist, wird gerade in seinen literarischen Schriften deutlich. Sie können an eine Tradition des Sufismus anknüpfen, auf die ich bereits weiter oben eingegangen war. Jüngstes Zeugnis der Verknüpfung des Themas der erotischen Liebe mit der Gottesliebe ist Kermanis Roman *Große Liebe*.[59] Kermani schildert in diesem Roman einen pubertierenden Jugendlichen in seiner ersten großen Liebe. So wie dieser mit jeder Faser seines Körpers seine Geliebte ersehnt und wie er vor Glück nicht mehr aus noch ein weiß, wenn er die Geliebte einmal kurz berühren darf, so ist auch der Mystiker in wichtigen Strömungen des Sufismus nicht nur seelisch, sondern auch körperlich ganz und gar Gott verfallen.

In diesem Roman, aber auch einigen anderen Werken Kermanis dreht sich sein Schreiben immer wieder um die Frage, wie das Verhältnis zwischen Gott und Mensch als Liebesverhältnis verstanden werden kann. In geradezu verstörender Dringlichkeit besteht er darauf, dass Liebe nicht ohne Eros gedacht werden kann und dass die sinnliche Dimension der Liebe auch in der Beziehung zwischen Gott und Mensch nicht ausfallen darf. Im Rückverweis auf Quellen aus dem Sufismus, aber auch im Rückgriff auf jüdische und christliche Quellen zitiert er Zeugnisse für die leiblich-sinnliche Komponente des göttlich-menschlichen Liebesverhältnisses. Gerade die Sprache sexualisierter Gewalt, die von liberalen Theologen und auch von mir normalerweise übergangen wird, beschäftigt ihn. Gott wird von ihm als enttäuschter Liebhaber geschildert, den es nicht kalt lässt, wenn sein Werben um die menschliche Liebe unerfüllt bleibt.

Literarisch pointiert treibt er diesen Gedanken etwa in *Du sollst* auf die Spitze[60] und deutet das gesamte Gott-Welt-Verhältnis von dem Gedanken eifersüchtiger, erotischer Liebe her. Seine Sprache und seine Theaterinszenierungen wirken dabei mitunter selbst vergewaltigend und lassen kein bloßes Zuschauen zu. Wenn ich Kermani richtig verstehe, macht er damit darauf aufmerksam, wie ambivalent menschliche Liebe und das Zeugnis von Liebe unter Geschöpfen bleibt und dass sie zugleich rückhaltloses, bedingungsloses Engagement verlangt. Er nimmt gewissermaßen die theologische Rede von Gottes Liebe ernst und erinnert uns an ihre Schattenseite. Er testet sie auf ihre Belastbarkeit, indem er sie einseitig von ihren im herrschenden Diskurs verschwiegenen Seiten her liest. Dabei zeichnet sich keine Lösung, keine klare Trennung, kein Frieden ab. Vielmehr geht es Kermani um Verwicklung, um Auseinandersetzung, um Sehnsucht, in einem Wort um Leben.

Auf diese Weise wird die Liebe zu einem Sinnbild Gottes, der eben nicht nur Schönheit, sondern auch Schrecken ist, eben *fascinosum et tremendum*. Den Glauben an die Einheit Gottes muss man dann als Versuch verstehen, die Ambivalenzen der Welt zusammenzusehen, eben Gott nicht nur als Erfüllung menschlicher Sehnsüchte zu verstehen, sondern als den Urgrund aller Wirklichkeit. Ein solches Gottesbild mag uns modernen Christen, die oft nur an den lieben Gott denken wollen, fremd erscheinen. Aber es steht vielleicht sogar deutlicher als unser modernes Denken in der biblischen Tradition und beinhaltet Impulse, die wir auch christlicherseits ernst nehmen sollten.

5. Glauben wir an denselben Gott?

Auch wenn muslimische Denker wichtige Impulse für die christliche Theologien zu geben vermögen, heißt das noch nicht, dass Muslime und Christen an denselben Gott glauben. Überhaupt ist diese derzeit gerne gestellte Frage in ihrer Allgemeinheit äußerst irritierend.

Einerseits gibt es auch Christen, deren Gottesbild so stark von meinem eigenen abweicht, dass ich nicht weiß, ob ich sagen soll, dass wir an denselben Gott glauben. Andererseits gibt es aus christlicher und muslimischer Sicht nur einen Gott, so dass die Ansicht, dass wir nicht an denselben Gott glauben, nur bedeuten kann, dass diejenigen, die anders glauben als ich, an einen Götzen glauben. Man sollte sich gut überlegen, ob man diesen Vorwurf wirklich an andere Menschen richten will. Wahrscheinlich ist es also besser, nicht zu fragen, ob wir an denselben Gott glauben, sondern wie sich unsere Gottesbilder zueinander verhalten.

Sowohl aus muslimischer als auch aus christlicher Sicht ist Gott ein jedem Menschen personal zugewendetes Wesen, das zu ihm in eine Beziehung treten will und den Menschen durch seine Rechtleitung bzw. durch seinen Heiligen Geist einlädt, seinen guten Willen zu tun. Gott ist also nur in personalen Beziehungen zugänglich und präsentiert sich den Menschen in einer großen Vielfalt. Schon innerislamisch gibt es genauso wie innerchristlich eine ungeheure Vielfalt von Gottesbildern. Beschreibt ein Muslim Gott mit solchen Willkürmomenten, wie sie in der asch'aritischen Tradition immer wieder herausgestellt werden, oder als derart abstraktes und transzendentes Prinzip, wie es in der mu'tazilitischen Tradition die Regel ist, so dürfte es für die meisten Christen schwierig sein, in diesem Gott den Gott Jesu Christi zu sehen, der sich in unbedingter Liebe und Barmherzigkeit für die Menschen zugänglich gemacht hat und sie durch ihr Leben begleiten will. Wird entsprechend der oben beschriebenen neueren Ansätze in der islamischen Theologie Gott aber von seiner Barmherzigkeit her gedacht, wäre es christlicherseits problemlos möglich, in ihm den Gott zu erkennen, der sich auch in Jesus von Nazaret ein für alle Mal als vorbehaltlose Zusage an den Menschen offenbart hat – zumindest dann, wenn es gelingt, die Barmherzigkeit dabei mit Gottes Gerechtigkeit zusammenzuhalten.

So wie JHWH aus christlicher Sicht als der Gott Jesu Christi identifiziert wird, ohne dass man Juden ein Bekenntnis zu Christus abverlangen könnte, wäre es bei einer derart gestalteten islamischen Theologie problemlos möglich, auch den Gott des Korans als Gott Jesu Christi zu identifizieren. Eine spannende Frage für die Zukunft wird dabei sicherlich sein, inwiefern die moderne islamische Theologie bereit ist, ihre

Gottesvorstellung auch durch die Zeugnisse von JHWH und Jesus von Nazaret in der Bibel bereichern zu lassen. Wünschenswert wäre es aus christlicher Sicht, wenn Muslime sich dazu durchringen könnten, ihren älteren Geschwistern im Glauben ebenso einen eigenen Wert einzuräumen, wie dies Christen nach den langen Wirrungen des Antijudaismus gegenüber den Juden auf breiter Front im 20. Jahrhundert getan haben.

Allerdings gibt es hier einen wichtigen Hinderungsgrund, der sich aus dem Koran selbst zu ergeben scheint und der es auch Christen schwer macht, den Gott des Korans mit dem trinitarischen Gott zu identifizieren. Denn aus christlicher Sicht darf ich nur deswegen von Gott sprechen, weil Gott sich selbst in Jesus von Nazaret und damit im menschlichen Wort aussagt und weil er uns die Kraft seines Geistes schenkt, um ihn in diesem seinem Wort zu erkennen. D. h. nur weil Gott mich in seinem Geist von innen ergreift, sind wir Christen so verwegen, ihn im Du als Logos zu erkennen und durch ihn, mit ihm und in ihm Gottes abgründiges Geheimnis als Vater anzureden. Wie kann ich aber diesen trinitarisch bestimmten Gott in einem Zeugnis zu finden hoffen, dass selbst die Trinitätslehre explizit und unmissverständlich ablehnt?

Zunächst einmal wird man bei dieser Fragestellung darauf verweisen können, dass es im Koran selbst so etwas wie eine Logostheologie gibt. Zwar lehnt der Koran eine Hypostasierung des Logos in Gott ab und darf auch selbst nicht in einem hypostasierten Sinne als Wort Gottes angesehen werden. Eben deshalb ist die in der Islamwissenschaft neuerdings verbreitete Rede von dem Koran als Inlibration Gottes mit Vorsicht zu genießen.[61] Dennoch kann man den Koran – wie in Kapitel I ausführlich gezeigt – durchaus auch als Ereignis der Gegenwart Gottes und damit als Präsenz seines Wortes ansehen. Was also bei aller Skepsis gegenüber dem Begriff Inlibration »aufrechtzuerhalten ist, ist die Analogie der Logos-Verkörperung; im inkarnierten Wort Gottes im Christentum und im akustisch präsenten Wort Gottes im Islam.«[62] Hierzu passt, dass sich der Koran etwa in Sure 55 mit Logos-Vorstellungen auseinander setzt und diese nicht etwa rundheraus ablehnt, sondern »im Licht der neuen Manifestation des Wortes Gottes umdeutet.«[63] Doch gerade wenn man wahrnimmt, dass der Koran durchaus etwas mit der Idee des Logos und ja auch des Heiligen Geistes anfangen kann und hier die entsprechenden biblischen Traditionen produktiv fortführt, ist es umso dringlicher zu verstehen, warum er sich so vehement gegen die Trinitätslehre zu wenden scheint.

Ein wichtiger Grund für die koranische Kritik dürfte darin liegen, dass die christliche Trinitätstheologie im siebten Jahrhundert insgesamt in keinem guten Zustand war. So wurde innerhalb der Gegner des Kon zils von Chalcedon Mitte des sechsten Jahrhunderts die Gruppe der sog. *Tritheiten* bedeutsam, die insbesondere durch *Johannes Grammaticus Philoponos* (gest. um 575) einflussreich wurden.[64] Derartige tritheitische Vorstellungen scheinen in der Zeit der Entstehung des Korans insbesondere in Syrien unter den orientalischen Christen weit verbreitet gewesen zu sein. Die Tritheiten behaupteten ganz gegen die heutige kirchliche Lehre die Existenz von drei trinitarischen Hypostasen mit je einer eigenen Ousia, Physis und Gottheit; »ein weiterer Mönch namens Polykarp verbreitete diesen ›Polytheismus‹ in den Gebieten von Asia und Karien. Selbst die kaiserliche Familie zeigte sich für solche Spekulationen anfällig, da Johannes in Athanasius, dem Enkel der Kaiserin Theodora, einen begeisterten Anhänger fand.«[65] Allerdings darf man diese tritheitischen Vorstellungen nicht mit tritheistischen Ideen verwechseln. Im Grunde ging es hier nur um eine konsequente Fortschreibung miaphysitischer Christologie: Wenn Jesus Christus nur eine Natur und eine Person ist, kann man die Trinität nicht anders denken als in drei Naturen. Doch auch bei Johannes Philoponos soll keineswegs der Monotheismus aufgegeben werden. Von daher ist es hochproblematisch, diese theologischen Denkansätze dadurch zu diskreditieren, dass man sie auf den Einfluss altägyptischer Göttertriaden zurückführt.[66]

Um die koranische Kritik am Christentum verstehen zu können, braucht man jedenfalls keine sonst unbekannten Häresien ins Feld zu führen. Vielmehr lassen sich alle Invektiven des Korans auch dann gut nachvollziehen, wenn man nur die allgemein anerkannten Hauptströmungen des Christentums annimmt, die es zur damaligen Zeit gab. Der Koran setzt sich also mit dem Christentum seiner Zeit auseinander, nicht mit häretischen Rand- und Sondergruppen. Wenn uns die Positionen der im Koran referierten Christen fragwürdig vorkommen, so liegt das einfach an der Fragwürdigkeit des Christentums der damaligen Zeit selbst. Was genau kritisiert der Koran nun also an der christlichen Gotteslehre?

Zunächst einmal verleiht der Koran der Sorge Ausdruck, dass die Rede von drei Göttern dazu führen kann, dass es zu einem Götterstreit kommt[67] und Gottes Allmacht negiert wird.[68] Hierbei handelt es sich aber primär um kritische Nachfragen zur Christologie, auf die wir im letzten Kapitel dieses Buches noch einmal ausführlicher zu sprechen kommen. Die einzige explizite Ablehnung der Trinitätslehre findet sich im Koran in der vierten Sure – auch wieder im Kontext einer Auseinandersetzung mit der Bedeutung Jesu Christi. Kurz nachdem Jesus als Wort und Geist Gottes bekannt wird, heißt es: »So glaubt an Gott und seine Gesandten und sagt nicht ›Drei!‹ Hört auf damit, es wäre für euch besser. Denn siehe, Gott ist *ein* Gott; fern sei es, dass er einen Sohn habe.

Sein ist, was in den Himmeln und was auf der Erde ist. Gott genügt als Anwalt.« (Q 4:171)

Der Koran warnt also davor, dass der trinitarische Glaube dazu führen könnte, Gott von der Welt wegzurücken oder zu denken, dass man vor ihm einen Anwalt bräuchte. An dieser Stelle wird man christlich darauf bestehen, dass die Trinitätslehre gerade dazu dienen soll, Gottes Nähe zum Menschen mit seiner Transzendenz zusammenzudenken. Das Christentum verfolgt hier also dasselbe Anliegen wie der Koran. Es will zeigen, dass Gott allein als Anwalt genügt und denkt deshalb das Anwaltsein als Wirklichkeit Gottes selbst. Dabei kommt auch im Christentum alles darauf an, dass Gottes Eintreten für den Menschen in Jesus Christus die Einheit Gottes nicht in Frage stellt. Im Gegenteil haben die Christen die Trinitätslehre immer als Verteidigung der Einheit und Einsheit Gottes angesichts der überwältigenden Erfahrung seiner Präsenz in Wort und Geist verstanden.

Christen können an dieser Stelle durchaus zugeben, dass es bis heute Formen christlicher Trinitätstheologie gibt, die der Koran zu Recht kritisieren kann, weil sie so wirken, als ob Christen an mehrere Götter glauben. Denken wir etwa an die soziale Trinitätslehre und die Grundlagen, die sie etwa schon bei Richard von St. Viktor hatte, so besteht in der Tat die Gefahr von drei abzählbaren Göttern zu sprechen und auf diese Weise in den Tritheismus abzurutschen.[69] Denn auch wenn in dieser Denktradition immer wieder deutlich gemacht wird, wie sehr sich die drei Personen in Gott lieben und füreinander hingeben, ist die hier verwendete Logik doch sehr heikel für den Monotheismus. Insbesondere birgt der Personenbegriff die Gefahr der Zerstörung der Einheit Gottes, weil wir neuzeitlich – anders als in der alten Kirche – unter Personen Subjekte verstehen, die jeweils ein eigenes Selbstbewusstsein haben. Geht man aber davon aus, dass es mehrere Ichs in Gott gibt, wird es sehr schwer noch von einem Gott zu sprechen, auch wenn diese Ichs sich noch so sehr in Liebe zugetan sind.

Von daher wird man auch aus christlicher Sicht der koranischen Warnung vor bestimmten Formen der Trinitätstheologie eine bleibende Wahrheit zubilligen dürfen. Zugleich macht der oben erwähnte Kontext der Kritik an der Trinität freilich auch deutlich, dass die im Koran geäußerte Kritik an der Trinität und der Gottessohnschaft Jesu nicht als ein Angriff auf die Besonderheit Jesu angesehen werden kann. Denn auch in Q 4:171 bestätigt der Koran die biblische Idee, dass Jesus als das Wort Gottes bezeichnet werden kann – eine Kennzeichnung, die einen der entscheidenden Gründe dafür liefert, warum Christen die Trinitätslehre überhaupt entwickelt haben.

Eben die Kennzeichnung einer geschöpflichen Wirklichkeit als Wort Gottes führt ja dazu, einen ungeschaffenen Kern in diesem Wort anzunehmen und führt damit dann auch zur Trinitätslehre. Natürlich ist diese Entwicklung nicht alternativlos. Aber bei allen mit ihr verbundenen Schwierigkeiten, die den Einsprüchen des Korans auch aus christlicher Sicht bleibende Bedeutung verleihen, ist es doch so, dass die trinitarische Theoriebildung vielleicht eine der leistungsstärksten theologischen Theorien der Gegenwart darstellt, die auch für Nichtchristen interessante Anknüpfungspunkte bietet.

Muslimischerseits könnte man durchaus geneigt sein, diesem Anknüpfungspunkt mit Interesse zu begegnen. Zumindest darf man das dann erwarten, wenn es Christen gelingt, die Rede von Gott als Vater, Logos und Heiligem Geist als eine Auslegung der christlichen Erfahrung verständlich zu machen, von Gott in Jesus gerufen und auch nach seinem Tod nicht im Stich gelassen zu sein. Diesem Zeugnis dürften auch Muslime nicht fundamental misstrauen, wenn sie sich bewusst machen, dass auch der Koran Jesus wiederholt als Wort Gottes würdigt (Q 4:171; 3:45) und dass auch im Koran Jesus vom Geist Gottes begleitet wird (Q 26:192 f.), der Geist Gottes es ist, der die Menschen stärkt (Q 58:22) und Gottes Geist seine Mitteilung an die Menschen vermittelt (Q 97:4). Ob man die genannten Formulierungen allerdings wirklich so verstehen kann, dass sie eine Würdigung Jesu ermöglichen, die Muslimen die christliche Trinitätstheologie nachvollziehbar macht, werden wir noch einmal ausführlicher zu prüfen haben, wenn wir uns mit der koranischen Wahrnehmung Jesu auseinandersetzen (vgl. Kap. VII).

Einstweilen können wir jedenfalls festhalten, dass die koranischen Einsprüche gegen den trinitarisch strukturierten Glauben der Christen vielleicht eher innere Gefährdungen des christlichen Glaubens warnend vor Augen stellen wollen, als dass sie den Kern des Christentums zurückweisen. Zudem hat sich der christliche Glaube ... insbesondere durch die Weiterentwicklungen der Trinitätstheologie bei Hegel in der Neuzeit stark verändert, so dass sein Abgleich mit dem koranischen Wortlaut kaum noch möglich erscheint. Wie sich die christliche Trinitätstheologie also zum muslimischen Bekenntnis zur Einheit Gottes verhält, wird sich erst klären lassen, wenn sich eine moderne islamische systematische Theologie entwickelt hat, die diese Weiterentwicklungen der Trinitätstheologie auswertet und mit einer historisch-kritischen Aufarbeitung des koranischen Befundes verbindet. An dieser Stelle steht die Forschung trotz aller bestehenden Vorarbeiten noch am Anfang.[70]

IV

ISLAM IM VOLLZUG – BETEN, FASTEN, PILGERN, TEILEN

Der Islam ist eine Religion, die dem Recht in für Christen irritierend starkem Maße Geltung verschafft. Gerade der lutherische Einfluss hat im Christentum dazu geführt, dass Gottes Zuwendung kaum noch in Kategorien des Rechts reflektiert wird. Die Bindung von Religiosität an bestimmte Riten und Pflichten kann deswegen nur schwer auf Resonanz im Christentum hoffen. Doch gerade aus katholischer Sicht ist klar, dass Gottes zuvorkommende Barmherzigkeit den Menschen in die Pflicht nimmt und erst in seiner antwortenden Praxis Wirklichkeit wird. Im Blick auf den Islam könnte man deshalb aus einer katholischen Hermeneutik formulieren: Gottes Barmherzigkeit wartet auf die Antwort des Menschen, seine Gerechtigkeit verlangt es, dass sich der Mensch ihm in seiner Praxis annähert. Dies hat Folgen für das gesamte Leben, sodass der Glaube im Islam eben immer auch eine bestimmte Praxis formt und nicht ohne diese Praxis gedacht werden kann.

1. Ein christlicher Zugang zu den fünf Säulen des Islams

Besonders augenfällig wird dies an den fünf Säulen des Islams, die alle mit einer bestimmten Praxis des Glaubens zu tun haben und die über alle Schulgrenzen hinweg als Kern muslimischen Glaubenslebens gelten. Ich will diese fünf Säulen nun nacheinander durchgehen und dabei vor allem das Ritualgebet, das Fasten und die Wallfahrt genauer bedenken, weil mir diese für das islamisch-christliche Gespräch besonders bedeutsam zu sein scheinen.

Beten

Fünfmal beten Muslime in ihrem Ritualgebet, dem sog. *ṣalāt*, in genau vorgeschriebenen Formen zu Gott. Auch viele Christen beten mehrmals täglich zu Gott, aber zumindest heute im Westen tun sie es meistens alleine. Auch wenn das Zweite Vatikanische Konzil versucht hat, die Praxis des Stundengebets in den Gemeinden wiederzubeleben, muss man zugeben, dass von diesem Wunsch bei den meisten Gläubigen sehr wenig angekommen ist. Viele Christen beten also nur noch gemeinsam, wenn sie sonntags in die Kirche gehen, wobei auch das nicht mehr selbstverständlich ist. Gar nicht selten geht sogar das Beten ganz im Alltag von Christen verloren, so dass das fünfmalige Gebet der Muslime irritiert und herausfordert.

Schaut man auf die Entstehungszeit des Korans, so scheint sich das Ritualgebet im Dialog mit jüdischen oder christlichen Gottesdienstformen entwickelt zu haben.[1] Auch wenn man sich mit den Liturgien orientalischer Kirchen beschäftigt, merkt man, dass die Form des muslimischen Ritualgebets mit vielem verwandt ist, was auch in christlichen Kirchen praktiziert wurde und wird. Warum auch sollte man sich aus christlicher Sicht nicht mit dem ganzen Körper im Gebet bewegen und dabei die Gemeinschaft der Mitbetenden an sich herankommen lassen? Nach langem Zögern habe ich mich entschlossen, in bestimmten vertrauten Situationen die Bewegungen des Gebets mit Muslimen gemeinsam zu vollziehen. Ich tue das einerseits, um besser zu verstehen, was ein gemeinschaftliches Gebet mit dem ganzen Körper bedeutet. Andererseits meine ich auch mit bestimmten Muslimen so eng im Gottesbild verbunden zu sein, dass ich in die Bewegungen ihres Gebetes eintauchen kann. Trotzdem bleibt diese Gebetsgemeinschaft auch für mich seltene Ausnahme und Wagnis. Sie scheint mir allerdings so lange auch aus dogmatischer Sicht unproblematisch zu sein, wie sie sich auf Personenkreise bezieht, die erkennbar an denselben Gott glauben und die ihre Verbundenheit auch in gemeinsamen Bewegungen vor Gott zum Ausdruck bringen wollen.

Nur selten bete ich also mit Muslimen gemeinsam. Meistens bleibe ich in der Rolle des stillen Beobachters. Ich muss zugeben, dass ich meine muslimischen Kolleginnen und Kollegen dabei manchmal um die Selbstverständlichkeit des gemeinsamen Gebets beneide. Immer wieder habe ich Anläufe in meiner Gemeinde gemacht, das Stundengebet wieder einzuführen, aber nie wirklich Anklang gefunden. Auch das Bedürfnis, mich vor Gott hinzuwerfen und so auch körperlich meine Hingabe zu zeigen, ist mir nicht fremd. Und doch gibt es für Laien in den westlichen Liturgien des Christentums keinen Ort, um diese Hingabe gemeinsam zu zeigen.

Das muslimische Ritualgebet beeindruckt und berührt mich schon allein wegen der Selbstverständlichkeit, mit der es den Alltag von Muslimen prägt. Aber auch seine ganzheitliche Form, die den ganzen Körper ins Beten einbezieht, spricht mich an, und sie passt gut in unsere Zeit. Sie macht das Beten leichter, weil es damit nicht nur im Kopf stattfindet. Es wird deutlicher, dass ich im Gebet nichts leisten muss, sondern mich einfach in eine vorgegebene Bewegung einfüge. Denn auch wenn man das Ritualgebet alleine vollziehen kann, so birgt es aus muslimischer Sicht doch mehr Segen, wenn es in Gruppen vollzogen wird. Im Gemeinschaftsgebet stehen Muslime Schulter an Schulter und spüren so die Energie, die Menschen beim Beten ausstrahlen und die sie gegenseitig bestärkt.

Es ist etwas schade, dass Muslime hier nur selten den Schritt wagen, dass auch Männer und Frauen gemeinsam beten. Die Sorge ist hier einfach zu groß, dass gerade Männer erotische Gefühle entwickeln, wenn sie Frauen mit den Schultern berühren dürfen und den Po einer Frau direkt vor Augen haben. Doch die in solchen Begründungen mitschwingende sexistische Besessenheit ist sicher etwas, das im Gebet überwunden werden kann, so dass das gemeinsame Gebet vor dem einen Gott von Männern und Frauen vielleicht doch etwas ist, das sich auch muslimisch dann durchsetzen wird, wenn das Geschlechterverhältnis sich in muslimischen Ländern zu ändern beginnt. Auch christlicherseits saßen Männer und Frauen ja in den Kirchen lange genug voneinander getrennt, und auch hier ist es so, dass es zumindest in den katholischen und orthodoxen Kirchen immer noch Bereiche bzw. Ämter gibt, die nur Männern vorbehalten sind. Von daher ist Geschlechtertrennung ein Erbe, das alle monotheistischen Religionen gleichermaßen belastet und bei dem wir gemeinsam hoffen dürfen, dass es sich im Zuge der Weiterentwicklung der Religion verflüchtigt.

Denn gerade beim muslimischen Ritualgebet ist ein zentraler Teil seines Charmes ja die Tatsache, dass es von allen gemeinsam vollzogen wird – ohne jeden Rangunterschied, ganz egalitär. Alle Muslime beten dabei in derselben Richtung, so dass sie eine universale Gebetsgemeinschaft bilden, die auch für alle auf die eine Mitte der Kaaba in Mekka ausgerichtet ist. Gerade bei der Wallfahrt an der Kaaba ist es auch seit jeher so, dass Männer und Frauen gemeinsam beten, sodass auch diese alte Tradition Anlass zur Hoffnung gibt, dass sich die derzeit herrschende Geschlechtertrennung überwinden lässt.

Nach islamischer Tradition wurde die Kaaba bereits von Adam gebaut und von Abraham gemeinsam mit seinem Sohn Ismael wieder als Wallfahrtsstätte hergestellt. Es wird nur zweimal im Jahr im Rahmen einer Reinigungszeremonie betreten, d.h. eigentlich ist der Inhalt der Kaaba bedeutungslos und wird nicht zur Kenntnis genommen; die Kaaba bleibt verschlossen. Die Mitte, auf die sich alle Menschen hin ausrichten, bleibt also Geheimnis und in gewisser Weise leer. Sie stellt einfach nur den Ort dar, an dem die ersten Menschen mit dem Beten zu dem einen Gott begonnen haben. Die Ausrichtung auf diese Mitte symbolisiert die Verbindung mit allen Menschen, die den einen Gott anbeten – ganz unabhängig davon, ob sie sich als Muslime bezeichnen würden oder nicht. Natürlich wussten sich Adam und Abraham nicht als Muslime. Aber sie gehören, wie alle Menschen, die ihr Leben nach dem einen Gott ausrichten, nach koranischer Überzeugung zur Gemeinschaft der Glaubenden, die sich in der gemeinsamen Glaubensrichtung verbunden wissen.

Ein weiteres interessantes Detail des Ritualgebets ist die vorherige Waschung. Das Gebet insgesamt wird in der islamischen Tradition mit einem Wasserstrahl verglichen, der erfrischt und die Sünden der Menschen abwäscht.[2] Von daher leuchtet es ein, dass diese Funktion des Gebets rituell in der Waschung dargestellt wird, um sich so auf die Begegnung mit Gott einzustellen.

Existenziell ist mir dieses Reinigungsritual dennoch fremd geblieben, bis ich einmal das Glück hatte, es in seiner ursprünglichen Umgebung vollziehen zu dürfen. Mit muslimischen Freunden war ich in der Wüste unterwegs. Ausgerechnet zur Mittagszeit kamen wir an einer kleinen Quelle vorbei. Wir vollzogen alle gemeinsam in dieser Quelle die rituelle Waschung, um danach gemeinsam zu beten. Das kühle Nass der Quelle hat mich in kaum auszudrückender Weise für Gottes Gegenwart geöffnet, und ich habe mich nach der Waschung reiner und Gott näher gefühlt. Es war auch schön, die Waschung gemeinsam zu vollziehen – in froher Erwartung des gemeinsamen Betens, des auch körperlichen Spürens der Gemeinschaft, des gemeinsamen Niederwerfens vor Gott. Ich werde mich immer, wenn ich eine rituelle Waschung vollziehe, an diesen Moment zurückerinnern und verstehe jetzt, was es heißt, sich mit Muhammad und seinen Gefährten verbunden zu fühlen, indem ich ein Ritual vollziehe, das erst in der Wüste seine volle Kraft zu entfalten vermag.

Übrigens ist es gerade der Moment, in dem wir Menschen mit der Stirn die Erde berühren, der Augenblick, in der wir Gott am Tiefsten in uns spüren, wie mir ein muslimischer Freund einmal anvertraute. Gott ist also nicht nur das Gegenüber, vor dem wir uns niederwerfen. Er ist genauso in uns und vollzieht unsere Bewegungen mit uns. Er ist die Energie, die uns miteinander verbindet und uns für ihn öffnet. Und er ist derjenige, der mich im Wasser berührt und verändert.

Sie merken, wie sehr mich das muslimische Ritualgebet fasziniert und wie gerne ich es mitvollziehe, wenn ich mit guten muslimischen Freunden zusammen bin, mit denen ich mich auch spirituell verbunden weiß und die dieses Zeichen der Verbundenheit über Glaubensgrenzen hinweg nicht missverstehen. Umgekehrt bedeutet die im Christentum errungene Freiheit vom gemeinsamen Pflichtgebet auch eine enorme Freisetzung. Ich kann als Christ eben beten, wann und wie ich will. Niemand hindert mich in klösterlichen Gemeinschaften ein gemeinsames rituelles Gebet zu pflegen. Geistliche Gemeinschaften, das Gebet in der Familie oder eben das Gebet alleine stehen Christen offen. Auch in einem mit dem ganzen Körper vollzogenen Ritualgebet können Christen ihre Hingabe an Gott zum Ausdruck bringen – und vielleicht sollten sie das ruhig öfters tun und dafür auch neue Räume schaffen. Aber Christen müssen sich eben auch nicht schlecht fühlen, wenn sie bestimmte Formen der Spiritualität nicht ansprechen und sie eben lieber nicht in ritueller Form beten. Meine Mutter beispielsweise, die ich gerade wegen ihrer gelebten Nächstenliebe und dem tiefen Ernst ihres Glaubens immer bewundert habe, hat nie gebetet. Sie sah ihr Leben insgesamt als Gebet an und hat auch viel an Gott gedacht und fest an ihn geglaubt. Aber mit der Idee des ausdrücklichen Gebets, gerade des rituellen Betens, konnte sie nichts anfangen. War sie deswegen ein schlechterer Christ als mein Vater, der sehr viel gebetet hat – auch mit uns Kindern und immer in sehr anrührender und doch auch rituell-formbewusster Weise? Sicher nicht. Hier schenkt das Christentum eine große Freiheit, den eigenen Glauben in sehr verschiedener Weise auszudrücken, den ich nicht missen will.

Nun ist es natürlich auch bei Muslimen so, dass sie nicht nur im Ritualgebet beten, sondern auch individuell. Und natürlich ist es auch unter Muslimen so, dass sie die Pflicht zum fünfmaligen täglichen Gebet unterschiedlich ernst nehmen. Aber durch die religiöse Pflicht zum Ritualgebet ergibt sich doch eine charakteristische Verschiebung der Frömmigkeit, die Vor- und Nachteile hat. Einerseits kann so religiöse Identität stabilisiert und die Gottesbeziehung kultiviert werden. Andererseits besteht die Gefahr, dass das Ritual Individualität und kreative Lebendigkeit in der Gottesbeziehung erstickt. Ich bin hier manchmal hin- und hergerissen und spüre, wie viel uns Christen die muslimische Verbindlichkeit im Beten zu geben hat – ohne dass ich es für richtig hielte, sie zu übernehmen.

Fasten

Ähnlich ist es mit dem Fasten. Ich weiß noch, wie sehr mich das Fasten während des Fastenmonats Ramadan fasziniert hat, als ich als junger Mensch erstmals in Marokko war. Zugegebenermaßen hat es mich zuerst mehr irritiert als fasziniert. Ich erinnere mich noch gut an meine erste Begegnung mit dem Ramadan: Mein Schwager hatte uns nicht selbst vom Flughafen abholen können, und so fuhr uns ein Taxifahrer den weiten Weg von Casablanca nach Tanger durch die sengende Hitze des Nachmittags. Man sah ihm an, dass es ihm nicht sehr gut ging, aber er war doch voller Geduld, hielt immer wieder gerne, wenn wir, insbesondere meine kleine Tochter, eine Pause brauchten, um uns von der Strapaze der Reise zu erholen. Doch nach mehrstündiger Autofahrt hielt er plötzlich wenige Kilometer vor unserem Ziel an einer Tankstelle an und weigerte sich weiterzufahren. Ich war mehr als verstört. Meine arme Tochter fing gleich an zu weinen, und wir alle wollten endlich ankommen. Wussten wir doch, dass meine Schwester leckere Suppe gekocht hatte und wir uns in ihrer kühlen, schönen Wohnung erfrischen konnten. Stattdessen mussten wir nun an der staubigen Straße in einer völlig heruntergekommenen Baracke stehen und wurden von unserem Taxifahrer zum Essen eingeladen. Ich wollte aber nichts in diesem schmuddeligen Café essen und einfach nur weiterfahren.

Erst später verstand ich, dass wir halten mussten, weil der Moment des Fastenbrechens gekommen war. Den ganzen Tag hatte unser Taxifahrer trotz der Hitze des Tages nichts getrunken und nichts gegessen. Rauchen darf man während des Fastens übrigens auch nicht, was für unseren Taxifahrer offenkundig noch viel schlimmer war. Jedenfalls war er bereit, auch ohne Essen die letzten fünf Minuten zu meiner Schwester zu fahren – aber erst nachdem er eine Zigarette geraucht und einen Tee getrunken hatte.

So sehr mich der Mann zuerst geärgert hat, so sehr hat er mich auch neugierig gemacht, sodass ich es ihm nachmachen wollte und gleich an einem der nächsten Tage mitgefastet habe. Selten in meinem Leben habe ich eine solch enorme Willensanstrengung gebraucht, so sehr mit mir kämpfen müssen, um diesen Tag durchzuhalten. Selten habe ich mich aber auch den Menschen in meiner Umgebung so sehr verbunden gefühlt.

Es ist viel über den ethischen Sinn oder Unsinn dieser Anstrengung geschrieben worden. Ich will aber auch hier insbesondere die ästhetische, gruppenkonstituierende Bedeutung des Fastens in den Vordergrund stellen. Wenn man einmal erlebt hat, was es bedeutet, wenn ein ganzes Land dem Abend förmlich entgegen schmachtet, versteht man vielleicht, was ich meine. Allen Menschen sieht man schon an den Lippen an, dass sie fasten und dass sie warten. Die gemeinsame Sehnsucht verbindet und schweißt zusammen. Selbst mein sonst nicht sehr religiöser muslimischer Schwager macht immer den Ramadan mit, weil er es sich als Chef einer Nähfabrik nicht vorstellen kann, vor seine

Näherinnen zu treten, ohne ihr Leid zu teilen. Abends wartet dann die Belohnung. Selten habe ich so gerne gegessen, wie nach dem Halten eines Ramadantages. Wenn man die Schale der Harira-Suppe oder die Dattel in der Hand hält und der Stimme des Vorbeters lauscht, der das Ende des Fastens bekannt gibt, spürt man in ungeheurer Intensität, wie einen religiöse Gemeinschaft tragen kann. Aus katholischer Sicht möchte ich hier fast von einem eucharistischen Moment sprechen und muss zugeben, dass das Fasten in dieser in Gemeinschaft gelebten Weise ungeheuer sinn- und identitätsstiftend ist.

Natürlich fasten auch viele Christen, und natürlich gibt es auch im Christentum eine Fastenzeit. Aber jeder und jede tut dies anders. Ein beliebtes Gesprächsthema vor der christlichen Fastenzeit besteht etwa darin, sich gegenseitig zu fragen, wie man fastet. Die eine verzichtet aufs Fernsehen, der andere auf den Alkohol, die dritte aufs Rauchen, der vierte auf Fleisch und der Fünfte auf alles vier. Manch einer macht auch ein Heilfasten in einer Gruppe. Und gar nicht wenige halten Fasten für überflüssig oder fasten außerhalb der Fastenzeit, wenn es besser in ihren individuellen Lebensrhythmus passt. Jedenfalls wird niemand behaupten können, dass alle Christen hier etwas gemeinsam tun. Auch hier bedeutet diese Individualisierung des Fastens einen enormen Freiheitsgewinn und doch zugleich den Verlust eines Identitätsstabilisators.

Denn für Muslime ist völlig klar, dass sie im neunten Monat des islamischen Mondjahres gemeinsam fasten und hierbei jeweils den ganzen Tag lang nicht essen, nicht trinken, nicht rauchen und keinen Geschlechtsverkehr haben. Auch wenn die Pflicht des Fastens vor allem wegen des Verzichts auf das Trinken wahrscheinlich die schwerste aller Pflichten ist, die zum muslimischen Glauben gehören, wird sie bis heute am genauesten befolgt. Und auch wenn es etliche Gründe gibt, weswegen man sich etwa auf Reisen oder in Krankheiten vom Fasten dispensieren kann, ist es eher so, dass Muslime auch dann fasten, wenn sie es gar nicht müssen, als dass sie auf diese erhebende Gemeinschaftserfahrung verzichten. Denn an keiner anderen Stelle wird ihr Zusammenhalt so sinnlich erfahrbar, an keiner anderen Stelle wird der Ernst des Glaubens so sinnfällige Realität, an keiner anderen Stelle wird so spürbar, was es für Menschen bedeuten kann, sich Gott hinzugeben und nur für ihn und von ihm her zu leben.

Wallfahrt

Eine weitere der fünf Säulen des Islams ist die Wallfahrt (*haddsch*) im letzten Mondmonat. Sie ist einmal im Leben für alle Muslime Pflicht, die es sich leisten können, diese Reise auf sich zu nehmen. Sie ist mit einer Reihe von Ritualen verbunden, die die ganze Pilgerfahrt zu einer Nachahmung Abrahams machen. Religionsgeschichtlich gesehen gab es vermutlich schon vor dem Koran »Abrahamtraditionen, die ihn mit Mekka und dem mekkanischen Heiligtum verbinden.«[3] Indem der Islam sie aufnimmt, stellt er sich in die Tradition monotheistischer Religionen, die es aus muslimischer Sicht schon immer in der Menschheitsgeschichte gab.

Die Wallfahrt beginnt am achten Tag des letzten Mondmonats in Mina, einer Zeltstadt in der Nähe von Mekka, in der in vorislamischer Zeit schon siebzig Propheten gebetet und mit Gott gerungen haben sollen. Auch Abraham soll hier gebetet und vom Teufel in Versuchung geführt worden sein. Zum äußerlichen Zeichen der beginnenden Pilgerfahrt begeben sich die Pilger in einen kultischen Weihezustand, d. h. sie ziehen sich die weiße Pilgerkleidung an und folgen bestimmten rituellen Regeln; so dürfen sie sich beispielsweise weder rasieren noch kämmen noch Haare oder Nägel schneiden. Am nächsten Tag gehen die Pilger einer alten, ebenfalls vorislamischen Tradition folgend in Richtung der Ebene ʿArafāt, 20 km östlich von Mekka, um dort intensiv zu Gott zu beten und ihn um Vergebung für begangene Sünden zu bitten. Viele Muslime beschreiben diesen Moment als den emotionalsten, weil hier besonders die Schwäche des Menschen gegenüber seinem Schöpfer und dessen allvergebende Nähe erfahrbare Wirklichkeit wird.

Auch die Ebene der nächsten Übernachtung unter freiem Himmel ist genau festgelegt. Kurz vor Sonnenaufgang erfolgt dann die Rückkehr nach Mina, wo die symbolische Steinigung des Teufels erfolgt – mit sieben kleinen Steinen (oder einem Vielfachen davon). Anschließend und immer noch am selben Tag rasieren sich die männlichen Pilger das Haupthaar oder kürzen es, die Frauen schneiden sich eine Haarsträhne ab, was den Beginn eines neuen Lebensabschnittes, befreit von früheren Sünden, symbolisiert. Danach erfolgt dann die Schlachtung eines Opfertiers, wobei die Pilger nur einen kleinen Teil für sich behalten und den Rest den Armen überlassen.

Nach dem Opferungsritual kehren die Pilger nach Mekka zurück und vollziehen eine siebenmalige rituelle Umrundung der Kaaba mit entsprechenden Gebeten – interessanterweise Männer und Frauen gemischt. Darauf folgt noch ein siebenmaliger Gang zwischen zwei Hügeln, bei dem die Suche nach Wasser, wie Hagar sie erlebte, nachempfunden werden soll. Schließlich nach abermals einigen Tagen in Mina mit erneuter Steinigung des Teufels wird die Pilgerfahrt durch eine erneute Umrundung der Kaaba abgeschlossen.

Betrachtet man die verschiedenen Rituale, so kann man viele Verwandtschaften mit Judentum und Christentum feststellen. Das Schuldbekenntnis und der Kampf mit der Versuchung, die Opferung und die neue Geburt am dritten Tag, die verschiedenen symbolischen Handlungen, die vollzogen werden, aber auch die Siebenzahl der Umrundungen und der zu wählenden Steine – alle Symbolik steht in Kontinuität zur biblischen Tradition und zeigt, dass der Islam hier nicht etwas Neues erfinden will, sondern bewährte Traditionen der älteren Schwesterreligionen, aber auch der indigenen Religionen der arabischen Halbinsel aufgreift und in verdichteter Weise ritualisiert.

Sicher steht die Spiritualität des Pilgerns immer in der Gefahr, im ganzen Kommerz rund um die Kaaba verloren zu gehen. Aber die vom Propheten festgelegten Abläufe schaffen auch den modernen Pilgern Momente der Einfachheit, in der sie das Unterwegsseins zu Gott in der Tradition von vielen Generationen von Gott suchenden Menschen erleben können

Auch im Christentum wird zurzeit die Tradition des Pilgerns wiederentdeckt: Nicht erst seit Hape Kerkeling[4] gibt es einen wahren Boom um den Jakobsweg. Menschen entdecken wieder, was es heißt, mit einer religiösen Sehnsucht unterwegs zu sein und dabei Gemeinschaft zu erfahren. Gerade das Unterwegssein zu Fuß ist dabei etwas, dem vielleicht auch Muslime ruhig mehr Raum geben könnten.[5] Ich selbst erlebe es zumindest als spirituell zutiefst bewegend, auf einem Weg zu gehen, der schon seit Jahrhunderten von der Sehnsucht der Menschen nach Gott geprägt wurde und der auch heute noch Geschichten von dieser Sehnsucht erzählt – durch die Monumente an seinem Weg, durch die Menschen, denen man auf ihm begegnen kann, aber auch durch die Energie, die er ausstrahlt. Überhaupt kann die Einfachheit mit der viele Jakobspilger unterwegs sind, sicher für einige andere Formen der Wallfahrt beispielhaft sein.

Allerdings ist die Schwäche dieser Wallfahrt das Ankommen. Viele pilgern ja deswegen auch gar nicht mehr so, dass sie überhaupt ankommen, zumal die letzten 100 Kilometer des Jakobswegs völlig überlaufen sind. Und wer doch einmal in Santiago di Compostella ankommt, ist so enttäuscht, dass er gleich nach Finis terrae weitergeht, um wenigstens im Naturerleben des Meers einen erhebenden Abschluss zu finden. Doch selbst wenn man am riesigen Weihrauchfass in der Kathedrale von Santiago und dem entsprechenden Festgottesdienst Freude hat, so gibt es im Christentum doch nichts, was sich mit den gigantischen Menschenversammlungen bei der alljährlichen Pilgerfahrt nach Mekka im zwölften Monat des muslimischen Kalenderjahres messen könnte.

Insbesondere gibt es nicht diese akribisch zu befolgenden Rituale, die die Zeit des Ankommens prägen und zum gemeinschaftlichen Erlebnis machen. Auch hier ist im Christentum wieder ein Zuwachs an Freiheit zu konstatieren, der erkauft wird durch einen Mangel an Stabilität und Klarheit. Und auch hier kann man auf muslimischer Seite wieder ein Ereignis wahrnehmen, das seinen Zauber erst erschließt, wenn man es mit ästhetischen Kategorien an sich herankommen lässt.

Sicher kann man solche Grundvollzüge islamischen Lebens auch anders als ästhetisch deuten. Doch mit einem ethischen Zugriff kann man allenfalls begründen, dass man beten, fasten und pilgern sollte. Aber warum gerade fünf Mal am Tag, warum gerade von Sonnenaufgang bis Sonnenuntergang und warum ausgerechnet nach Mekka? Hier allein aus ethischer Perspektive eine Antwort geben zu wollen, erscheint mir ziemlich verwegen zu sein, sodass ich hier und auch an vielen anderen Stellen der muslimischen Glaubenspraxis eine ästhetische Interpretation für überzeugender halte.[6]

Armensteuer und Glaubensbekenntnis

Anders stellt sich natürlich die Sachlage im Blick auf die Armensteuer (*zakāt*) dar. Sie ist jedenfalls die Säule des Islams, die am deutlichsten ethisch konnotiert ist und die eine merkwürdige Schieflage erhält, wenn sie ästhetisch gedeutet wird. Nichtsdestotrotz ist auch bei der Armensteuer in der islamischen Theologie eine ästhetische Auflagung des Gedankens festzustellen. Besonders deutlich wird dies beim *Zakāt des Fastenbrechens*, das im Zusammenhang mit dem Fest des Fastenbrechens steht. Sie besteht aus einer Gabe von Grundnahrungsmitteln (Getreide, Datteln, Rosinen, Milchprodukte, Reis) in dem Volumen von zwei bis drei Litern. Aufzubringen haben sie alle männlichen und weiblichen Muslime, die sie allerdings nicht nur für sich selbst, sondern für alle Personen, die von ihnen finanziell abhängig sind, entrichten müssen. Berechnungsgrundlage bildet hier wie in allen Formen der Armensteuer also ein agrarisch geprägtes System, das je nach Gesellschaftsstruktur zu merkwürdigen Ergebnissen führt – ein Problem, das auch bei der allgemeinen Armensteuer zu diagnostizieren ist.

So tritt die Pflicht zur Armensteuer nach den klassischen Bestimmungen des islamischen Rechts erst dann ein, wenn ein bestimmter Mindestwert erreicht ist, also wenn man z. B. 40 Schafe oder Ziegen besitzt. Die Höhe der Steuer beträgt dann ca. 2,5 % des Wertes der betreffenden Güter. Doch nicht alle Formen des Besitzes sind in den klassischen Bestimmungen erfasst und nicht in allen Gesellschaften sind die Maßstäbe von Arm und Reich aus der Entstehungszeit des Korans weiter anwendbar.

Auf diese Weise entstehen durch die ästhetische Aufladung der Armensteuer ethisch nicht gut nachvollziehbare Konstellationen. So erhebt der Staat Malaysia die Armensteuer vor allem bei den Reisbauern, obwohl diese größtenteils unter der Armutsgrenze leben.[7] Und die Armensteuer kommt keineswegs immer nur den Armen zugute, sondern kann auch für Missionszwecke oder gar für islamistische Kämpfergruppen verwendet werden – ein Missbrauch, der allerdings auch von konservativen muslimischen Theologen wie Yusuf al-Qaradawi angeprangert wird. Von daher kann man mit vielen Muslimen selbst über die faktische Entwicklung der Armensteuer in der islamischen Welt nur staunen. Eigentlich schreibt sie dem Islam aber ein ethisches Grundprinzip ein, das Muslime tief mit uns Christen verbindet und zur Solidarität mit allen Notleidenden aufruft.

Damit habe ich alle Säulen des Islams bis auf die wichtigste vorgestellt. Im Zentrum der Glaubenspraxis steht das rituell vollzogene Bekenntnis zu dem einen Gott, die sogenannte *Schahāda*. Sie besteht aus der zweigliedrigen Formel, die einerseits die Einheit Gottes und andererseits die Bedeutung Muhammads als Gesandter betont. Wörtlich lautet sie: Es gibt keinen Gott außer Gott (*Lā ilāha illā 'llāh[u]*) und Muhammad ist sein Gesandter (*Muḥammadun rasūlu 'llāh[i]*). Durch die Form ihrer Rezitation hat auch dieses Bekenntnis eine bestimmte ästhetische Gestalt, die man nicht übersehen darf, wenn man sich diesem Glaubensbekenntnis nähert. Es hat aber – wie oben bereits genauer ausgeführt – in seiner götzenkritischen Form auch einen klar bestimmten ethischen Gehalt. Überhaupt habe ich im zweiten und dritten Kapitel so ausführlich über den Propheten Muhammad und die Bedeutung der Einheit Gottes nachgedacht, dass sich eine erneute Auseinandersetzung mit diesen Glaubensgehalten erübrigt. Mir war nur wichtig, an dieser Stelle darauf hinzuweisen, dass selbst die inhaltlich deutlich dogmatisch bzw. ethisch gefassten Säulen des Islams von Muslimen in ästhetischer Weise aufgeladen werden, sodass mir ein ästhetischer Zugang zur islamischen Glaubenspraxis deutlich weiter zu führen scheint als jeder andere. Zugleich sollte aber auch deutlich geworden sein, dass man die islamische Glaubenspraxis nicht auf ihre ästhetische Dimension beschränken kann, sondern immer auch ethische und dogmatische Implikationen im Blick haben muss. Immerhin scheint mir aber für die drei zuerst genannten Säulen des Islams eine ästhetische Herangehensweise sehr einleuchtend zu sein, sodass sie als Grundform islamischer Spiritualität ins Bewusstsein treten sollte.

Offenkundig vermag es die ästhetisch stilisierte Ausdrucksform im Islam in einprägsamer Weise, religiöse Identität zu konstituieren und zu stabilisieren, und nicht wenige Christen vermissen solche Ausdrucksformen. Eine solche ästhetische Interpretation ist dann umso überzeugender, wenn man auch die Gegebenheitsweise der Offenbarung im Islam primär ästhetisch begründet, wie ich das bereits im ersten Kapitel im Anschluss an Navid Kermani und Milad Karimi versucht habe. Die Schönheit der Koranrezitation ist ja tatsächlich so eindrucksvoll, dass die christliche Liturgie in diesem Punkt nur schwer mithalten kann. Offenbar haben unsere muslimischen Nachbarn hier einen Schatz in ihrer Tradition, den wir noch lange nicht genug würdigen.

Sollten wir Christen es nun den Muslimen nachtun und auch wieder mehr Regeln folgen, die für alle verbindlich sind? Sollten wir unseren Glauben wieder mehr ästhetisieren und unseren Glauben durch für alle verbindliche Rituale stabilisieren? Sollten wir vielleicht zur lateinischen Liturgie zurückkehren und wieder mehr Fixpunkte finden, an denen unsere Identität sichtbar wird? Sollte Kirche sich also als sichtbare Kontrastgesellschaft formen und sich klarer von der Gesellschaft unterscheiden? Dieser Weg scheint mir für die Identität des Christlichen nicht ungefährlich zu sein. Denn der hier zu Grunde liegende Unterschied von Christentum und Islam gründet in der Verschiedenheit der Gegebenheitsweisen der Offenbarung in Islam und Christentum. Während der Islam auf der Macht der Rezitation des Korans gründet, beruft sich das Christentum – etwas verkürzt und zugespitzt gesagt – auf die Ohnmacht des Kreuzes. Während der Islam die Schönheit Gottes zelebriert, konfrontiert uns das Christentum mit seiner Hässlichkeit und selbst gewählten Erniedrigung. Während der Islam den je größeren Gott ins Gedächtnis ruft, entdeckt das Christentum ihn in je größerer Schwäche und Kleinheit. Eine Offenbarungsgestalt, die in der Schwäche des Kreuzes gründet, verträgt sich nur schwer mit der kraftvollen Stilisierung einer Gruppenidentität. Vielmehr ruft sie in die persönliche Nachfolge.

Natürlich kann auch der Ruf zur Nachfolge des Gottes in Knechtsgestalt dazu führen, ästhetische oder ethische Elemente einer sozialen Identität auszubilden. Und natürlich brauchen auch Christen eine Gruppenidentität und wollen unterscheidbar sein, so dass man die kraftvolle Ästhetisierung und die Ohnmacht des Kreuzes nicht gegeneinander ausspielen muss. Vielleicht können wir ja wirklich viel von unseren muslimischen Nachbarn lernen und uns über ihren Schatz freuen. Aber wir sollten ihn bei aller Anerkennung auch nicht kopieren wollen, weil die bleibende Verletzlichkeit der eigenen Identität christlich unaufgebbar sein dürfte.

Die muslimische Glaubenspraxis kann also genauso wie die starke Betonung der Einheit und Schönheit Gottes im Islam etwas sein, das Christen fasziniert und bereichert. Sie können sich davon auch herausfordern lassen, ihren eigenen Glaubensvollzug an wichtigen Punkten zu korrigieren, indem beispielsweise Rituale oder die Sinnlichkeit der Liebe wieder ernster genommen werden oder indem bestimmten spekulativen Höhenflügen der Trinitätstheologie Schranken aufgezeigt werden. Aber Christen werden trotzdem – gerade in dieser Bereicherung – die eigene Identität stärker entdecken können, die eben nicht in einer Annäherung an den Islam oder einer Verbrüderung aller Religionen besteht, sondern in der Nachfolge des in Jesus Christus in seiner Menschenfreundlichkeit berührbar gewordenen Gottes. Christliche Identität muss sich also letztlich immer dadurch bewähren, dass sie Christinnen und Christen die Mensch gewordene, allen gleichermaßen geltende Liebe Gottes erfahrbare Wirklichkeit werden lässt. Und Liebe – das wissen wir alle – ist immer verwundbar und kann auf sehr verschiedene Weise spürbar werden, so dass die im Christentum entstandene, ungeheure, manchmal überfordernde und mitunter einsam machende Freisetzung des Individuums sicher nicht ohne Identitätsverlust zurückgenommen werden kann.

Umgekehrt wird es spannend sein, wie der Islam in unserer Kultur mit Phänomenen wie der Individualisierung und der Schwäche der Vernunft umgeht und ob auch er sich von dem Spezifikum christlicher Theologie bereichern lassen kann und lassen will. Die Antwort hierauf kann nur die Zukunft geben.

2. Islam und Recht

Ein Seelsorger eines christlich-jüdisch-muslimischen Jugendcamps erzählte mir einmal, dass es für die christlichen Jugendlichen in diesem Camp äußerst schwer war, im gemeinsamen Gespräch deutlich zu machen, worin eigentlich ihre Identität als Christinnen und Christen besteht. Während es muslimische und jüdische Jugendliche leicht hatten, ihre Identität an dem Einhalten bestimmter Regeln festzumachen, ist es für Christen oft schwer, ihre Identität zu zeigen. Die muslimische Stilisierung der eigenen Identität ist dabei deshalb besonders attraktiv, weil sie spürbar ästhetischen Gesetzen gehorcht und dadurch einem Grundbedürfnis unserer Zeit entgegenkommt. Denn in einer Zeit immer größerer Wahlmöglichkeiten in der eigenen Lebensform tut es Menschen gut, ihre Identität in ästhetisch ansprechender Weise darstellen zu können.

Natürlich hat das islamische Recht nicht ausschließlich und vielleicht auch nicht primär eine ästhetische Form. Die Ausführungen zur Armensteuer sollten bereits deutlich gemacht haben, dass es zu ausgesprochen kontraintuitiven Konsequenzen führt, wenn man rechtliche Regelungen mit einer ausschließlich ästhetischen Hermeneutik betrachtet. Aber zumindest weitet sich der Zugang zum islamischen Recht in einer interessanten Weise, wenn man die Möglichkeit mitbedenkt, dass es nicht immer als Erfüllung moralischer Anforderungen gemeint, sondern auch als ästhetisch stilisierte Antwort auf die Schönheit Gottes zu verstehen ist. Diese Schönheit Gottes begegnet dem Menschen aus islamischer Sicht – wie bereits im ersten Kapitel dieses Buches ausgeführt – in der arabischen Rezitation des Korans, und die Erfüllung rechtlicher Bestimmungen und Gebote kann als Versuch verstanden werden, auf diese Schönheit zu antworten. Die Tatsache, dass Muslime auch heute kein Schweinefleisch essen und so merkwürdige Fastengewohnheiten einhalten, kann man besser verstehen, wenn man nicht einen ethischen Sinn in ihnen sucht, sondern wenn man sie als die liebende Antwort des Menschen auf die Barmherzigkeit Gottes sieht. Indem Muslime die Gebote des Glaubens und seine rechtlichen Vorgaben befolgen, schaffen sie Raum für Gott in ihrem Alltag. Sie antworten auf seine Schönheit durch ihre Liebe und wählen eine ästhetische Stilisierung als Ausdrucksform, um die eigene Liebe zu zeigen – so zumindest erklärte mir einmal ein befreundeter Muslim den Sinn der Gesetzeserfüllung im Islam.

Nimmt man diese Spur ernst, so kann man versuchen, das islamische Recht, ja die gesamte islamische Ethik »aus dem Geiste der Schönheit« zu entwickeln[8] bzw. als Verweis auf die göttliche Schönheit zu deuten.

Ich will Chancen und Grenzen dieses Ansatzes gerne an der Frage verdeutlichen, ob muslimische Frauen ein Kopftuch tragen sollten. Betrachtet man diese Frage aus der Perspektive einer historisch-kritischen Lektüre des Korans, ist es schwer, eine eindeutige Begründung für das Tragen eines Kopftuches zu finden. Die Verse, die im islamischen Recht für die Begründung des Tragens des Kopftuches herangezogen werden, sind nämlich sehr unterschiedlich deutbar.

In Q 24:31 heißt es, dass die gläubigen Frauen »ihre Blicke senken und ihre Scham bewahren und ihren Schmuck nicht zeigen sollen, bis auf das, was ohnehin zu sehen ist, und dass sie sich ihren Schal um den Ausschnitt schlagen sollen«. Anschließend werden dann noch die Personengruppen genannt, denen sich die Frauen freizügiger gegenüber zeigen dürfen. Außer der eigenen Familie sind hier auch die Sklavinnen, Eunuchen und Kinder betroffen, solange »sie die Scham der Frauen noch nicht kennen.« Im Blick auf die Geschlechtergerechtigkeit ist es interessant, dass es im Vers vorher ausdrücklich auch im Blick auf die gläubigen Männer heißt, dass sie »ihre Blicke senken und ihre Scham bewahren sollen« (Q 24:30). Das Bewahren der Scham kann also nicht unmittelbar bedeuten, dass man ein Kopftuch tragen muss. Entscheidend ist hier die Formulierung, die Frauen das Schlagen des Schals um den Ausschnitt empfiehlt. Damit ist offenkundig gemeint, dass Frauen ihren Busen bedecken sollen. Wie man aus diesem Vers eine Kopftuchpflicht ableiten soll, ist mir schleierhaft. Offenkundig will er einfach nur Männer wie Frauen einladen, sich nicht aufreizend zu kleiden und zudem davon abzusehen, sich lüstern anzusehen – eine Sache, die ja auch Jesus in der Bergpredigt als besonders schlimm vor Augen stellt, wenn er empfiehlt, eher das eigene Auge auszureißen, als es lüstern auf eine fremde Frau zu richten (Mt 5,28 f).

An dieser Stelle kann man sich natürlich fragen, ob solche Maßnahmen nicht ein wenig zu drastisch daherkommen. Aber der Zusammenhang sowohl in der Bibel als auch im Koran macht deutlich, dass es nicht generell darum geht, dass Frauen und Männer sich nicht ansehen sollen – auch wenn fundamentalistische Muslime dazu tendieren, Q 24:30 f genau so zu verstehen –, sondern darum, die andere Person nicht auf ein Objekt der Begierde zu reduzieren und durch lüsterne Blicke zu demütigen. In jedem Fall scheint es mir hier um das Bedecken der Scham und nicht um das Bedecken des Haupthaars zu gehen.

Anders verhält es sich bei Q 33:59, der gläubigen Frauen das Herunterziehen des damals üblichen Obergewandes über den Kopf empfiehlt, damit »man sie erkennt, auf dass sie nicht belästigt werden.« Historisch betrachtet scheint es nun aber so zu sein, dass dieses leichtere Erkennen damit zu tun hatte, dass man die Musliminnen auf diese Weise als freie von versklavten Frauen unterscheiden konnte – so jedenfalls deuten die klassischen Korankommentatoren die koranische Aufforderung.[9] Offenkundig ging es darum, kenntlich zu machen, dass die Frauen eben nicht mehr für sexuelle Interaktionen zur Verfügung standen, so dass das Tragen des Kopftuches die damals übliche Weise war, um Frauen vor Belästigungen zu schützen.

An dieser Stelle könnte man einwenden, dass ein solcher Schutz vor Belästigungen auch anders erreichbar ist. Auch die Unterscheidung von Sklavinnen sollte in der modernen Gesellschaft anders möglich sein, sodass man argumentieren könnte, dass das Tragen des Kopftuchs nicht aus dem Koran abgeleitet werden kann. Der einflussreiche muslimische Rechtsgelehrte Khaled Abou el Fadl geht sogar so weit, dass sich der Sinn des Kopftuchs, vor Belästigungen zu schützen, mittlerweile in der westlichen Welt an vielen Stellen in sein Gegenteil verkehrt hat. Frauen werden allzu oft gerade dann belästigt und diskriminiert, wenn sie ein Kopftuch tragen, sodass man in solchen Fällen von der ursprünglichen Zweckbestimmung der koranischen Forderung her davon abraten müsste, heute noch ein Kopftuch zu tragen. Denn eigentlich sollte das Kopftuch ja zum Schutz von Frauen dienen, womit seine Sinngestalt verloren geht, wenn es Diskriminierungen hervorruft.[10]

Auch eine ethische Herangehensweise an den Koran wird zu ganz ähnlichen Ergebnissen kommen. Der ethische Sinn der genannten Verse dürfte für Männer wie Frauen allein darin bestehen, »dass der menschliche Körper nicht aufreizend zur Schau gestellt werden sollte«[11] – ein Gebot, das in unserer Gesellschaft übrigens nichts an Aktualität verloren hat. Allerdings ist es insofern ethisch fragwürdig, als es Frauen, die sich gerne freizügiger kleiden, latent unterstellt, für die Übergriffe von Männern selbst verantwortlich zu sein. Hier lauern aus moderner Sicht unter der Oberfläche recht sexistische und patriarchal verbrämte Gedankengänge, die nicht direkt im Koran angelegt sind, aber aus einer verzerrten Lektüre folgen können.

Von daher lohnt es sich, die entsprechenden Passagen einmal mit einer ästhetischen Hermeneutik zu lesen. Wenn Frauen in Q 33:59 empfohlen wird, ein Kopftuch zu tragen, so ginge es in dieser Lesart primär darum, dass sie als Musliminnen erkannt werden. Das Kopftuch wäre dann ein Identitätsmarker, und es ist ja tatsächlich so, dass es in den letzten Jahrzehnten mehr und mehr in eine solche Funktion hineingewachsen ist. Historisch gesehen ist es so, dass dies eine neue Funktion ist, weil zur Zeit des Korans und auch in der Geschichte des Orients nichtmuslimische Frauen genauso Kopftuch getragen haben, wie Musliminnen. Überhaupt hat das Kopftuchtragen viel mit Kultur zu tun und wird auch jeweils in kulturell spezifischer Weise ausgeübt.

Aber das ändert nichts daran, dass das Kopftuch heute gerade in den westlichen Gesellschaften zum Identitätsmarker für Musliminnen geworden ist und auch als solcher wahrgenommen wird. Grund dieses historischen Wandels ist sicher der Versuch von modernistischen Regierungen in den muslimischen Ländern – etwa in der Türkei Atatürks –, aber auch von westlichen Kolonialherren, das Kopftuch zu verbieten. Gerade durch solche Angriffe durch den laizistischen Staat erhielt es faktisch eine immer größere religiöse Bedeutung. Es ist müßig, nun wie el Fadl darüber zu lamentieren, dass das Kopftuch damit eine Funktion erhält, die es islamisch ursprünglich gar nicht hatte.[12] Die faktische religiöse Bedeutungsgewinnung des Kopftuches lässt sich nicht leugnen, und auch nicht, dass diese aus dem Koran heraus begründet werden kann – zumindest dann, wenn man ihn mit einer ästhetischen Hermeneutik liest.

Q 33:59 legt allerdings nicht nur darauf wert, dass Musliminnen durch das Kopftuch erkannt werden, sondern legt auch nahe, dass sie dadurch nicht so leicht belästigt werden. Doch auch diese Funktion ist rational durchaus nachvollziehbar, wenn man Belästigung nicht als Diskriminierung deutet, sondern als Annäherungsversuch. Denn in westlichen Gesellschaften werden Musliminnen nicht nur als solche durch das Kopftuch erkannt, sondern in der Mehrheitskultur ist auch bekannt, dass Kopftuch tragende Musliminnen unter keinen Umständen zum vorehelichen Geschlechtsverkehr bereit sind. Damit ist es für einen Mann gleich klar, dass er mit derartigen Wünschen nicht auf sie zugehen und sie also auch nicht belästigen sollte. Von daher erhält der Vers auch bei einer primär ästhetischen Interpretation eine ethische Komponente, die man wiederum kritisch diskutieren kann. Immerhin scheint diese ethische Dimension im Koran veranschlagt zu sein, so dass man sie kaum ignorieren kann.

Gelegentlich wird das Kopftuch auch dadurch begründet, dass in Q 33:53 festgehalten wird, dass man bei Besuchen im Haus des Propheten seine Frauen nur hinter einem Vorhang ansprechen soll. Hier ist offenkundig ein gewisses Hofzeremoniell einzuhalten, das den Propheten in seiner herausragenden Stellung würdigt. So war es ja auch später bei den Kalifen üblich, dass man sie bei einer Audienz in der Regel nur hinter einem Vorhang sitzend sprechen durfte.[13] Die Anwendung dieses Zeremoniells nur auf Frauen erschließt sich in seiner Bedeutung nur unter der Voraussetzung einer patriarchalen Kultur, in der der Harem des Herrschers vor den neugierigen Augen von Außenstehenden verborgen bleiben soll. Wieso eine solche vordemokratische, geradezu archaisch anmutende Regelung in irgendeiner Weise auf heute übertragbar sein sollte, ist mir nicht einsichtig. Selbst bei fundamentalistischer Koranlektüre wird sich ja niemand anmaßen wollen, die Rolle des Propheten einzunehmen, sodass entsprechend auch niemand sonst seine Frau oder seine Frauen hinter einem Vorhang verstecken muss.

Aus rationaler Sicht unhaltbar erscheint mir deshalb auch die Idee, aus dem Koran die Ganzkörperverschleierung von Frauen ableiten zu wollen. Fundamentalisten, die eine solche Form von Verschleierung verteidigen, argumentieren an dieser Stelle mit den genannten Koranversen. Das Bewahren der Scham verstehen sie in Q 24:31 so, dass Frauen auch ihr Gesicht bedecken sollen. Wie bereits erwähnt, kollidiert dies allerdings mit dem Vers davor, der auch Männer anweist, in gleicher Weise die Scham zu bedecken. An dieser Stelle berufen sich die Fundamentalisten dann auf einen Hadith, der die Frauen des Propheten nach einer gängigen, aber wohl falschen Übersetzung dazu auffordert, beim Hinausgehen ihre Gesichter zu verhüllen[14] und den sie deshalb so deuten, dass bei Frauen das Gesicht als Teil ihrer Scham anzusehen ist. Doch selbst wenn der Hadith authentisch sein sollte und man ihn tatsächlich so übersetzen kann, dass er etwas mit den Gesichtern der Frauen des Propheten zu tun hat, so stellt er lediglich eine Extrapolation des Gedankens dar, dass man nur hinter einem Vorhang mit den Frauen des Propheten sprechen darf. Wie immer man diese Tatsache bewertet, so ist es jedenfalls ein Fehlschluss, von einer (fragwürdigen) Sonderbehandlung der Frauen des Propheten Folgerungen für alle Frauen abzuleiten. Entsprechend hat beispielsweise der ehemalige Sheikh der Al-Azhar Muhammad Sayyid Tantawy den Gesichtsschleier (Niqab) völlig zu Recht als eine vorislamische Praxis bezeichnet, die dem Geist des Korans und der Praxis des Propheten widerspricht und sich wiederholt für ein Verbot ausgesprochen. Wollte man an dieser Stelle eine andere Auslegung stark machen, so würden sich auch erhebliche Nachfragen im Blick auf das Frauenbild ergeben.

Ich will an dieser Stelle aber noch nicht ausführlicher auf das Geschlechterverhältnis im Islam eingehen, sondern die jetzt referierte gängige Begründung des Kopftuchtragens noch einmal aus der Perspektive eines ästhetischen Zugangs zum islamischen Recht betrachten. Wenn Frauen ihr Haupthaar verhüllen, geschieht das in dieser Deutungstradition nicht aus ethischen Gründen, sondern um sie als Musliminnen kenntlich zu machen. Vielleicht könnte man sagen, dass sie ihre eigene Schönheit teilweise verbergen, um so auf die Schönheit Gottes aufmerksam zu machen. Die Stilisierung ihrer Erscheinung wird so zum Verweis auf den je größeren Gott, den sie durch die Weise ihrer Kleidung als Zielpunkt ihrer Existenz ausweisen.

Freilich hat die ästhetische Interpretation des islamische Rechts auch ihre Schattenseiten. Sie hat eine latent konservative Tendenz und führt leicht dazu, Druck zur Einhaltung der jeweiligen Regel auszuüben, da nur so die angezielte ästhetische Stimmigkeit erreicht wird. Nun ist es aber so, dass auch konservative Musliminnen, die selber das Kopftuch tragen, zugeben, dass ihre Interpretation des Islams an dieser Stelle nicht alternativlos ist. Entsprechend gilt es auch, die ethische Interpretation zu respektieren, die eigentlich – wie oben ausführlich begründet – nur dazu führen kann, die Kopftuchpflicht abzuschaffen.

Wie wichtig die ethische Hermeneutik für das islamische Recht ist, kann man sich leicht an einem anderen Beispiel klarmachen. So heißt es an einer Stelle des Korans, dass man Dieben als Vergeltung für ihr Tun eine Hand abhacken soll – »als warnendes Exempel vor Gott« (Q 5:38). Versteht man diesen Vers in einer ästhetischen Hermeneutik, könnte man auf die abstoßende Idee kommen, dass derart barbarische Strafformen auch heute noch vollzogen werden sollten, weil sie als Identitätsmarker muslimischer Strafgerichtsbarkeit erforderlich sind. Tatsächlich ist es allerdings auch unter konservativen islamischen Gelehrten selbstverständlich, diesen Koranvers mit einer ethischen Hermeneutik zu lesen. Wenn man dies tut und ihn zudem historisch einbettet, wird klar, dass es sich hier einfach um die im siebten Jahrhundert übliche Form der Bestrafung von Dieben gehandelt hat. »Der Koran hat sich diese Strafen nicht ausgedacht, sondern es waren die Strafen, die die Gesellschaften damals angewendet haben.«[15] Übrigens war das nicht nur auf der arabischen Halbinsel der Fall, sondern auch in Deutschland wurde im frühen Mittelalter Dieben die Hand abgehackt. In einer ethischen Hermeneutik kann es also nicht darum gehen, solche brutalen Strafformen in der Moderne wiederzubeleben, sondern entsprechend den Rechtsvorschriften der heutigen Zeit Diebe zu bestrafen. D. h. sie wären entweder zu einer Geld- oder einer Freiheitsstrafe zu verurteilen. Derartige Maßnahmen sind aus moderner Sicht abschreckend genug, so dass sie den Sinn der Bestimmung des genannten Koranverses voll einholen.

Übrigens sind die im Koran genannten Strafformen nach klassischer Auslegung nur dann zulässig, wenn kein Zweifel daran besteht, wer das Verbrechen begangen hat. Da ein Strafprozess aber niemals durchgeführt werden kann, ohne dass Zweifelsmöglichkeiten offen bleiben, hat man schon früh dafür argumentiert, dass solche Strafen nicht zur Anwendung kommen sollten.[16]

Christlicherseits dreht sich einem dennoch leicht der Magen um, wenn man derartige Rechtsbestimmungen hört, und man fragt sich vielleicht, wieso man über derart widerliche Ideen überhaupt diskutieren soll. Liegt nicht das Problem in der Verrechtlichung als solcher? Ist sie nicht die Wurzel dafür, dass Menschen überhaupt anfangen, überwundene, vorhumane Praktiken wieder ins Rechtssystem einzuführen? Wäre es also nicht das Beste, ganz auf einen Einfluss der Religion auf das Recht zu verzichten, sodass das grundlegende Problem des Islams nicht der Umgang mit bestimmten Rechtsbestimmungen ist, sondern – viel grundlegender – die Tatsache, dass er überhaupt ein religiöses Recht kennt? Gerne wird an dieser Stelle dann darauf verwiesen, dass Jesus darauf verzichtet hat, die Religion mit rechtlichen Bestimmungen zu belasten und dass das Christentum mit guten Gründen das Recht durch das Evangelium ersetzt hat.

An dieser Stelle muss man allerdings vorsichtig sein. Jesus lebte in einer Gesellschaft mit einem funktionierenden Rechtssystem, und zwar sowohl in einem weitgehend säkularen Sinne im römischen Recht als auch im religiösen Sinne im Blick auf das jüdische Recht. Die neuere Exegese hält uns klar vor Augen, dass Jesus zeit seines Lebens Jude war und entsprechend auch das jüdische religiöse Recht eingehalten hat. Wenn er etwa am Sabbat Heilungen vollzogen und damit scheinbar das religiöse Recht gebrochen hat, wissen wir aus der modernen Exegese, dass er damit durchaus im Einklang mit den Rechtsauslegungen seiner Zeit stand, weil die ärztliche Tätigkeit von vielen Juden gar nicht als eine der von der Tora verbotenen Tätigkeiten für den Sabbat verstanden wurde. Sein Streit mit den Pharisäern (vgl. beispielsweise Mk 3,1–6) war also ein Streit um die richtige Gesetzesauslegung, und eben deshalb kann er in der Bergpredigt auch sagen, er sei nicht gekommen, um auch nur den kleinsten Buchstaben am religiösen Gesetz der Juden zu verändern (vgl. Mt 5,18). Jesus stellte sich also nicht gegen das Gesetz, sondern achtete einfach nur auf seine humane Anwendung und Auslegung. Denn das Gesetz ist aus seiner Sicht für den Menschen da und nicht der Mensch für das Gesetz (Mk 2,27).

Muhammad hätte an dieser Stelle sicher nicht widersprochen. Doch er lebte zu einer Zeit, in der es kein einheitliches, verlässliches Rechtssystem gab. Das Recht seiner Zeit war im wesentlichen Gewohnheitsrecht und verlangte einfach nur bedingungslose Loyalität mit dem eigenen Stamm. »Doch wo sich das Soziale einzig um Blutsverwandtschaft dreht, gibt es im eigentlichen Sinn gar keine Gesellschaft.«[17] Anders als Jesus stand Muhammad damit vor der Aufgabe, ein funktionierendes und gerechtes Gemeinwesen allererst zu begründen. Die einzelnen von ihm eingeführten rechtlichen Regelungen sind natürlich erst einmal nur im Kontext seiner Zeit gültig. Nasr Hamid Abu Zaid hat völlig Recht, wenn er sagt, dass es einfach nur absurd wäre, diese insgesamt wörtlich auf heute zu übertragen.[18]

Vergegenwärtigt man sich also die historischen Umstände der Entstehung des Korans, ist verständlich, warum sich in den medinensischen Suren diverse rechtliche Bestimmungen finden. Allerdings macht das den Koran noch lange nicht zu einem Rechtsbuch. Nur 16 % der Verse des Korans beziehen sich auf Recht und Politik[19], und nur etwa 500 der insgesamt 6236 Verse des Korans weisen einen unmittelbar rechtlichen Bezug auf, wobei der wesentliche Anteil sich auf Ritualvorschriften bezieht. Zudem darf man aus dieser besonderen historischen Konstellation nicht ableiten, dass in muslimisch geprägten Gesellschaften kein säkulares Recht eingeführt werden kann.

Thomas Bauer macht völlig zu Recht darauf aufmerksam, dass »das Rechtssystem in der islamischen Welt kein Teilsystem eines übergeordneten Systems ›Religion‹ ist. Daran ändert auch die Tatsache nichts, daß das islamische Recht, ebenso wie das Römische, zugleich den Ritus regelt.«[20] Denn in Rechtsdogmatik und -findung ist das islamische Recht nach Auskunft von Juristen und Islamwissenschaftlern kaum von westlichen Rechtstraditionen zu unterscheiden.[21]

Natürlich unterscheidet sich das islamische Recht durch seine Rechtsquellen vom römischen Recht und säkularen Rechtstraditionen. Denn die primären Grundlagen des Rechts sind der Koran und die Sunna, also die Lebenspraxis des Propheten Muhammad. Allerdings ist deren Deutung ausgesprochen flexibel und vielfältig. Zunächst einmal gibt es je nach Rechtsschule sehr unterschiedliche Auffassungen darüber, welche weiteren Rechtsquellen heranzuziehen sind. Formal ist man sich zwar weitgehend einig, dass der Analogieschluss (*qiyās*) und der Konsens der Gelehrten (*idschma'*) noch als weitere Quellen heranzuziehen sind. Aber was darunter genau zu verstehen ist, ist umstritten. Im schiitischen Islam ist zudem auch die Vernunft als Rechtsquelle vorgesehen und auch im sunnitischen Islam ist selbstverständlich, dass Vernunft im gesamten Rechtsverständnis unverzichtbar ist. Und in allen Schulrichtungen spielt in der Rechtsfindung auch das persönliche Urteil des Richters (*ra'ī*) bzw. die eigene Urteilsbildung (*idschtihād*) und damit faktisch die Rechtsfortbildung im Sinne des römischen Rechts eine große Rolle.

Zwar ist in der westlichen Literatur immer wieder zu lesen, dass im Islam die Tore des *Idschtihād* seit dem Hochmittelalter geschlossen seien, so dass seitdem nur noch die Entscheidungen des Mittelalters exekutiert werden. In Wahrheit gibt es aber in allen Rechtsschulen weiterhin eine lebendige Tradition der eigenen Urteilsbildung bzw. es gab sie zumindest bis weit in die Neuzeit hinein[22] – nicht nur, weil sich in Neuzeit und Moderne Rechtsfragen stellen, auf die die Tradition noch keine Antworten geben konnte, sondern auch weil in neuen Gesellschafts- und säkularen Rechtsordnungen traditionelle Bestimmungen neu auf den Prüfstand gehören.

Die große Vielfalt eigener Urteilsfindungen ist keine Fantasie liberaler Theologen, sondern offensichtliche Wirklichkeit in der islamischen Welt und manifestiert sich darin, dass unterschiedliche Rechtsgelehrte und die nach wie vor existierenden unterschiedlichen Rechtsschulen auch zu voneinander abweichenden Resultaten kommen. Diese Heterogenität der Auffassungen birgt natürlich – gerade in einer Zeit abnehmender Bindekraft der Rechtsschulen – die Gefahr in sich, dass man als Gläubiger faktisch für fast jede gewünschte Rechtsauslegung auch einen Gelehrten findet, der diese bestätigt. Zwar ist es so, dass die Gläubigen eigentlich nicht den Gelehrten wählen dürfen, der die angenehmsten Resultate für sie bringt, sondern den, der den besten Ruf hat. Aber gerade in Zeiten des Internets gibt es leider eine gewisse Tendenz, auf diejenigen Meinungen zu hören, die man sowieso für richtig hält.

Man könnte deswegen versucht sein, die Vielfalt der Auslegungstraditionen zu begrenzen und etwa auch die Unterschiede zwischen den Rechtsschulen auszumerzen. Interessanterweise hat man in der islamischen Tradition jedoch nie versucht, die Rechtsschulen zu vereinigen. Vielmehr gilt einem Hadith entsprechend die Meinungsverschiedenheit innerhalb der Gemeinde als »ein Zeichen göttlicher Barmherzigkeit.«[23] Und auch Gelehrte der Tradition wie etwa der ägyptische Großgelehrte as-Suyūṭī (1445–1505) sahen in den Meinungsverschiedenheiten der Rechtsschulen ein Geschenk Gottes.[24] Die Meinungsverschiedenheiten sind deshalb nach klassischer Interpretation »ein unabdingbarer Bestandteil eines Rechts, das einerseits auf einer göttlichen Rechtsordnung beruht und sich andererseits als menschengemachtes Gesetz entfaltet.«[25] Erst in der Moderne entwickelt sich mit der Salafiyya eine fundamentalistische Strömung, die diese Meinungsvielfalt nicht mehr aushält. Und zugleich wird von den westlichen Regierungen ein starker Druck auf Muslime ausgeübt, endlich alles als unislamisch auszuschließen, was den westlichen Grundwerten widerspricht. Dabei ist es in der klassischen Sichtweise des Islams ein völlig unislamischer Gedanke, etwas als unislamisch auszuschließen.

Natürlich ist diese Haltung in einer Zeit zunehmenden Terrorismus' durch angebliche Muslime ein großes Problem, auf das wir weiter unten auch noch einmal zurückkommen. Allerdings ist die katholische Lösung der Exkommunikation der Gegner eigentlich keine genuin islamische Vorgehensweise. Und es wäre weise, wenn wir im Westen erkennen könnten, dass die muslimische Diskurssteuerung durch den Streit der Gelehrten vielleicht manchmal nachhaltiger wirken kann als die Verurteilung der Extremisten durch regierungsnahe muslimische Dachverbände. Denn die Gefahr besteht hier immer, den Extremisten dadurch in die Hände zu spielen, dass man genauso wie sie nicht durch Argumente, sondern durch Exklusionsmechanismen Macht ausübt. Damit übernimmt man zwar ein typisch modernes und durchaus erfolgreiches Machtmittel, gibt aber zugleich eine große Stärke der eigenen Tradition auf. Denn in ihr gibt es »nie eine definitive Lösung, und alle Fragen müssen immer wieder neu gestellt und beantwortet werden«[26] – mit allen Risiken und Nebenwirkungen, die ein solches eigenes Denken mit sich bringt.

3. Mehr Scharia wagen?

Nahezu unbemerkt von der westlichen Öffentlichkeit machte im August 2014 eine Studie der Universität Teheran im Iran Furore. Darin werden alle Länder der Welt daraufhin untersucht, wo die Scharia am besten realisiert ist. Das Ergebnis: Den ersten Platz hat Neuseeland inne, gefolgt von Luxemburg und den skandinavischen Ländern. Das erste islamische Land auf dieser Liste ist Malaysia auf Platz 38, weitere islamische Staaten folgen erst ab Platz 138 und der angebliche muslimische Gottesstaat Iran selbst ist weit abgeschlagen auf Rang 163. Wie ist das möglich? Wie kann es sein, dass aus dem Blickwinkel der Scharia westliche Länder mit einer mehrheitlich christlichen Bevölkerung muslimischer sind als Länder, die fast ausschließlich von Muslimen bewohnt werden?

Es ist nicht einfach, solche Fragen zu stellen, ohne entsetzte Reaktionen zu provozieren. Denn viele nicht so sehr mit dem Islam vertraute Mitbürger und Mitbürgerinnen bekommen Angst, sobald sie das Wort »Scharia« hören. Nicht selten werde ich dann kritisiert, ich würde die angeblich »blutige Scharia« verharmlosen. Offenbar denken viele bei diesem Wort immer noch an Steinigungen von Ehebrechern oder an das Abhacken von Händen. Angesichts der oft polemischen medialen Verwendung des Wortes »Scharia« ist es daher wichtig, sich an seine ursprüngliche Bedeutung zu erinnern.

Scharia ist im Islam ein Sammelbegriff, der nicht nur das islamische Recht, sondern auch die dem Recht immanente Ethik umfasst. Außerdem fällt unter Scharia auch der Diskurs über die Methodik, wie Rechtsnormen und ethische Normen entwickelt werden. D. h. die große Vielfalt an Auslegungsmöglichkeiten, die bereits für das islamische Recht zu konstatieren ist, gilt für die Scharia in noch verstärktem Maße. Der vorzügliche Kenner des islamischen Rechts Matthias Rohe erzählt deswegen gerne die Anekdote, wie sehr sich ein arabischer Buchhändler freuen würde, wenn man bei ihm die Scharia kaufen möchte. Er könnte tonnenweise Bücher verkaufen, weil es die Scharia noch weniger gibt als das islamische Recht. Vielmehr wird mit diesem Label ein Metadiskurs zusammen mit allen nur denkbaren rechtlichen und ethischen Bestimmungen gekennzeichnet.

Die Auslegungsfreiheit steigt dabei in dem Maße, wie der engere religiöse Bereich verlassen wird. Die Säulen des Islams, die ich unter a) vorgestellt habe, bezeichnen einen Bereich der Scharia, der relativ klar und einheitlich geregelt ist. Zwar gibt es auch hier gewisse Abweichungen zwischen den einzelnen Rechtsschulen. Aber die Art des Betens, Fastens und Pilgerns ist doch recht einheitlich geregelt. Und die

Verbindlichkeit des Einhaltens der jeweiligen Rechtsbestimmungen ist aus religiöser Sicht sehr hoch.

Anders verhält es sich bei Regelungen, die nicht den engeren religiösen Bereich, also nicht die gottesdienstlichen Handlungen, sondern den zwischenmenschlichen Bereich betreffen. Die Scharia regelt eben neben den religiösen und rituellen Pflichten, die in den fünf Säulen des Islams gebündelt werden, auch den Bereich der zwischenmenschlichen Beziehungen: Familien- und Erbrecht, Handels- und Wirtschaftsrecht sowie das Strafrecht. Anders als die gottesdienstlichen Pflichten sind diese Regelungen sehr flexibel und in ihrer Interpretation zeitabhängig. Oft kommt es einfach nur darauf an, den ethischen Sinn der Regelungen zu erfassen und zu beachten.

Entsprechend hielt der sicher nicht allzu liberale Vordenker eines europäischen Islams Tariq Ramadan in einem Vortrag, den er an der Universität Paderborn gehalten hat, völlig zu Recht fest:

> »Die eigentliche Bedeutung von *Šarīʿa* ist ›Weg zur Quelle bzw. Weg zum Glauben‹. Nach muslimischer Überzeugung hat Gott jeder religiösen Gemeinschaft und jedem Propheten in der Geschichte eine bestimmte Art zu leben und bestimmte Prinzipien gegeben. *Šarīʿa* heißt in diesem Sinn also, dass Gott einen Weg aufgezeigt hat, gläubig zu sein und gläubig zu handeln. … Natürlich muss das Gesetz befolgt werden, aber immer unter der Bedingung, dass das Ziel, das erreicht werden soll, verstanden wird. Wenn nämlich das Gesetz einfach wörtlich umgesetzt wird, kann es zu einer Diskrepanz zwischen der wörtlichen Umsetzung und den eigentlichen Zielen des Gesetzes kommen; die Ziele werden dann letztlich verfehlt.«[27]

In der Scharia kommt es also darauf an, einen Weg zur Quelle des Glaubens zu finden, indem Rechtsbestimmungen so gewendet werden, dass sie auf diesem Weg weiterhelfen. Dieser Weg ist immer der Weg einer bestimmten Glaubensgemeinschaft. Nicht nur Muslime haben nach diesem Verständnis also eine Scharia, sondern auch Menschen anderer Religionen. Denn nach muslimischer Vorstellung führt Gott alle Menschen jeweils durch Propheten auf einem jeweils für sie vorgesehenen Weg durch das Leben. Eben diese jeweils spezifisch verschiedene Scharia gilt es aus muslimischer Sicht zu respektieren und um ihre genaue Bedeutung muss gerungen werden.

Zur richtigen Formulierung und zur Auslegung der Rechtsbestimmungen braucht es also die Bestimmung von Zielen bzw. Grundprinzipien der Scharia; sonst wird ihre Bestimmung willkürlich und beliebig. Üblicherweise wird von muslimischer Seite an dieser Stelle auf die sog. *Maqāṣid aš-Šarīʿa*, also auf die Ziele bzw. Zwecke der Scharia, verwiesen, wie sie erstmalig der mittelalterliche Theologe *al-Ǧuwainī* im elften Jahrhundert herausgearbeitet hat. Dabei handelt es sich um den Schutz der Religion bzw. der Religionsfreiheit, der Würde des Menschen bzw. seines Personseins, der Vernunft, der Familie und des Eigentums.[28]

Um die Frage, wie genau diese Zielbestimmungen zu verstehen sind, wird in der islamischen Rechtswissenschaft der Gegenwart hart gerungen. Die Debatte um sie gilt vielen als eines der wichtigsten intellektuellen Mittel und Methoden, um den Islam zu reformieren und zu modernisieren.[29] Von daher will ich wenigstens ein wenig andeuten, in welche Richtung sich diese Debatte bewegt, indem ich die fünf genannten Zwecke kurz durchgehe.

Religionsfreiheit kann genauso als Schutz der Religion des Islams ausgelegt werden wie als Schutz jeder freien Religionsausübung. Versteht man dieses erste Grundprinzip im letzteren Sinn, kann man wie der in Kuala Lumpur lehrende und weltweit renommierte Professor für Islamisches Recht Muhammad Hashim Kamali die Scharia als rechtliche Begründung einer multiethnischen und multireligiösen Gesellschaft ansehen. Eine Bestrafung aufgrund von Glaubensabfall, wie sie in islamischen Ländern immer wieder vorkommt, wäre dann nicht mehr möglich.

Den zweiten Grundwert der Scharia kann man als Garantie der Unverletzlichkeit der Menschenwürde ansehen und damit eine muslimische Begründung der grundlegenden Werte des Grundgesetzes auf den Weg bringen – inklusive der Gleichberechtigung von Mann und Frau, wie beispielsweise der sudanesische Jurist Abdullahi An-Na'im zeigt. Man darf aber auch nicht vergessen, dass man hier auch den Schutz der Ehre des Menschen verankert sehen kann. Zwar lassen sich auch aus einer solchen konservativen Ansicht keine Ehrenmorde rechtfertigen – diese sind mit keiner gängigen Auslegung des Islams vermittelbar. Aber eine moderne Rechtsordnung rückt bei einer solchen Auslegung in weite Ferne.

Die Vernunft des Menschen zu schützen wurde traditionell vor allem als Grundprinzip hinter dem Verbot von Alkohol und anderen Rauschmitteln identifiziert. Heute wird es mehr und mehr zum Anlass genommen, für die Förderung der Wissenschaft einzutreten.[30] Dies kann dann auch die Autonomie rationalen Denkens in der Theologie beinhalten. Schutz der Familie kann einerseits eine konservative Gesellschaftspolitik bedeuten, aber eben auch eine Familienorientierung der Politik zur Folge haben, die etwa für mehr Kinderbetreuungsplätze eintritt und damit für die Emanzipation von Frauen – wie etwa bei der bekannten feministischen Theologin Kecia Ali in Boston. Und auch der Schutz des Eigentums kann sowohl wirtschaftsliberal verstanden als auch als Aufforderung für einen geweiteten Wachstumsbegriff im Sinne des *Human Development Index* genutzt werden.[31]

Alle fünf Grundprinzipien sind immer gemeinsam im Blick zu behalten, wenn man auf dem Weg zur Quelle vorankommen will. Man kann sich vorstellen, dass es für die allermeisten Muslime einfach absurd ist, an dieser Stelle anzunehmen, dass die Verstümmelung des Körperteils eines Verbrechers ein legitimer Schritt auf dem Weg zur Quelle sein kann. Umgekehrt ist auch klar, dass die Grundprinzipien so vage und in ihrer genauen Auslegung so umstritten sind, dass es auch erschreckende Auslegungen der Scharia gibt.

Diese kurzen Andeutungen sollten bereits deutlich gemacht haben, wie intensiv in der islamischen Welt darum gerungen wird, was genau eigentlich unter Scharia zu verstehen ist und welche Maximen sie zu verwirklichen trachtet. Die Scharia kann in einer liberalen Interpretation durchaus als eine der Quellen unserer westlichen Werte gesehen werden. Allerdings führt auch ihre konservative Auslegung nicht zu den menschenverachtenden Interpretationen, die wir im Westen allzu oft mit der Scharia assoziieren. Denn schulübergreifend ist ja das Ziel der Scharia, zu mehr Gerechtigkeit beizutragen und sich auf den Weg zum allbarmherzigen Gott zu machen, sodass manche der drakonischen Strafen, die wir mit diesem Begriff assoziieren, offenkundig nur bei einer völlig verzerrten Deutung des islamischen Rechts vertretbar sind.

Wenn die Scharia in der allgemeinen Wahrnehmung trotzdem genau in dieser irrationalen Weise aufgefasst wird und dadurch als Schreckgespenst fungieren kann, so gibt es dafür einen recht einfachen Grund, der durchaus hausgemacht ist.[32] Die besonders einflussreichen arabischen Golfstaaten, die auch in diesen Tagen wieder einmal als wichtigste Verbündete des Westens im Kampf gegen islamisch verbrämten Terror auftreten, versuchen jede Entwicklung zu mehr Demokratie und Pluralismus im Keim zu ersticken. Nach Kräften propagieren sie weltweit einen intellektuell anspruchslosen und gegenüber jeder kritischen Erneuerung immunen Islam, der sich durch ihren Einfluss leider immer mehr verbreitet. Denn den Regimes der Golfstaaten ist völlig klar, dass die Grundprinzipien der Scharia in einer modernen Interpretation bestens dazu geeignet sind, die muslimischen Länder grundlegend zu reformieren und ihre Anwendung von daher geradewegs zu ihrer eigenen Entmachtung führen würde.

Die Ziele der Scharia sind aber nicht nur für die autokratischen Herrscher in muslimischen Ländern gefährlich. Sie könnten auch unsere westlichen Gesellschaften zu mehr Gerechtigkeit ermutigen. Wenn man etwa das im islamischen Diskurs so wichtige Grundrecht auf Mobilität mit unserer leider immer restriktiver werdenden Flüchtlingspolitik in der Wohlstandsfestung Europa konfrontiert oder sich vergegenwärtigt, wie weit wir in Deutschland noch von einem ganzheitlichen Wachstumsbegriff entfernt sind, der Wachstum und Wohlergehen nicht auf Kosten unserer Umwelt und künftiger Generationen denkt – dann wird sofort deutlich, wie gut es uns auch im Westen täte, wenn die Grundsätze der Scharia besser umgesetzt würden. Immerhin ist Deutschland nicht so weit abgeschlagen im Ranking der islamischsten Länder, wie die islamischen Länder selbst. Aber es ist noch viel Luft nach oben im Streben nach mehr Gerechtigkeit, und wir sollten in diesem Sinne ruhig mehr Scharia wagen.

V

DER MENSCH ALS STATTHALTER GOTTES

Muslime glauben wie Christen an eine besondere Würde jedes Menschen, die sich in der Terminologie des Korans darin ausdrückt, dass jeder Mensch Statthalter Gottes auf Erden und zugleich zur Hingabe an ihn berufen ist. Islam meint ja schon in seiner Wortbedeutung die völlige Hingabe des Menschen an den Willen Gottes,[1] und so ist eben diese Hingabe auch die Würde des Menschen und Schlüssel für seine Stellvertreterposition.

Der Mensch ist also zugleich auf der einen Seite Stellvertreter Gottes und mit einer besonderen Würde ausgestattet und auf der anderen Seite zum Dienst an Gott bestellt (1.). Diese beiden Pole menschlicher Existenz durchziehen das islamische Menschenbild. In der näheren Bestimmung des Menschen gibt es in der islamischen Theologie auch deshalb genauso wie in der christlichen bis heute andauernde Streitigkeiten um die Frage nach der Bedeutung menschlicher Willensfreiheit (2.). Zugleich ist die Neubestimmung des Verhältnisses der Geschlechter ein großes Thema gegenwärtiger islamischer Anthropologie (3.). Das Kapitel bemüht sich um eine moderne Positionsbestimmung im Anschluss an den Koran, die neuzeitliche Freiheitsphilosophie und die mit ihr verbundenen emanzipatorischen Werte ebenso bejaht wie die Gleichberechtigung von Mann und Frau. Zugleich zeigt es, welche Ressourcen die muslimische Tradition in diesem Kontext beizutragen hat und welche Konfliktlinien derzeit in der muslimischen Gelehrsamkeit existieren.

1. Zur Würde und Ambiguität des Menschen

Es gibt eine Reihe von Versen im Koran, die die besondere Würde des Menschen betonen. So heißt es in Q 17:70, dass Gott den Menschen »Ehre erweist«, sie mit guten Dingen versorgt und sie besonders auszeichnet. Eben diese Auszeichnung des Menschen ist auch die entscheidende koranische Grundlage im Rahmen der oben referierten Debatte über die Grundlagen der Scharia, um dem Menschen eine unverlierbare

Würde im Sinne der modernen Menschenrechtserklärungen zuzugestehen. In eine ähnliche Richtung weist die Rede von einem vollkommenen Vertrauenspfand (*amāna*), das der Mensch von Gott empfängt. Während alle anderen Geschöpfe, denen Gott dieses Gut anbot, es ablehnten, nahm der Mensch es auf sich. Allerdings betont der Koran direkt im nächsten Satz, dass dieser mit dem Vertrauen Gottes ausgestattete Mensch »frevlerisch und ignorant ist« (Q 33:72).

Damit ist schon im Akt der Schöpfung nicht nur die Würde, sondern auch die Ambiguität des Menschen zum Ausdruck gebracht. Besonders eindrücklich kommt dieser Zwiespalt in den koranischen Adamsgeschichten zum Ausdruck. In der medinensischen Version der Adamsgeschichte, die zur Einführung der Qualifizierung des Menschen als Stellvertreter bzw. Statthalter (*ḫalīfa*) Gottes dient (Q 2:30), werden die Schattenseiten des Menschen besonders drastisch angesprochen. Der Koran berichtet hier direkt, nachdem Gott von seinem Plan erzählt, den Menschen als seinen Stellvertreter auf Erden einzusetzen, von den Bedenken der Engel gegen die Erschaffung der Menschen. Angesichts der Absicht Gottes, den Mensch zu erschaffen, fragen sie: »Willst du jemanden auf ihr einsetzen, der Unheil auf ihr anrichtet und Blut vergießt – wo wir dir Lobpreis singen und dich heiligen?« (Q 2:30)[2]

Von daher kann man dem Koran keineswegs vorwerfen, naiv die Wirklichkeit menschlichen Lebens zu romantisieren. Schon im Schöpfungsakt selbst ist Gott aus koranischer Sicht völlig klar, wie zwiespältig die Erschaffung des Menschen ist. Und doch werden die Engel von Gott dazu aufgefordert, vor Adam niederzufallen (Q 2:34) und also ihm in all seiner Ambivalenz Ehre zu erweisen.[3] Denn auch wenn Adam in islamisch-theologischer Sicht der erste Prophet ist, wird er im Koran doch auch kritisiert, weil er den Bund mit Gott vergaß und »keinen festen Willen« hat (Q 20:115). Der fehlende feste Wille könnte eine Anspielung auf den Zwiespalt sein, die dem menschlichen Willen immer schon innewohnt und der die biblische Geschichte vom Fall des Menschen so sehr prägt. Eben wegen ihrer mangelnden Festigkeit im Willen, wegen ihrer Verfallenheit an die Ambivalenz, essen die ersten Menschen auf Einflüsterung des Iblis – eine dem Satan aus dem Hiob-Buch verwandte Figur – vom verbotenen Baum.

Interessanterweise findet im Koran der biblisch für den Sündenfall entscheidende Baum der Erkenntnis von Gut und Böse keine direkte Erwähnung; beim Sündenfall geht es – zumindest nach Aussage von Iblis – um den Baum des ewigen Lebens (vgl. Q 20:120 f.), also den Baum, von dem Adam und Eva gerade nicht essen dürfen und auch nicht essen können, weil sie aus dem Paradies gejagt werden, bevor sie sich überhaupt an diesen Baum heranwagen können. Gelockt wird das erste Menschenpaar koranisch von Iblis, der behauptet: »Nur deshalb hat euch euer Herr von diesem Baum verboten, damit ihr keine Engel werdet oder gar ewig lebt!« (Q 7:20)

Damit tritt eine erstaunliche Wende in der Geschichte ein. Die Menschen wollen also ausgerechnet das werden, was eigentlich unter ihnen steht und ihnen dienen soll, und sie begehren nicht nach Erkenntnis, sondern nach Unendlichkeit. Sie sind also in ihren Wünschen in geradezu tragischer Weise fehlgeleitet, so dass hier noch einmal zusätzlich die Ambivalenz des menschlichen Wollens reflektiert wird. Sie wollen den Grund der eigenen Würde nicht sehen und wünschen sich eine Eigenschaft zu besitzen, die den eigenen Wert ihrer Existenz verdunkelt.

Es wird deutlich, wie sehr Menschen mit der eigenen Endlichkeit und Kontingenz hadern, obwohl diese ihre Schwäche eigentlich auch mit ihrer Stärke zu tun hat, die sie gegenüber den Engeln in eine überlegene Position bringt. Eine besondere Pointe des Korans besteht darin, dass man nicht erfährt, welche Natur der Baum tatsächlich hat, von dem Adam und seine Gefährtin essen, da man ja nicht weiß, inwiefern man den Einflüsterungen von Iblis trauen darf. Offensichtlich bleibt allerdings die erhoffte Wirkung des ewigen Lebens aus; stattdessen stellt sich dieselbe Erkenntnis wie in der biblischen Geschichte ein. So heißt es im Koran, dass nach dem Essen vom Baum »ihnen ihre Blöße sichtbar wurde« (Q 7:22).

Der Sündenfall führt also auch hier zur Erkenntnis und trägt dann auch dazu bei, dass die Menschen einander feind sind (vgl. Q 2:36; 7:24; 20,123). Von diesen Folgen her betrachtet scheint auch dieser Baum der Baum der Erkenntnis gewesen zu sein, und die biblische Analyse des Zwiespalts der menschlichen Situation wird auch koranisch geteilt. Allerdings wird das Grundproblem nicht im Wunsch nach Erkenntnis gesehen, so dass der Koran offenbar ein positiveres Verhältnis zum menschlichen Erkenntnisstreben hat, als die Bibel. Angelika Neuwirth weist immer wieder darauf hin, dass diese positive Haltung zur Episteme typisch für die Diskussionskontexte der Spätantike war, in der der Koran entstanden ist.[4] Als Grundproblem menschlichen Daseins wird also diagnostiziert, dass der Mensch sich nicht mit seiner Endlichkeit abfinden kann und aus dieser Angst heraus danach strebt, unendlich zu sein.

Auffällig ist auch die Änderung des Abschlusses der Sündenfallgeschichte im Koran. Während Adam und Eva biblisch aus dem Paradies vertrieben und bestraft werden, folgt bei dem ersten Menschenpaar auf den Fall die Bekehrung und die Rechtleitung durch Gott (Q 20:122). Gott wendet sich ihnen gnädig zu (Q 2:37) und wendet so ihr Schicksal, sodass Adam trotz seiner Fehler zum ersten Propheten werden kann. Diese Wendung steht durchaus im Einklang mit der Bibel, die ja auch die Barmherzigkeit Gottes herausstellt, wenn Gott Kleider für die Menschen macht (Gen 3,21) und die bleibende Gottebenbildlichkeit betont. Dennoch fokussiert der Koran noch stärker die Möglichkeit des Neuanfangs und des Segens Gottes für diesen, sodass die koranische Wendung der Geschichte Mut machen kann, dass der Mensch, auch in seine Schwäche und Überheblichkeit hinein, gewissermaßen durch seine Brüche hindurch zum Propheten werden kann. Auch dann bleibt er von der Sünde bedroht und auch dann bleibt er in der Ambivalenz und strukturellen Schuldverfallenheit menschlicher Existenz verhaftet (Q 20:123). Aber offenbar traut der Koran dem Menschen grundsätzlich zu, mit der Hilfe und Rechtleitung Gottes diese seine Situation zu wenden.

Der Koran betont also gewissermaßen die individuelle Verantwortung des Menschen und stärkt die Wahrnehmung der ihm gegebenen Möglichkeiten. Die Sünde ist zwar auch hier von Anfang an gegeben, aber ihre Dramatik ist dadurch eingedämmt, dass Gott von Anfang an gegen sie kämpft und den Menschen immer wieder einen Neuanfang schenkt. Dadurch ist der Mensch immer wieder zur Freiheit befreit. Er wird von Gott »in vollendeter Gestalt geschaffen« (Q 95:4) und kann sich im Glauben dazu bestimmen, Gott in Liebe verbunden zu sein (Q 5:54). Gott erweist sich ihm dann als der Liebevolle (Q 11:90), der die liebt, die Gutes tun (Q 3:134).

Doch wenn er sich dem Ruf Gottes verweigert und sich von ihm abwendet, kann er »zum Niedrigsten der Niedrigen« werden und sich so von Gott entfernen (Q 95:5). Kein Mensch wird im Koran als absolut böse dargestellt; selbst Kain wird kurz nach seinem Mord in großer Reue porträtiert (Q 5:31).[5] Aber auch keiner ist absolut gut, wenn man sich etwa an die oben im zweiten Kapitel referierten Kritikpunkte erinnert, die der Koran selbst am Propheten Muhammad äußert. Von daher ist der Mensch zwischen die beiden Pole von Gut und Böse gehalten, und Gott lädt ihn immer wieder ein zur Umkehr und zur Rechtleitung durch seinen guten Willen. Gerade diese Ambiguität scheint mir die Grundlage dafür zu sein, dass der Mensch im Koran kognitive Freiheit besitzt und damit auch Gott gegenüber in ein Freiheitsverhältnis eintreten kann.

Zugleich braucht der Mensch Gottes Nähe und Fürsorge, um wirklich menschlich zu sein und die in ihm steckenden Potenziale zu realisieren. Der Mensch kann sich darauf verlassen, dass Gott ihn nicht im Stich lassen, sondern immer auf seinem Lebensweg begleiten wird. Gott wird als

Schöpfer, Erhalter und Vollender des Menschen immer zu ihm stehen und ihm immer wieder Weisung und Orientierung geben. Dieses Versprechen hält Gott einerseits in der Sendung der Propheten und der Heiligen Schriften, die den Menschen in seinem Leben begleiten. Der Mensch erfährt sich als ausgerichtet auf das Hören des koranischen Klangs und der göttlichen Stimme. Gottes Versprechen realisiert sich aber auch im Inneren jedes Menschen darin, dass er gleichsam mit einem inneren Kompass ausgestattet ist, der ihn auf Gott ausrichtet und ihn mit einem Gespür für den richtigen Weg versorgt. Der Koran bezeichnet diesen Kompass als *fiṭra* (Q 30:30). Damit ist eine dem Menschen von Gott verliehene Begabung gemeint, die ihn auf Gott ausrichtet und ihm auch ohne besondere Offenbarung bereits aufgrund seiner natürlich gegebenen Vermögen eine Beziehung zu Gott ermöglicht.

Natürlich muss der Mensch an sich arbeiten, um diesen Kompass zu aktivieren, seinen Lebensweg zu finden und zu meistern. Auch Gottes gute Wegweisung in Koran und Prophetie können den Menschen nicht davon dispensieren, sich innerlich für Gott bereit zu machen und ihm das eigene Herz zu bereiten. Muslime sind deshalb dazu aufgerufen, in einem inneren Kampf (Dschihād) die eigenen destruktiven Impulse zu bändigen und dem barmherzigen Gott Raum in ihrem Leben zu geben. Der Theologe, Rechtsgelehrte und Mystiker al-Ghazali beschreibt diesen *Dschihād* als Weg der Selbsterkenntnis und Selbsterziehung. Die Erfüllung des Gesetzes dient letztlich nur der inneren Bereitung des Menschen für die Ankunft Gottes; die Gebote sind Gottes Einladung an den Menschen, um sich Wege zu seiner Kraft zu bahnen.

Da Gott sich als Sehnsucht in das Herz eines jeden Menschen eingeschrieben hat, kann dieser schon aus der Unruhe seines Herzens heraus Wege zu Gott finden. Auch die Vernunft hat aus koranischer Sicht ihren Sitz im Herzen und auch sie kann dem Menschen helfen, sich Gott zu öffnen. Gott bietet dem Menschen also schon in seiner natürlichen Vernunft und der damit verbundenen Herzenserkenntnis ein erstes Hilfsmittel an, um seinen Lebensweg zu finden und die inneren Neigungen zum Bösen zu bekämpfen. Der Mensch bleibt in all seiner Schwäche doch empfänglich für Gottes gute Wegweisung.

Diese kommt ihm zu durch das Einhauchen von Gottes Geist (Q 15:29; 38:72), das jedem Mensch qua Menschsein eingestiftet ist. Damit ist der Mensch »höher als alle Geister, denn Gott hauchte Adam von Seinem Odem ein.«[6] Und eben deshalb müssen sich die Engel auch vor ihm niederwerfen. Allein der Mensch lernt von Gott, alle Geschöpfe zu benennen (Q 2:31). Seine Vernunftbegabung stattet den Menschen aus koranischer Sicht und nach der traditionellen islamischen Schultheologie mit einem inneren Licht aus, das es ihm erlaubt, das innere Wesen der Dinge zu erfassen.[7] Moderne islamische Theologie deutet diese Ausstattung des Menschen als Aufruf, sich der eigenen Vernunft auch zu bedienen und mit ihr Verantwortung in der Gesellschaft zu übernehmen:

> »Der Koran will die Menschen zum Denken anregen, er verlangt es geradezu; und das verstößt im Grunde gegen den bisherigen Stammescode, denn der erlaubte dem Individuum nicht zu denken, sondern verlangte Gehorsam. Hier im Koran aber heißt es plötzlich: Betrachte die Zeichen, und dann denke nach. Du musst nachdenken, und du kannst nachdenken!«[8]

Mit den Zeichen meint der Koran nicht nur die Zeichen, die Gott in seinen Botschaften sendet, sondern auch die Zeichen, die in den Spuren der Schöpfung zu lesen sind. In allen Dingen ist aus koranischer Sicht Gottes Weisheit und Fürsorge verborgen, sodass Menschen durch Gebrauch der Vernunft überall auf seine Spuren stoßen. Das kann und soll sie motivieren, sich ihm hinzugeben und der eigenen Verantwortung für die Welt nachzukommen.

Diese Verantwortung besteht nicht zuletzt darin, Gottes Offenbarung in der Welt lebendig zu halten. Denn die Zeichen der Schöpfung bleiben ohne menschliche Spurensuche stumm. Selbst die Stimme des Korans wird erst hörbar, wenn Menschen ihn rezitieren und sich seine Rechtleitung deutend aneignen. Besonders anschaulich wird diese Tatsache in einer alten Tradition, die vom vierten der rechtgeleiteten Kalifen Ali berichtet. Der Überlieferung zufolge wird Ali von seinen Gegnern angeklagt, das Urteil und die Herrschaft von Menschen zu akzeptieren, statt die Herrschaft von Gottes Gesetz aufrecht zu erhalten.

> »Als er diese Anklage hörte, rief Ali die Leute zu sich zusammen und brachte ein großes Exemplar des Korans mit. Ali rief den Koran dazu auf, die Menschen über die Gesetze Gottes zu informieren und berührte ihn dabei.
>
> Die Menschen um Ali riefen erstaunt: »Was machst Du da? Der Koran kann doch nicht sprechen, er ist doch kein Mensch.« Als er dies hörte, erklärte Ali, dass dies genau der Punkt sei. Der Koran bestünde (nur) aus Tinte und Papier, er spräche nicht aus sich selbst heraus. Es seien vielmehr die Menschen, die entsprechend ihrer begrenzten Urteilskraft und Ansichten den Koran zum Sprechen brächten.«[9]

Bedenkt man, dass der Koran zur Zeit Alis nur in einer reinen Konsonantenschrift überliefert wurde, bekommt das Beispiel noch zusätzliches Gewicht. Die ursprüngliche normative Form des Korans ist damit eine nicht hörbare Form, die erst durch menschliche Deutung Klang und

Bedeutung erhält. Der Mensch ist dabei aufgerufen, sich gänzlich Gott und seinem Wort hinzugeben und eben dadurch seiner Statthalterschaft Gottes nachzukommen. Gerade der Gedanke der völligen Hingabe an Gott, der die islamische Anthropologie zutiefst prägt, ist im Blick auf das neuzeitliche Freiheitsdenken durchaus ambivalent. Denn Hingabe kann ja sowohl als befreites Einstimmen in den Ruf Gottes als auch als sklavische Unterwerfung unter Gottes Willen gedacht werden. Von daher kommt für eine neuzeitlich resonanzfähige islamische Theologie alles darauf an, den Gedanken menschlicher Willensfreiheit in angemessener Weise in das eigene anthropologische Konzept einzubauen. Die sich dabei ergebenden Schwierigkeiten erinnern stark an entsprechende Versuche in der neuzeitlichen Transformation des christlichen Glaubens.

2. Zum Ringen um die menschliche Willensfreiheit

Zwei der beliebtesten Vorwürfe an den Islam sind in sich widersprüchlich. Einerseits wird dem Islam gerne vorgeworfen, dass er in geradezu fatalistischer Manier zum Glauben an die Vorherbestimmung Gottes einlädt und dem Menschen damit keinen Raum zum Atmen lässt. Andererseits wird ihm vorgeworfen, eine Gesetzesreligion zu sein. Voraussetzung für die ethische Signifikanz der Gesetzeserfüllung ist jedoch genau die Willensfreiheit, die der angeblich islamische Fatalismus nicht zulässt. Hinter dieser Inkongruenz steht die große Frage nach dem Verhältnis von Freiheit des Menschen und der Allmacht Gottes. In der Tat entspann sich hierzu die erste große Debatte innerhalb der islamischen Theologie, die geradezu verblüffende Parallelen zu entsprechenden Streitigkeiten innerhalb des Christentums hat.

Die innerislamische Debatte um die Frage nach der Freiheit des Menschen entsprang in einer politisch hochbrisanten Lage zur Zeit der ersten großen Herrscherdynastie innerhalb der Geschichte des Islams, der sog. Umayyaden (661–750). Die Dynastie der Umayyaden beendete die Zeit der vier rechtgeleiteten Kalifen und ist innerislamisch hoch umstritten. Schiiten sehen in ihr eine Bande von Gaunern am Werk, die das Erbe des Propheten verraten haben. Aber auch Sunniten geraten in einige Verlegenheit, wenn sie auf diese Dynastie angesprochen werden. Denn es ist allzu offensichtlich, mit welch skrupelloser Energie sich der erste Kalif dieser Dynastie Muʿāwiya (661–680) noch zu Lebzeiten des vierten Kalifen Ali zum Gegenkalif ausrufen ließ und dann nach der Ermordung Alis durch eine rivalisierende Gruppierung seine Machtstellung im Reich zementierte. Dem Versuch Husseins, des zweiten Sohns

Alis und des Enkels Muhammads, das Kalifat wieder an den Clan des Propheten zu binden, wurde von dem Nachfolger und Sohn Muʿāwiya Yazid I. (680–683) brutal ein Ende bereitet. In der Schlacht von Kerbela 680 wurde Hussein getötet und die bis heute andauernde Spaltung der Muslime in Sunniten und Schiiten besiegelt.

Auch Sunniten kommen an dieser Stelle natürlich ins Grübeln und stellen mitunter die Legitimität dieses Herrscherhauses in Frage, zumal die Umayyaden zu Lebzeiten Muhammads führend an seiner Bekämpfung beteiligt waren und erst kurz vor der Einnahme Mekkas zum Islam konvertierten. Die Familie gehörte also zu den herrschenden Eliten, die Muhammad so lange das Leben schwer machten und in erkennbar opportunistischer Weise erst dann die Seiten wechselten, als klar war, dass Muhammad sich durchsetzen würde. Man darf davon ausgehen, dass auch schon zur Zeit der Umayyaden theologisch ihre Usurpation der Macht im islamischen Herrschaftsgebiet kritisch hinterfragt wurde. Zumindest hinter vorgehaltener Hand entwickelte sich hier eine Debatte um die Legitimität ihrer Macht.

Ventil dieser Debatte war der Streit um die menschliche Willensfreiheit. Denn die Kalifen hatten natürlich ein großes Interesse daran, ihre Herrschaft als gottgegeben und unveränderbar hinzustellen. Von daher kam ihnen eine Leugnung der Willensfreiheit entgegen. Dagegen ging es den aufstrebenden neuen Erwerbs- und Bildungsschichten der Städte darum, die Freiheit und damit auch die moralische Verantwortung jedes Menschen (und damit auch des Kalifen) herauszustellen. Die Theologen, die in diesem Sinne die Selbstbestimmung (*qadar*), Freiheit und Verantwortung des Menschen herausstellten, nannte man *Qadariten*.

Bedenkt man den politischen Hintergrund dieser frühen Debatte um die menschliche Willensfreiheit, kann es nicht überraschen, dass die Qadariten von den Kalifen wegen ihrer Verteidigung der Idee der Freiheit verfolgt wurden. Sie erkannten in dieser Lehre eine subversive, staatsgefährdende Lehre, deren Auswirkungen gar nicht absehbar waren.[10] Interessant ist, wie intensiv, kontrovers und vielfältig bereits in dieser frühislamischen Zeit trotz der Interventionen durch die Kalifen um die Frage der Freiheit gerungen wurde.

Die radikalsten theologischen Gegner der Qadariten waren die *Ḫariǧiten* und die *Ǧabriten*, die ausgehend vom Koran meinten, eine strikte Determination vertreten zu müssen und also davon ausgingen, dass Gott allein alles in der Welt aus sich hervorbringt.[11] In dieser Tradition bestritten später auch die *Ǧahmiten* jede geschöpfliche Möglichkeit, etwas selber zu wirken. Die *Murǧiiten* warben dagegen dafür, das Urteil über diese schwierige Frage zurückzustellen. Trotz aller Kontroversen war doch ein Punkt allen Kontrahenten klar: »der Mensch ist nicht mehr Spielball eines anonymen Geschicks«[12], d. h. die Orientierung der Debatten am Wirken an einem personal verstandenen Gott war allen gemeinsam. Ob dieser personale Gott allerdings in ein wechselseitiges Freiheitsverhältnis zu den Menschen eingetreten ist, war innermuslimisch umstritten. Dabei entwickelten sich in der inhaltlichen Debatte zwischen den Verteidigern und den Kritikern der Willensfreiheit eine Reihe von Argumenten, die auch aus christlichen Debatten zum Thema in ähnlicher Weise bekannt sind – etwas aus der Kontroverse des Erasmus von Rotterdam mit Martin Luther. Der Humanist Erasmus greift dabei einige Argumente auf, die wir bereits bei den Qadariten finden, die aber auch schon antike Denker wie Origenes stark gemacht hatten.

Eines der wichtigsten Argumente der Qadariten, das später auch von den ja bereits im ersten Kapitel vorgestellten Muʿtaziliten übernommen wurde, bestand darin, dass Gott ein Tyrann wäre,

> »wenn er Gesetze erließe und deren Erfüllung durch die Gläubigen von seiner Willkür abhängig machte. Wenn Gott dem Menschen ... ein Gebot auferlegt (*taklif*), dann ist es nur folgerichtig, daß er ihm auch die Kraft (*qudra*) gibt, es auszuführen.... Der Mensch hat die *qudra*, den jeweiligen Akt zu vollziehen oder ihn zu unterlassen bzw. das Gegenteil dessen zu tun, was man ihm rät.«[13]

Die Leugnung der Willensfreiheit dagegen führe zu der absurden und glaubensfeindlichen Ansicht, dass alle bösen Taten des Menschen von Gott verursacht würden.[14] Wie aber könne Gott im Gericht Rechenschaft für Taten fordern, die die Menschen gar nicht selbst zu verantworten haben?

In einigen Fragen waren die Qadariten aber auch untereinander zerstritten, beispielsweise bei der Frage der Vorherbestimmtheit des Todestermins (*ajal*), die von den meisten von ihnen als koranische Wahrheit akzeptiert wurde, obwohl sie mit einem Freiheitsdenken kaum vereinbar ist. Dieser Streit setzte sich auch bei den Muʿtaziliten fort und erleichterte den Ashʿariten die Argumentation. Denn dadurch, dass die meisten die Lehre vom *ajal* als vorgegeben akzeptierten, ließ sich mit dem Beispiel der Möglichkeit eines Mordes die Position der Verteidiger der Willensfreiheit ad absurdum führen.[15] Allerdings spricht der Koran ja nur davon, dass der Zeitpunkt des Todes eines Menschen von Gott vorhergewusst wird und insofern bei ihm feststeht (Q 43:85). Eine direkte Leugnung der Willensfreiheit ist damit nicht verbunden.

Es ist deshalb folgerichtig, dass die Debatte um die Willensfreiheit mit diesem Argument nicht erledigt war, zumal es auch unter den Verteidigern der Willensfreiheit auf muslimischer Seite Personen gab und gibt, die um der Konsistenz ihrer Position willen auch Gottes Vorherwissen des Todestermins eines Menschen in Zweifel ziehen. Denn natürlich war auch den muslimischen Theologen der klassischen Zeit völlig klar, dass sich im Koran sowohl Aussagen finden, die die Freiheit des Menschen vorauszusetzen scheinen als auch solche, die den Geschichtsablauf determiniert erscheinen lassen. So wird Gott etwa als der eigentliche Sieger im Kampf von Badr 624 gegen die Mekkaner dargestellt, wenn der Koran etwa darauf beharrt, dass nicht die Muslime ihre Gegner getötet haben, sondern Gott selbst die Dinge in die Hand genommen hat (Q 8:17). Auch bei der Mobilisierung der muslimischen Streitkräfte für eine letzte entscheidende Schlacht betont der Koran die Zuversicht, dass die Muslime nichts treffen wird, das Gott nicht vorherbestimmt hat (Q 9:51). Gott erscheint so als die entscheidende Ursache der Rechtleitung des Menschen (Q 7:186).

Doch zugleich ist klar, dass der Mensch sich für diese Rechtleitung öffnen muss. Und die Tatsache, dass die Sure 9 so leidenschaftlich zum Kampf mobilisiert, macht deutlich, dass die Reaktion des Menschen eben nicht einfach als vorherbestimmt aufgefasst werden kann. Zumindest kann man feststellen, dass es im Koran auch die Tendenz gibt, an die Verantwortung des Menschen zu appellieren und ihn zur Kooperation mit Gottes gutem Willen einzuladen. D. h. der Koran scheint einerseits die Willensfreiheit vorauszusetzen und sie andererseits zu leugnen. Beide Aussagen bleiben oft unausgeglichen nebeneinander stehen.

Den im Streit miteinander befindlichen theologischen Schulen ist dieses Problem natürlich bewusst. Entsprechend versuchen sowohl die Muʿtaziliten als auch die Ashʿariten theologische Theorien zu entwickeln, die es erlauben sollten, auch die je gegenteilige Position in das eigene Denken zu integrieren. Die Muʿtaziliten wussten, dass bei aller Wertschätzung der menschlichen Willensfreiheit diese in theologischer Perspektive von Gott unterfasst und getragen ist. Nur mit Hilfe Gottes kann der Mensch seine Freiheit ausüben. Von daher entwickeln sie die »Lehre vom ›luṭf‹, dem den menschlichen Taten mehr oder weniger zuvorkommenden Gnadenbeistand«[16], d. h. sie zähmten den Autonomiegedanken so weit, dass er auch für orthodoxe Muslime akzeptabel sein sollte.

Dagegen war es den Ashʿariten wichtig, dass die Menschen nicht wie bloße Marionetten Gottes erscheinen und die Last der Sünde nicht gänzlich auf Gott übertragen wird. Auch wenn sie davon ausgingen, es sei letztlich die Macht Gottes, die die Geschichte in Bewegung hält, heißt das nicht, dass sie die menschliche Willensfreiheit völlig ablehnten. Entsprechend bildeten sie »die Lehre vom ›kasb‹ aus, der freiwilligen Aneignung der von Gott gewirkten Taten, die es dem Menschen ermöglicht, Belohnung oder Strafe dennoch zu ›verdienen‹.«[17] Auch innerhalb der asch'aritischen Tradition gibt es eine gewisse Verlegenheit, wenn man erklären will, wie diese Doktrin genau zu verstehen ist. Offensichtlich ist, dass sie die menschliche Freiheit irgendwie retten soll, ohne dadurch die Allmacht Gottes einzuschränken. Aber wie genau das gelingen kann, ist nur schwer nachvollziehbar.

Erkennbar ist zumindest so viel, dass die menschliche Zustimmung in der asch'aritischen Theorie erst und nur dann zustande kommen kann, wenn Gott die entsprechende Kraft im Menschen erschafft. Doch wie die Erschaffung zu denken ist, bleibt umstritten. In der christlichen Sekundärliteratur wird die Sache normalerweise so erklärt, dass hier gar keine echte Freiheit zugelassen wird, sondern nur das Bewusstsein von Freiheit von Gott erschaffen wird, obwohl eigentlich Gott der allein Handelnde bleibt.[18] Doch dann bliebe eben gar kein Raum für einen echten geschöpflichen Eigenstand, sodass fraglich ist, ob hier wirklich ausreichend versucht wird zu würdigen, dass die Asch'ariten mit ihrer Theorie spekulativ auf die Mu'tazilla zugehen und ihre wichtigste Grundintuition in die eigene Theorie integrieren wollten. Der Pfiff der asch'aritischen Position war ja gerade, dass sie versuchte, geschöpflichen Eigenstand und göttliche Allmacht zusammenzubringen, sodass es sicher zu kurz greift, die unzureichende begriffliche Klarheit des vorgeschlagenen Lösungsversuchs zu nutzen, um zu leugnen, dass auch nur versucht wird, das Problem zu lösen.

Immerhin gilt es zu würdigen, dass sich Asch'ariten und Mu'taziliten jeweils von ihren Gegnern zu Unrecht angegriffen fühlten. So wenig wie die Mu'taziliten durch ihre Würdigung menschlicher Willensfreiheit eine Macht neben Gott zulassen und damit seine Einheit zerstören wollten, so wenig wollten die Asch'ariten die Gerechtigkeit Gottes preisgeben und mussten deshalb darauf bestehen, dass der Mensch zu Recht von Gott zur Verantwortung gezogen wurde.[19] Natürlich ist es keiner der beiden Seiten gelungen, ihre jeweiligen Gegner zu überzeugen, sodass man umgekehrt durchaus Zweifel an der Durchschlagskraft der jeweils entwickelten Theorien anmelden kann. Aber man sollte vorsichtig damit sein, den beiden Theorien jeweils den ernsthaften Versuch abzusprechen, die Gegenposition in das eigene theologische Denken aufzunehmen.

Immerhin war ja auch beiden theologischen Schulen klar, dass der Koran sowohl Argumente für als auch gegen die Existenz menschlicher Willensfreiheit enthält. Um angesichts dieser kontroversen Ausgangslage die eigene Position zu stärken, bemühten sie sich jeweils die ihnen genehmen Koranstellen in den Vordergrund zu rücken: Der typisch muʿtazilitische Kommentator *az-Zamaḫšari* (gest. 1143) beispielsweise erklärt in Sure 81 die Verse 27 und 28 mit Freude in ihrem Wortsinn.[20] Denn die Verse enthalten eine ethische Mahnung, die offenkundig die Freiheit des Menschen voraussetzt. Im darauffolgenden Vers 29 steht dann allerdings, dass der Mensch nur dann etwas will, wenn Gott es ebenfalls will. Der Vers bindet den menschlichen Willen also an den göttlichen und scheint die menschliche Willensfreiheit damit zu widerrufen. Zamaḫšari deutet den Vers so, dass es eben der oben erwähnte göttliche Gnadenbeistand (*luṭf*) ist, der hier gemeint und der erst die Folge der freien menschlichen Entscheidung sei.

Vergleicht man diesen typisch muʿtazilitischen Kommentar mit den Kommentaren in ašʿaritischer Tradition, so fällt auf, wie wenig Beachtung hier den Versen 27 und 28 geschenkt wird, während die gesamte Textstelle von ihrem Ende in Vers 29 interpretiert wird. Der menschliche Wille erscheint dann ohne selbständige Kraft neben Gottes Willen, sodass er sich unter keinen Umständen ohne seine Erlaubnis entfalten kann. Auch die islamische Mystik macht diese Linie stark, wenn sie die Einheit mit Gott anstrebt und darauf beharrt, dass man Gott etwas stiehlt, wenn man ›ich‹ sagt.[21]

In der modernen Theologie gibt es einerseits Reformer, die deutlich auf die muʿtazilitische Linie einschwenken und den Gedanken menschlicher Willensfreiheit rückhaltlos bejahen. Denker wie Mustafa Mahmud beispielsweise bestehen dann allerdings darauf, dass die menschliche Autonomie von Gott gehalten und ermöglicht wird:

> »Gott hat im Inneren des Menschen, in seinem ›Allerheiligsten‹ ein Schutzrevier abgegrenzt, wo das Wahlvermögen des Menschen herrscht und kein Zwang Zutritt hat. Gottes Determination geht der Entscheidung des Menschen nicht voraus, sondern folgt ihr und richtet sich nach ihr: Wer sich dem rechten Weg zuwendet, dem gibt Gott ›Erleichterungen‹, wer sich von ihm abwendet, den leitet er noch weiter in die Irre.«[22]

Doch nicht alle Reformer wollen sich auf diese Bejahung des Freiheitsdenkens einlassen. Der Gedanke der Souveränität und Allmacht Gottes ist ihnen zu wichtig, als dass sie wirkliche menschliche Autonomie denken wollen. Auch die religiöse Erfahrung, dass mir das Entscheidende im Glauben von Gott geschenkt wird und sich nicht der Leistung der eigenen Freiheit verdankt, macht sie gegenüber der klassischen muʿtazilitischen Position skeptisch. So ergeben sich nicht selten Kompromisslinien, die die ethischen Vorzüge des Freiheitsdenkens genauso bewahren wollen, wie die Erfahrung des Geführt- und Behütetseins im ašʿaritischen Denken. Reformer wie Muhammad Abduh und Mohamed Talbi verweisen dann einfach auf das Geheimnis Gottes, um zu legitimieren, dass sie an dieser Stelle keine spekulative Lösung anbieten.[23]

Natürlich kann ein solcher Rückzug auf das Mysterium Gottes in rationaler Hinsicht nicht überzeugen, weil er eine Selbstimmunisierung gegenüber den Anfragen der Vernunft zur Folge hat. Allerdings muss man offen zugeben, dass solche Rückzüge auch christlicherseits an der Tagesordnung sind. Überhaupt wird man sagen dürfen, dass um kaum eine Frage in der christlichen Theologie so sehr gerungen wurde und wird, wie um die der menschlichen Willensfreiheit. Wie immer man sich an dieser Stelle positionieren will, so sind die Debattenlagen in der islamischen und christlichen Theologie im Blick auf das Freiheitsdenken so ähnlich, dass man Ulrich Schoen nur zustimmen kann, wenn er nach seinem gründlichen, komparativ angelegten theologiegeschichtlichen Durchgang durch das Freiheitsthema festhält:

> »Es besteht kein grundsätzlicher Unterschied zwischen Islam und Christentum hinsichtlich der Häufigkeit der Determinations- und der Freiheits-Aussagen. Keiner der beiden Aussagen kommt in den beiden Gemeinschaften eine diese kennzeichnende größere Gewichtigkeit zu.«[24]

So richtig diese Feststellung in theologiegeschichtlicher Perspektive ist, so wenig kann sie schon ein überzeugendes letztes Wort in der Debatte sein. Vor allem nimmt sie zu wenig wahr, dass sich in der modernen christlichen Theologie ein theologischer Neuansatz entwickelt hat, der das Freiheitsdenken ausdrücklich zur Basiskategorie theologischen Denkens macht.[25] Eine vergleichbare Bewegung ist innerhalb der modernen muslimischen Theologie noch weitgehend ein Desiderat. Sicher gibt es gerade in Deutschland einzelne Wissenschaftler, die muslimischerseits die Freiheit als fruchtbaren Ausgangspunkt des eigenen Denkens zu entdecken beginnen.[26] Aber es ist noch nicht ausgemacht, ob diese ein Strohfeuer bleibt oder ob es tatsächlichen zu einer produktiven Auseinandersetzung islamischer Theologie mit der neuzeitlichen Philosophie kommt.[27]

Viele muslimische Reformdenker sind immer noch an der metaphysischen Denkform der islamischen Philosophie des Mittelalters oder der rationalistischen Schule der Mu'tazila orientiert. Doch damit fehlt ihnen das nötige philosophische Repertoire, um Gott so zu denken, dass er sich in seiner Macht dazu bestimmt, in ein dialogisches Freiheitsverhältnis zum Menschen einzutreten und sich von ihm bestimmen und bereichern zu lassen. Ohne eine solche Denkfigur lassen sich die Grundintuitionen orthodoxer Theologie aber kaum überzeugend in das eigene Denken integrieren. Von daher wird man abwarten müssen, inwiefern sich die moderne islamische Theologie zumindest in Teilen auf den Standpunkt der Freiheit zu stellen und die daraus folgenden Revisionen der klassischen Metaphysik zu leisten bereit ist.

Natürlich ist eine solche liberale Neuausrichtung der Theologie auch innerhalb des Christentums nicht unumstritten. Aber sie dürfte alternativlos sein, wenn sich auch islamische Theologinnen und Theologen die Traditionen der Aufklärung positiv aneignen wollen. Ein solcher Aneignungsprozess wird sicher auch die Dialektik der Aufklärung bedenken müssen und kann durchaus zu Allianzen mit postliberalen Denkbewegungen führen. D. h. Teil der Rezeption der Aufklärung muss immer auch ihre Kritik sein. Neuzeitliche Vernunftrezeption ist eben immer auch Rezeption der Tradition der Vernunftkritik. Aber diese Kritik ist in der Instanz der Vernunft im Sinne einer Selbstbegrenzung der Vernunft zu verantworten, und es scheint mir riskant zu sein, wenn derzeit im Westen so beliebte postliberale Differenzierungsschritte bereits vor dem Mitvollzug neuzeitlichen Denkens vollzogen werden.

Genauso wie die Katholische Theologie erst die anthropologische Wende mitvollziehen musste, um sich dann den unterschiedlichen Strömungen gegenwärtigen Denkens aussetzen und sich mit ihnen pluralisieren zu können, so scheint mir auch für die islamische Theologie im Westen ein Sich-Abarbeiten an einer anthropologisch gewendeten Theologie auf der Tagesordnung zu stehen, und die vielen Vorbehalte gegenüber dem Islam haben sicher auch damit zu tun, dass diese intellektuelle Herausforderung noch nicht nachhaltig genug angenommen wurde. Dass Muslime genauso wie Christen dazu in der Lage sind, sich ausgehend von ihrer eigenen theologischen Tradition auf das Freiheitsdenken einzulassen und sich von ihm bereichern zu lassen, sollte durch die Überlegungen in diesem Kapitel hinreichend deutlich geworden sein.

3. Zur Geschlechtergerechtigkeit

Es gibt eine Reihe von sehr grundsätzlich angelegten Koranstellen, die deutlich die Gleichwertigkeit von Mann und Frau betonen. So gibt es verschiedene Formulierungen, die die Erschaffung des Menschen als Mann und Frau schildern, ohne dabei irgendeine Form von Hierarchie anzudeuten – so etwa in prominenter Weise in Q 49:13. Genauso wie christlicherseits aus der Erschaffung von Mann und Frau in Gen 1,27 ihre Gleichrangigkeit begründet wird, kann man auch Q 49:13 in diesem Sinne verstehen. Während diese Formulierung also stark an die

Erschaffung des Menschen im ersten Schöpfungsbericht erinnert und die Gleichrangigkeit von Mann und Frau klarstellt, gibt es eine andere Stelle, die ein wenig an den zweiten Schöpfungsbericht erinnert. So heißt es zu Beginn der vierten Sure:

> »Ihr Menschen! Fürchtet euren Herrn, der euch aus *einem* Wesen schuf und der daraus sein Gegenüber schuf und der aus beiden viele Männer und Frauen entstehen ließ!« (Q 4:1)

Der Vers macht einerseits deutlich, dass alle Menschen aus einem Wesen stammen und von daher auch die gleiche Würde besitzen. Zugleich klingt in der Erschaffung des Gegenübers bzw. des Partnerwesens ein wenig die Erschaffung Evas aus der Rippe Adams im zweiten Schöpfungsbericht an. Und viele Hadithe haben diese Textstelle deshalb auch in der Tradition dieses Schöpfungsberichts interpretiert. Aber von einer Rippe ist im koranischen Text nicht die Rede, und er ist mit Sicherheit nicht schwerer im Sinne der Gleichrangigkeit von Mann und Frau zu interpretieren, als der entsprechende biblische Schöpfungsbericht. Jedenfalls wird hier deutlich, dass der Koran sich in die biblische Tradition stellt und sich seine Interpretation deshalb auch in ähnliche Diskussionszusammenhänge begeben muss, wie christlich-theologische Erschließungsstrategien der Bibel. Genauso wie Q 4:1 nämlich gar nicht festlegt, dass das eine Wesen der Mann ist und das aus ihm geschaffene Gegenüber die Frau, sondern ihr Werden aus einem Fleisch betont, kann man auch den biblischen Text so verstehen, dass der geschlechtslose Adam in das erste Menschenpaar geteilt wird und die Frau dabei den besten Teil des ersten Menschen bekommt – insofern das hebräische Wort für Rippe sonst nur im Kontext des prachtvollen Tempelbaus Salomos verwendet wird. D. h. man kann hier die Bibel so verstehen, dass die größte nur denkbare vom Menschen geschaffene Pracht – eben der Tempel Salomos – noch einmal verblasst vor der Pracht der von Gott geschaffenen Frau. In einer solchen Auslegungstradition lässt sich auch Q 4:1 neu und positiv aneignen.

Ein weiterer Grundsatztext, der für die Gleichwertigkeit von Mann und Frau spricht, findet sich in Q 9:71, wenn betont wird, dass Männer und Frauen einander beistehen sollen und in gleicher Weise in die Verantwortung vor Gott gerufen werden. Auch die eschatologische Verheißung wird in diesem Kontext für beide in der gleichen Weise ausgemalt (Q 9:72). D. h. Männer und Frauen erscheinen hier in die gleiche Würde hineingerufen und werden mit den gleichen Verheißungen ausgestattet.

Auch Q 16:97 macht deutlich, dass gutes Tun für Männer und Frauen gleichermaßen mit einem guten Leben bei Gott belohnt wird. Von daher stellt Nasr Hamid Abu Zaid völlig zu Recht heraus, dass auf religiöser Ebene keine Unterschiede zwischen Männern und Frauen gemacht werden und »absolute Gleichheit« herrscht.[28] Fragezeichen im Blick auf die Geschlechtergerechtigkeit ergeben sich also nicht aus den religiös geprägten Grundsatzaussagen des Korans, sondern aus seinen politischen und sozialen Regelungen.

Auf sozialer Ebene ist es offensichtlich, dass der Koran durch seine patriarchal geprägte Zeit beeinflusst ist. Entsprechend kommt die Feministin Riffat Hassan zu dem Schluss »im Koran herrsche Gleichheit vor Gott, und Ungleichheit in der Gesellschaft!«[29] Diese Aussage verdeckt allerdings die Tatsache, dass im Koran auch auf sozialer Ebene einige Innovationen festzustellen sind, die Frauenrechte stärken und damit als Mittel zu einer größeren Geschlechtergerechtigkeit zu würdigen sind.

Wir hatten bereits weiter oben festgestellt, dass der Koran gegen erhebliche Widerstände der patriarchalen Stämmegesellschaft ein Erbrecht für Frauen durchsetzt (Kapitel I.3.). Doch auch eine Reihe von weiteren Innovationen im sozialen und politischen Bereich haben emanzipatorische Züge. So förderte Muhammad die Frauenbildung und bezeichnete das Streben nach Wissen als Pflicht für jeden Mann und jede Frau. Frauen erhielten zudem ein eigenes Verfügungsrecht über ihr Eigentum und wurden für den Scheidungsfall finanziell abgesichert. Insgesamt ist es bei den rechtlichen Regelungen für Frauen wichtig zu sehen, wie die Rechtsstellung von Frauen in vorislamischer Zeit gestaltet war. Dann kann man erkennen, dass manche Regelungen des Korans, die uns heute abstoßen und die uns frauenfeindlich vorkommen, ursprünglich eine emanzipatorische Wirkung entfalteten.

Von daher ist es durchaus sachgemäß wie die Hamburger Imamin Halima Krausen von einem neuen Frauenbild im Koran zu sprechen, das auf mehr Geschlechtergerechtigkeit abzielt.[30] Das neue Menschen- und Frauenbild wird auf narrativer Ebene in koranischen Frauengestalten erkennbar, die oft noch pointierter als ihre biblischen Vorbilder in ihrem Eigenstand betont werden. Pharaos Frau und Maria werden beide als Frauen im Widerstand gegen ungerechte politische Macht bzw. die öffentliche Meinung geschildert und dabei als Vorbilder im Glauben dargestellt (vgl. Q 66:11 f). Die Königin von Saba wird als Politikerin in ihrem diplomatischen Geschick und ihrer Friedfertigkeit gewürdigt (Q 27:23–44). Moses Mutter ist beispielhaft für einen Menschen, die göttlicher Eingebung folgt und dadurch die göttliche Heilsgeschichte voranbringt (vgl. Q 20:38 f; 28:7). Auch an den Erzählungen über die Gefährtinnen des Propheten lässt sich ablesen, welche hohe Bedeutung in muslimischer Tradition Frauen zugemessen wurde. Nicht von ungefähr waren viele der ersten Anhängerinnen und Anhänger Muhammads Frauen, die in seiner Botschaft auch Chancen und Entfaltungsmöglichkeit für sich selbst sahen.

Dennoch gibt es im Koran gerade bei seinen rechtlichen Regelungen einige Punkte, die aus moderner Sicht zumindest fragwürdig erscheinen. Da ich mich bereits in Kapitel IV.2. ausführlich zur Kopftuchdebatte geäußert habe, will ich mich auf drei weitere soziale Fragen konzentrieren, die scheinbar die Benachteiligung von Frauen im Koran sichtbar machen: die Frage nach dem Wert der Zeugenaussagen von Frauen, die nach der Polygamie und die Frage nach der häuslichen Gewalt gegen Frauen.

Im Blick auf die Frage von Zeugenaussagen von Frauen enthält der Koran die auf den ersten Blick frauendiskriminierende Regelung, dass es gleich zwei Frauen braucht, um die Zeugenaussage eines Mannes zu ersetzen (Q 2:282). Der Kontext ist hier allerdings deutlich die Bezeugung von Kreditgeschäften. Da gerade Frauen häufig Analphabetinnen waren, mussten sie sich bei ihrer Zeugenaussage allein auf ihr Gedächtnis verlassen. Da sie zudem seltener in Handelsgeschäfte verwickelt waren, galten sie als anfälliger für Irrtümer. Vor allem aber war es in einer patriarchalen Gesellschaft leichter, Druck auf Frauen auszuüben und sie so zu Falschaussagen zu zwingen. D. h. die koranische Regelung will nicht die Verlässlichkeit der Zeugnisse von Frauen generell abwerten, sondern im Gegenteil Frauen in ihrer Rolle stärken und schützen und zugleich in einer patriarchalen Gesellschaftsordnung einen optimalen Schutz der Gläubiger gewährleisten.[31] Die Regelung erhält also erst dann eine frauendiskriminierende Dimension, wenn man sie aus ihrem historischen Kontext löst. Sieht man sie vor dem Hintergrund der Regelungen auf der arabischen Halbinsel zur Entstehungszeit des Korans, so hat sie genauso emanzipatorische Züge, wie Regelung zum Erbrecht der Frauen. Auch wenn man die hier verwendete ethische Koranhermeneutik durchaus in Frage stellen kann (vgl. Kapitel I.3.), ist es angesichts der Vielzahl von geschlechtergerechten Grundsatzaussagen des Korans ausgesprochen naheliegend, die referierten rechtlichen Besserstellungen von Frauen als Schritte auf dem Weg zu umfassender Geschlechtergerechtigkeit zu verstehen.

Für das hierfür notwendige dynamische Offenbarungsverständnis spricht übrigens auch, dass es im Koran ähnlich wie in der Bibel keine Abschaffung der Sklaverei, sondern nur erste Schritte zur Verbesserung der Situation von Sklaven gibt. Trotzdem kämen heute auch sehr konservative Muslime nicht auf die Idee, daraus die Folgerung zu ziehen, dass der Islam die Sklaverei erlaube und man zu dieser Praxis zurückkehren solle.[32] Vielmehr werden wohl fast alle Muslime zugeben, dass die entsprechenden Erleichterungen des Schicksals von Sklaven im Koran in die Richtung ihrer umfassenden Befreiung deuten. Entsprechend müsste es aber auch bei Frauen so sein, dass man ihre rechtliche Besserstellung als Signal zu umfassender Geschlechtergerechtigkeit verstehen kann.

Schließt man sich dieser Interpretation an, ergeben sich daraus auch wichtige Konsequenzen für das Offenbarungsverständnis insgesamt. Gott würde in dieser hermeneutischen Zugangsweise im Koran nicht einfach den Menschen seinen Willen diktieren, sondern er würde sie auf einen Weg mitnehmen, dessen Zielpunkt sich zwar aus den von Gott eingeschlagenen Schritten ablesen lässt. Aber dieses Ablesen braucht kreative Gestaltungsleistungen der Menschen, die eben nicht nur Gottes Wort nachahmen, sondern sich von Ihm befreien lassen sollen, ihr Leben neu auf Gott auszurichten und kreativ Wege zur Umsetzung der von Ihm geschenkten Werte zu entdecken. All das kann auch misslingen. Aber es deutet auf ein sehr positives Menschenbild hin, das sich sehr gut vom Freiheitsdenken her entwickeln lässt.

Geht man von einem dynamischen Offenbarungsverständnis aus, ergibt sich auch ein neuer Blick auf die Zulassung der Polygamie im Koran. Denn auch die Polygamie ist ja nichts, was der Koran neu erfindet, sondern es handelt sich um eine gegebene rechtliche Möglichkeit, die der Koran aufnimmt und neu gestaltet. Die Neugestaltung besteht einerseits in einer Einschränkung der Polygamie auf maximal vier Frauen und andererseits in der Form ihrer Begründung. In der koranischen Formulierung wird deutlich, dass die soziale Notlage der Waisen der eigentliche Grund für die Erlaubnis der Polygamie ist:

> »Und wenn ihr fürchtet, den Waisen gegenüber nicht gerecht zu handeln, so heiratet von den Frauen, was euch gut dünkt – zwei, drei oder vier!«[33]

Die Polygamie wird also nicht zugelassen, um Männer in ihrer patriarchalen Stellung zu stärken oder ihnen die Erfüllung ihrer sexuellen Bedürfnisse zu erleichtern. Vielmehr geht es um Gerechtigkeit gegenüber den Waisen aus den Kriegszügen Muhammads. So wie er selbst auch eine Reihe von Witwen von seinen eigenen Gefolgsleuten nach deren Tod auf dem Schlachtfeld geheiratet hat, um ihre Versorgung zu sichern, ging es auch bei den Waisen darum, dass ihre Versorgung durch die Polygamie garantiert werden sollte. Da wir in keiner vergleichbaren gesellschaftlichen Situation mehr leben, würde daraus folgen, dass die Polygamie heute nicht mehr legitim ist – eine Auffassung, der in der Tat auch die meisten Muslime zustimmen würden.

Zur Deutung der islamischen rechtlichen Bestimmungen als Stärkung von Frauenrechten passt auch, dass der Koran gleich im Anschluss an den eben genannten Vers festlegt, dass Frauen bei der Eheschließung eine Morgengabe erhalten und damit im Fall einer Scheidung finanziell vorsorgt sind (Q 4:4). Zudem führt der Koran das Recht der Frau auf Wahl des Ehepartners ein (vgl. Q 2:232 und 4:19), sodass es völlig unsachgemäß ist, die Praxis der Zwangsheirat in manchen muslimischen Gesellschaften mit dem Islam in Zusammenhang zu bringen.

Wie wenig Zwangsheiraten mit dem Islam legitimiert werden können, bestätigt auch ein Hadith, in dem es heißt:

> »Eine junge Frau kam zum Propheten Muhammad und beschwerte sich, dass ihr Vater sie ihrem Cousin zur Frau geben will. Der Prophet unterrichtete sie, dass der Vater sie nicht zur Heirat mit einem Mann zwingen kann, den sie nicht liebt. Daraufhin lachte sie und sagte: ‚Ich liebe meinen Cousin und will ihn heiraten, ich wollte nur diese Worte aus deinem Mund hören, damit kein Mädchen ohne ihre Zustimmung verheiratet werden kann.'«[34]

Die Geschichte bezeugt nicht nur die Ablehnung von Zwangsheiraten durch Muhammad, sondern zeigt auch, wie selbstbewusst Frauen ihm gegenüber aufgetreten sind und sich um seine adäquate Rezeption bemüht haben. Natürlich macht der Hadith auch deutlich, dass Zwangsheiraten in dem Kulturraum, in dem der Islam entstanden ist, ein Problem waren. Doch der Islam ist hier nicht Teil des Problems, sondern Teil der Lösung. An solchen Stellen wird sehr anschaulich, wieso gerade Frauen unter den ersten Anhängern des Propheten so zahlreich waren – eine Tatsache, die ebenfalls als Argument dafür dienen kann, dass Frauenfeindlichkeit nicht zu der originären Gestalt des Islams passt.

Allerdings gibt es einen viel diskutierten Koranvers, der so gar nicht in die sich bisher abzeichnende geschlechtergerechte Lesart des Korans zu passen scheint. So heißt es in Q 4:34:

> »Die Männer stehen für die Frauen ein, deshalb weil Gott den einen von ihnen den Vorzug vor den anderen gewährte und weil sie etwas von ihrem Vermögen aufgewendet haben. Die frommen Frauen sind demütig ergeben, hüten das Verborgene weil auch Gott es hütet. Die aber, deren Widerspenstigkeit ihr befürchtet, die ermahnt, haltet euch fern von ihnen auf dem Lager, und schlagt sie.«

Es nimmt nicht wunder, dass sich die feministische Theologie im Islam mit diesem Vers besonders schwer tut, so dass einige Theologinnen sogar so weit gehen, den Text an dieser Stelle abzulehnen. Amina Wadud etwa fordert dazu auf, bei solchen Versen »Nein« zum Text zu sagen.[35] Denn der Vers dient in den Augen vieler Feministinnen offensichtlich der Legitimation der männlichen Hegemonie.

Besonders problematisch sind dabei drei Momente des Verses. Zunächst einmal liegt das Problem darin, dass gleich zu Beginn des Verses deutlich wird, dass Gott den Männern einen Vorzug vor den Frauen gewährt hat. Im Arabischen wird hier der Begriff *qiwāma* verwendet, der in der klassischen Exegese in der Regel als die natürliche Überlegenheit des Mannes über die Frau verstanden wird. Allerdings verstehen nicht alle Exegeten diese Überlegenheit in der Natur des Mannes begründet. Eine Minderheit von Exegeten wie z. B. Tabari (838–923) versteht die Überlegenheit rein funktional und auf die Ehe bezogen.[36] Dazu passt, dass der arabische Begriff *qiwāma* auch einfach die finanzielle Fürsorgepflicht des Mannes festhalten könnte.[37]

Auch wenn diese Sichtweise sich im Mainstream nicht durchsetzen konnte, ermöglicht sie eine interessante Umdeutung des Versanfangs. Denn wenn es tatsächlich um eine funktionale Bestimmung innerhalb der Ehe geht, erscheint es denkbar, das entsprechende Geschlechterverhältnis umzukehren oder zumindest zu ändern, wenn die angegebenen Funktionen sich ändern.

Die Hegemonie des Mannes wird in dem Vers ja nicht einseitig negativ definiert, sondern auch als eine Pflicht zur Fürsorge der Männer für ihre Frauen verstanden. Die Männer stehen eben für ihre Frauen ein, und sie sind es, die finanziell für ihre Frauen sorgen. Sollte das in einer Beziehung anders sein und sollte etwa die Frau die Familie versorgen, würde sich aus einer solchen funktionalen Sicht dann auch eine Umkehrung der Geschlechterhierarchie ergeben. Es ginge dann also nicht mehr um Hegemonie, sondern um Verantwortung füreinander, die sich darin ausdrückt, dass der stärkere Part in der Ehe in die Pflicht genommen wird, sich um sein Gegenüber zu kümmern und es zu versorgen.

Einer solchen egalitären Deutung scheint nun aber ein zweites wichtiges Element unseres Verses entgegen zu stehen. So heißt es in ihm, dass Frauen den Männern demütig ergeben bzw. gehorsam sein sollen. Allerdings ist philologisch nicht ganz klar, ob der Gehorsam der Frauen wirklich auch auf die Männer oder nur auf Gott bezogen ist.[38] Und man könnte überlegen, ob nicht auch diese Gehorsamsbestimmung funktional in der finanziellen Sorge der Männer für die Frauen gründet, sodass sie sich bei einer anderen Rollenverteilung in der Ehe erübrigen würde.

Eine solche Auslegung ist aber exegetisch gesehen eher eine Randposition. Gewöhnlich geht man in der Exegese davon aus, dass es hier vor allem um die sexuelle Gefügigkeit der Frauen gegenüber ihren Männern geht. Diese Interpretation passt aber nicht gut dazu, dass im nachfolgenden Sanktionsapparat vorgesehen ist, dass Männer ihre Frauen durch Enthaltsamkeit bestrafen sollen. Zumindest erscheint es mir als ungewöhnlich, sexueller Verweigerung durch Enthaltsamkeit zu begegnen und diese Enthaltsamkeit dann als Strafe und Gegenmaßnahme anzusehen. Überhaupt sind die im Vers genannten Strafmaßnahmen ausgesprochen moderat und vernünftig und erinnern eher an Maßnahmen der Mediation denn an Gewaltmaßnahmen, wenn man von der Erlaubnis des Schlagens am Ende des Verses absieht.

Zum Schlagen dominiert in der klassischen Exegese allerdings schon seit jeher die Einsicht, dass es beim Schlagen der Frauen um ihre symbolische Erniedrigung ging. Der Schlag sollte deshalb mit einem Tuch oder mit einer hölzernen Zahnbürste erfolgen.[39] Eine solche Erniedrigung ist zwar alles andere als schön. Aber wenn man sieht, wie manche Frauen von ihren Ehemännern verprügelt werden, stellt es schon eine erhebliche Erleichterung zur Akzeptierbarkeit des Verses dar, wenn er nur auf einen leichten Klaps mit einem leichten Gegenstand abzielt.

Manche Feministinnen stellen sogar ganz in Abrede, dass das arabische Wort *daraba* überhaupt schlagen heißt. So sympathisch diese Hinweise aus politischer und ethischer Sicht sind, so wenig vermögen sie freilich aus philologischer Sicht zu überzeugen. Es bleibt also auch bei einer historisch-kritischen Exegese des Verses bei der Erlaubnis für die symbolische Erniedrigung von Frauen. Und die funktionale Umkehrung des ganzen Verses ist zwar exegetisch denkbar, aber eine bisher nur sehr selten vertretene Position, der sich wohl nur wenige Muslime anschließen würden. Was bleibt also aus muslimischer Sicht für eine Alternative, um zu einer konstruktiven, auch im Blick auf die Geschlechtergerechtigkeit hilfreichen Auslegung unseres Verses zu kommen?

In der neueren liberalen Koranexegese wird meistens versucht, die bleibende Ambiguität und latente Frauenfeindlichkeit des Verses durch den Hinweis auf die Sunna des Propheten zu überwinden. »Mohammed selbst ist, nach allem, was wir aus seinem privaten Leben wissen, nie gegen eine seiner Frauen auch nur laut geworden«, stellt etwa Nasr Hamid Abu Zaid fest und entsprechend wird immer wieder versucht zu zeigen, dass eine Erniedrigung der Frauen der normativen Praxis des Propheten widerspricht.[40] Eine solche Auslegung ist insofern auch historisch überzeugend, als es zur Zeit der Abfassung der entsprechenden Literatur über das Verhalten des Propheten keinen Grund gab, etwaige frauendiskriminierende Verhaltensweisen zu kaschieren, weil diese in einer patriarchalen Gesellschaftsordnung an der Tagesordnung waren. Muhammads friedlicher Umgang mit seinen

Frauen spricht also tatsächlich dafür, dass Q 4:34 allenfalls als *ultima ratio* zu verstehen ist.

Natürlich ist die symbolische Erniedrigung einer Frau auch als *ultima ratio* keine Option, über die man sich aus moderner Sicht in einem Heiligen Text freuen kann. Genauso wenig kann man sich mit dem hier implizierten hierarchischen Geschlechterverhältnis anfreunden. Aber ein solches Verhältnis ist Christen nur zu gut auch aus den biblischen Texten bekannt, wenn etwa Paulus den Mann als das Haupt der Frau bezeichnet (vgl. 1 Kor 11,3). Derartige Texte sind in der Bibel genauso wie im Koran ärgerlich und verstörend. Aber sie geben zugleich Anstoß zum Ausloten neuer hermeneutischer Umgangsweisen mit unseren normativen Texten und sie schärfen unsere Sensibilität für die Ambiguität der Schrift. Das Bewusstsein für diese Ambiguität ist insbesondere im Blick auf das Gewaltpotenzial der Schrift mehr als notwendig.

VI
MODERNISIERUNG UND GEWALT

Ebenso wie die Bibel enthält auch der Koran Verse, die zur Gewalt aufrufen und bei denen es einiger hermeneutischer Mühe bedarf, um ihre produktiven Potenziale zu entdecken. Das hier vorliegende Kapitel ringt exemplarisch um ein adäquates Verständnis von einigen dieser Verse, um zu zeigen, wie wichtig und hilfreich eine genaue exegetische Analyse koranischer Textstellen ist. Zuvor soll aber in einem ersten Reflexionsgang in allgemeiner Weise über das Verhältnis monotheistischer Religionen zur Gewalt nachgedacht werden. Denn nicht nur dem Islam, sondern auch dem Christentum und dem Judentum wird ja immer wieder ein latenter Hang zur Gewalt nachgesagt, der angeblich zutiefst mit dem Glauben an den einen Gott zu tun hat. Deswegen will ich noch einmal an die Genese des Monotheismus in allen drei Religionen erinnern.

1. *Monotheistische Religionen und Gewalt*

Beginnen will ich diese Überlegungen mit einer kleinen Einführung zur Entstehung des Monotheismus im alten Israel[1], die hochinteressante Parallelen zur Entstehung des Islams aufweisen.

Zunächst einmal kann man festhalten, dass die Wurzeln des biblischen Monotheismus nicht in abstrakten philosophischen Spekulationen gründen, sondern um die konkrete Frage, wer mein Gott ist und von wem ich mein Leben bestimmen lasse. Es geht nicht um eine theoretische Frage, sondern um einen praktischen, ethisch bedeutsamen, das ganze Leben betreffenden Zusammenhang.

Darüber hinaus gilt es im Blick zu behalten, dass der alttestamentliche Monotheismus nicht im Königshaus Davids oder Salomos entsteht (eben hier liegt der Unterschied zu Echnaton), sondern in der prophetischen Subkultur und unter den Marginalisierten und sozial Benachteiligten am Rande der Gesellschaft. Es geht nicht darum, dass die Erfolgreichen und Mächtigen sich mit der Hilfe eines allmächtigen Gottes schmücken, sondern dass die Schwachen und Verzweifelten ihre Hoffnung in Gott suchen. Etwas überspitzt und in Anknüpfung an

Johann Baptist Metz könnte man vielleicht sagen: Der Ursprung jeder biblischen Rede von Gott ist eben die Rede mit ihm, das Gebet, bzw. noch genauer: der Schrei nach ihm.[2]

Die entscheidende Bewegung, die Israel von den Völkern unterscheidet und zur Ausbildung des Monotheismus führt, ist die in der prophetischen Subkultur entstehende sog. JHWH-allein-Bewegung des 9. Jahrhunderts v. Chr. mit ihrem unbedingten Ausschließlichkeitsanspruch. Propheten wie Elija und Elischa, später aber auch Hosea oder Amos kämpfen mit letzter Entschiedenheit für den »Gott des ethischen Anspruches der Gemeinschaftstreue, des Lebensrechtes eines jeden einzelnen, der Überwindung von Gewaltstrukturen«[3]. Die von der JHWH-allein-Bewegung zunächst vertretene Monolatrie war nicht etwa Herrschaftsideologie, sondern Anliegen oppositioneller Gruppen mit dem Ideal gleicher Rechte für alle. Der Hintergrund dieses bei Elija aufflammenden Konflikts ist wahrscheinlich die Ausbreitung des kanaanäischen Baals-Kultes im Königshaus von Samaria. Vielleicht ging es bei Elija auch nur um die

> »[t]ypische Solidarität zwischen der kulturell und sozialen peripheren Bevölkerungsschicht und dem Propheten, der eine sozial marginale Rolle innehat. (Jedenfalls gilt:; Vf.) Die gemeinsame, gegen das Zentrum gerichtete Identifikation findet in Jahwe ihren Exponenten.«[4]

JHWH ist es, der den an den Rand Gedrängten, Benachteiligten und Hoffnungslosen neuen Mut gibt; er allein und zwar deswegen, weil er allein Gott ist und allein seine Deutung als Retter und Befreier richtig ist.

> »Auf der Gegenseite Jahwes stehen die anderen Götter schlechthin, zumal Baal; auf der Gegenseite steht aber auch Jahwe, wie er in der dominanten Kultur wirksam wird. Wo immer ein exklusiv-monotheistisches Gotteskonzept zum Zentrum eines religiösen Symbolsystems wird, kommt es zum Streit um diesen Gott.«[5]

Dies führt mich zu einer dritten Beobachtung, die ich den beiden oben genannten hinzufügen möchte: Mindestens ebenso wichtig wie der Kampf gegen die Götzen ist im alten Israel der Kampf um diesen einen Gott. JHWH wird sowohl vom Nord- als auch vom Südreich beansprucht; JHWH wird aber auch – und das erscheint mir noch als viel wichtiger – sowohl von den Mächtigen als auch von den Unterdrückten beansprucht. Und gerade die an den Rand Gedrängten sind es, die exkludierende Interpretationen entwickeln.

Einerseits beerbt JHWH andere, vor allem kanaanäische Gottheiten: dieser Aspekt war wichtig für die Oberschicht. Sein Bild erscheint wie eine Summe altorientalischer Gottesvorstellungen (ein Berggott der südlichen Wüste avanciert zum persönlichen Gott israelitischer Sippen und zum Nationalgott Israels, zum Fruchtbarkeitsgott des Kulturlandes, zum Recht und Heil schaffenden Himmelsgott, zum Götterkönig, Weltschöpfer und Geschichtslenker). Andererseits ist JHWH aber – so das Insistieren der prophetischen Subkultur – nicht alles recht, er unterscheidet und tritt scharf scheidend in die Götterwelt ein. Dabei werden diese exkludierenden Momente eindeutig aus der Subkultur, also »von unten« entwickelt und nicht etwa »von oben« verordnet.

Ihre Einsicht war etwa folgende: Wo keine Hierarchie der Götter ist, ist auch kein Raum für eine Hierarchie unter den Menschen. Die absolute Herrschaft des einen Gottes macht alle Menschen zu Schwestern und Brüdern – ein Gedanke, der übrigens auch in der islamischen Befreiungstheologie der Gegenwart rezipiert wird.[6] JHWH ist gerade für die Randgruppen ein Gott, der nicht über allen Unterschieden thront, sondern der sich solidarisiert mit den Opfern der Geschichte, den gesellschaftlichen Verlierern.[7]

Trotz all dieser wichtigen prophetischen Impulse während der Königszeit kommt es in ihr, den Überlegungen von Fritz Stolz zufolge, noch nicht zum allgemeinen Durchbruch des Monotheismus. Der Monotheismus Israels sei ein Ergebnis der traumatischen Erfahrung des Exils. 587/6 v. Chr. wird auch noch der letzte Rest Israels von den Truppen des Neubabylonischen Großreiches erobert. Die himmlische Stadt Jerusalem und ihr Tempel, das nationale Heiligtum, werden zerstört und die Oberschicht wird deportiert. JHWH scheint sich von seinem Volk abgewandt zu haben, und die Durchsetzung von weltlichen Machtansprüchen ist für Israel vollkommen unmöglich geworden.

In dieser Situation bietet die Traditionslinie der prophetischen Subkultur die beste Verarbeitung und das einflussreichste Deutungsmuster für die Krisenerfahrung. Sie wird die bestimmende theologische Kraft des alten Israels und prägt auf einmal den gesellschaftlichen Mainstream. Eine entscheidende Rolle bei der auf diese Weise notwendig werdenden Neupositionierung spielt die Ausbildung des Monotheismus. Ezechiel, Deuterojesaja und andere decken in der Tradition der prophetischen Subkultur das Trostpotential der Rede von dem einen geschichtsmächtigen Gott auf und inspirieren die schlüssige geschichtstheologische Aufarbeitung der Katastrophe des Exils, die schließlich vom deuteronomistischen Geschichtswerk vorgelegt wird. Das wahrscheinlich im Exil entstandene Deuteronomium verhilft zur Wiederfindung der nationalen Identität und wird zum »Kristallisationspunkt einer geistigen Strömung, welche sich an der Exklusivität Jahwes orientiert«[8]. Sein Programm:

»Ein Gott, ein Volk, eine Kultstätte« ist dieser Deutung zufolge nicht ideologische Unterfütterung der Königsherrschaft Joschijas oder anderer, sondern Utopie des Neuanfangs. Die ausgeprägte Bundestheologie macht deutlich, dass dieser Neuanfang Geschenk Gottes ist und nicht erst vom Menschen verdient werden kann und muss.

Stellen wir nach diesen Überlegungen zur Genese des alttestamentlichen Monotheismus noch einmal die Eingangsfrage nach der Gewaltförmigkeit des Monotheismus, ergibt sich ein sehr differenziertes Bild. Der latent gewalttätige und immer wieder hart exkludierende Ausschließlichkeitsanspruch entsteht in den Ursprüngen jüdisch-christlichen Glaubens gerade im Moment totaler Ohnmacht und Unfähigkeit, Gewalt auszuüben. Die religionsgeschichtlichen Daten sprechen nicht dafür, dass Religion und Macht in biblischer Zeit oft und für andere bedrohlich zu einer kritischen Masse akkumulieren. Der Glaube an den einen Gott wurde erst im Laufe der Geschichte zum Vorwand für den Völkermord.

Wenn man sich an die oben bereits im ersten und zweiten Kapitel ausführlich referierte Entstehungsgeschichte des Islams erinnert, kommt man zu ähnlichen Ergebnissen. Auch zur Zeit Muhammads ging es um den Kampf um den einen Gott. Sollte Allah weiter der Schlussstein des bestehenden Machtsystems sein und an der Spitze der Götter der Kaaba die einflussreichen Eliten in ihrer Macht absichern? Oder wollte man wie Muhammad im Anschluss an den biblischen Gott den Glauben an den einen Gott einführen, um ihn wirklich zum Gott aller zu machen – auch der Ausgegrenzten und Marginalisierten? Auch dem Koran ging und geht es also um den Kampf um den einen Gott und um das Eintreten für Gerechtigkeit und das Subjektsein aller Menschen vor diesem einen Gott. Auch im Koran entsteht der Glaube an den einen Gott deshalb in der prophetischen Subkultur und breitet sich von den Rändern Arabiens aus. Auch im Islam ist der eine Gott im Ursprung nicht Legitimation der bestehenden Herrschaftsstrukturen, sondern Unruheherd und Neuanfang, der vor allem die anlockt, die bisher in der Gesellschaftsordnung zu kurz kommen. Eben deshalb entwickelt sich die Botschaft von dem einen Gott bereits in Mekka zum zentralen Erkennungsmerkmal der Botschaft Muhammads und wird zum Stachel im Fleisch der herrschenden Eliten.

Blickt man also von der Genese des Monotheismus auf das Gewaltthema, so ergibt sich die Einsicht, dass Gewalt in diesen Religionen verständlicherweise nicht immer negativ konnotiert ist. In Gesellschaften ohne funktionierenden Rechtsstaat ist Gewalt oft der einzige Weg für die Marginalisierten, um ihre Rechte zu erkämpfen.

Entsprechend wird der Gott der Bibel und der Gott des Korans in den Theologien der Befreiung der monotheistischen Religionen als ein parteiischer Gott verstanden, der auf der Seite der Unterdrückten agiert.[9] Damit tritt ein innovativer Zug in die Religionsgeschichte ein. Ist es in der arabischen Stämmegesellschaft vor dem Islam völlig selbstverständlich, das die eigene Solidarität dem eigenen Stamm gilt und dessen Interessen notfalls auch gewaltsam zu verteidigen sind, treten nun ethische Maximen ins Bewusstsein, die dazu führen können, Gewalt gegen die Eliten des eigenen Stammes einzusetzen, um für mehr Gerechtigkeit zu sorgen.[10]

Das Thema der Gewalt ist also keines, das sich aus den normativen Grundlagen von Judentum, Christentum und Islam eliminieren lässt, sondern eines das hermeneutisch bearbeitet werden muss. Es ist auch kein Thema, das einseitig negativ besetzt ist, sondern uns wieder in die Ambiguität der Schrift stellt. Um angesichts dieser Zwiespältigkeit nicht in ein relativistisches Fahrwasser zu geraten, kommt alles darauf an, Gewaltverse, die auf mehr Gerechtigkeit für die Unterdrückten abzielen, zu unterscheiden von Aufrufen zur Gewalt gegen Andersdenkende. Letztere sind es ja auch, die heute im Kontext des Islams so viel Aufsehen erregen und durch den Terror des IS traurige Berühmtheit erlangt haben. Ich will deshalb wenigstens exemplarisch einige Koranverse diskutieren, die von Terroristen verwendet werden, die ihre Verbrechen mit Hilfe des Korans zu legitimieren versuchen. An dieser Stelle ist es wichtig, die Einsicht in die Ambiguität von Texten auch nicht zu weit zu treiben und bestimmte Deutungen als verfehlt zu entlarven.

2. Exemplarische Auseinandersetzung mit Gewaltversen aus dem Koran

Sucht man nach einem Ausspruch im Koran, der besonders prägnant sein Gewaltpotenzial gegen Andersdenkende bzw. Andersglaubende vor Augen führt, so wird man in Sure 2 in Vers 191 fündig, in dem es kurz und bündig heißt: »Tötet sie (in den einschlägigen Internetforen meint man zu wissen, dass »sie« nur die Ungläubigen sein können; Vf.), wo immer ihr sie antrefft.« Der Satz wirkt, isoliert betrachtet, wie ein Aufruf zur Gewalt gegen alle Nichtmuslime und wird von Terroristen auch so verstanden. Allerdings macht schon der unmittelbare Kontext des Verses deutlich, dass es sich hier nicht um einen allgemein gültigen Aufruf zur Gewalt handeln kann, so dass es sich lohnt, den Aufruf im Zusammenhang zu lesen. So heißt es im Koran:

»Kämpft auf dem Wege Gottes gegen die, die euch bekämpfen! Doch begeht dabei keine Übertretungen! Siehe, Gott liebt die nicht, die Übertretungen begehen. Tötet sie, wo immer ihr sie antrefft, und vertreibt sie, von wo sie euch vertrieben haben! Denn die Versuchung ist schlimmer als das Töten. Kämpft jedoch nicht gegen sie bei der heiligen Anbetungsstätte, bis sie auch dort gegen euch kämpfen; und wenn sie gegen euch kämpfen, dann tötet sie!« (Q 2:190 f.)

Auch ohne den genaueren historischen Hintergrund des Verses zu kennen, kann man schon aus seinem Wortlaut entnehmen, dass er keinen allgemeinen Aufruf zur Gewalt gegen Ungläubige enthält. Mit »sie« sind hier nicht die Ungläubigen allgemein gemeint, sondern diejenigen, die die Muslime bekämpfen. Der Koran fordert hier also nur zur Selbstverteidigung auf. Wenn die Muslime angegriffen werden, so sollen sie sich zur Wehr setzen und ihre Gegner töten. Durch die Erwähnung der Kaaba wird deutlich, dass der Vers auf die Situation in Mekka Bezug nimmt. Es geht also um die paganen Mekkaner, die davor gewarnt werden, die Muslime anzugreifen, weil ihnen sonst Vergeltung droht. Selbst der heilige Bezirk um die Kaaba wird die Mekkaner nicht vor Vergeltung schützen, wenn sie auch dort Kampfhandlungen gegen die Muslime unternehmen. Die besondere Härte, die von den Muslimen hier im Abwehrkampf gefordert wird, hat offenkundig etwas mit einer besonderen Situation in Mekka zu tun, die es historisch aufzuhellen gilt.

Nach übereinstimmender Meinung der klassischen muslimischen Kommentare stammen die Verse aus der spätmedinensischen Periode (628/629 n.Chr.) und setzen sich also mit einer Zeit auseinander, in der Muhammad seinen letzten Kampf gegen die Mekkaner gewonnen hat und mit dem Gedanken spielte, Mekka gewaltsam einzunehmen. Aufgrund einer göttlichen Intervention verzichtete er jedoch auf einen erneuten Waffengang und wollte friedlich nach Mekka kommen, um dort die Pilgerrituale zu vollziehen, zu denen er sich durch Gott aufgefordert fühlte. Doch die Mekkaner hielten ihn auf und wollten ihn nicht nach Mekka hineinlassen. Im ganz in der Nähe von Mekka gelegenen kleinen Ort Hudaibiyya wurde Muhammad mit seinen Anhängern von den Mekkanern am Weiterzug gehindert. Statt wieder eine bewaffnete Auseinandersetzung mit ihnen zu suchen, erhandelte er einen Waffenstillstand. Dieser beinhaltete zwar den Verzicht auf die Pilgerfahrt nach Mekka für das Jahr 628. Dafür aber wurde den muslimischen Pilgern für das Jahr 629 und die darauffolgenden Jahre durch das geschlossene Abkommen freies Geleit zugesichert. Muhammad respektierte das Abkommen und vollzog 628 die Pilgerfahrt nur in symbolischer Weise in Hudaibiyya selbst, um dann aber im Jahr darauf waffenlos als Pilger wiederzukommen.[11]

Genau in diese Situation des Jahres 629 hinein sprechen die oben zitierten Verse. Sie stellen laut der muslimischen Kommentarliteratur nicht etwa die Reaktion auf tatsächlich geschehene Übergriffe auf Pilger dar, sondern legen nur fest, dass die Muslime im Falle solcher Übergriffe zur gewaltsamen Selbstverteidigung und zum Schutz der Pilger berechtigt und verpflichtet sind, und zwar an allen Orten, wo sie angegriffen und vertrieben werden, selbst an der Kaaba. Von daher erweist sich unser Vers also als Ermächtigung zur Selbstverteidigung in einer genau spezifizierten historischen Situation und nicht etwa eine Legitimierung zur Tötung aller Nichtmuslime.

In einem nur wenig verschiedenen historischen Kontext wird man auch den vielleicht anstößigsten Vers des Korans überhaupt situieren dürfen, den sogenannten Schwertvers. Er verdient deswegen eine besonders gründliche Betrachtung, weil er im Kontext der Sure 9 steht, die aus der Sicht vieler klassischer muslimischer Gelehrter die letzte offenbarte Sure des Korans darstellt. Diese Auslegungstradition erlaubt es Fundamentalisten zu behaupten, dass der Schwertvers sämtliche friedliche Koranverse aufhebt, weil er aus ihrer Sicht Gottes letztes Vermächtnis an die Muslime darstellt. Da Fundamentalisten meistens nicht sehr interessiert an historischen Zusammenhängen sind, will ich gerade bei diesem Vers sehr präzise den genauen Wortlaut des Korans analysieren, bevor ich auf die historische Einbettung des Verses zu sprechen komme.[12] In ihm heißt es:

> »Sind die heiligen Monate abgelaufen, dann tötet die Beigeseller, wo immer ihr sie findet, ergreift sie, belagert sie, und lauert ihnen auf aus jedem Hinterhalt! Doch wenn sie sich bekehren, das Gebet verrichten und die Armensteuer geben, dann lasst sie laufen! Siehe, Gott ist bereit zu vergeben, barmherzig.« (Q 9:5)

Auf den ersten Blick scheint der Vers auf den Aufruf hinauszulaufen, nicht nur alle Polytheisten, sondern auch Christen zu töten, solange sie nicht zur Konversion zum Islam bereit sind. Allerdings kann man schon bei einer näheren Analyse des koranischen Kontextes des Verses sehen, dass ein solches Verständnis dem Text nicht gerecht wird. Denn durch die einleitenden Worte macht der Vers ja selbst deutlich, dass er auf eine bestimmte historische Situation – eben nach Ablauf der heiligen Monate – bezogen ist und also kontextuell zu lesen ist. Schauen wir also etwas näher hin, um die Bedeutung des Verses besser zu verstehen. Dafür will ich zunächst einmal nur die Bedeutung des Verses durch seine Lektüre im Kontext der ersten Verse der Sure 9 erhellen, um dann seinen historischen Hintergrund ein wenig auszuleuchten.

Die Sure 9 beginnt mit der Aufkündigung eines geschlossenen Vertrages zwischen Muslimen und Beigesellern durch Gott. Damit ist schon vom ersten Vers der Sure an klar, dass nicht alle Beigeseller bzw. Polytheisten gemeint sind, sondern nur eine bestimmte Gruppe, nämlich diejenigen, mit denen bereits ein Vertrag geschlossen wurde. Aus Vers 7 ergibt sich eindeutig, dass die Muslime bisher nur mit den Mekkanern einen Vertrag geschlossen haben, sodass auch nur sie in der Eingangspassage der Sure 9 mit dem Terminus »Beigeseller« adressiert sein können. Es geht also nicht etwa um Christen, die in Mekka allenfalls eine marginale Rolle gespielt haben, sondern es geht nur um Polytheisten, die hier als Beigeseller bezeichnet werden. Und es geht auch nicht um alle Polytheisten, sondern nur um eine ganz bestimmte Gruppe. Trotzdem fragt man sich natürlich, warum Gott es erlaubt, so brutal gegen diese Gruppe vorzugehen.

Aus Vers 10 ergibt sich, dass die Mekkaner weder Vertrag noch Schutzverhältnis einhalten und immer wieder die geschlossenen Vereinbarungen brechen. Doch die Mekkaner haben sich nicht nur Vertragsbruch zuschulden kommen zu lassen, sondern auch die Muslime von ihrem Glauben abzubringen versucht und heilige Symbole des Glaubens zu Geld gemacht (Q 9:9). Der Kampfaufruf durch Gott ist also eine Antwort darauf, dass die Mekkaner den einmal geschlossenen Vertrag und ihre Eide gebrochen haben und die Muslime und ihre Religion angreifen (Q 9:12). Ja, die Mekkaner gehen sogar so weit, Muhammad und seine Anhänger wieder vertreiben zu wollen (Q 9:13). Es handelt sich also um einen Aufruf zur Selbstverteidigung und zugleich um eine Drohung gegenüber den Vertragspartnern. Denn der Koran erwähnt auch die Mekkaner, die vertragstreu sind, sodass die Muslime auch ihnen gegenüber an den geschlossenen Waffenstillstand gebunden bleiben (Q 9:4).

Zu Beginn des Schwertverses wird ja deutlich, dass man vor seiner Erfüllung erst abwarten soll, bis die heiligen vier Monate abgelaufen sind. Damit knüpft der Koran an eine Tradition der paganen Araber an, die vier Monate im Jahr als heilige Monate deklariert, in denen keine Kämpfe stattfinden dürfen, um den ständigen gegenseitigen Gefechten und Rachefeldzügen zu begegnen. Er respektiert diese Tradition und gibt den Mekkanern damit auch noch eine Frist, um ihre Feindseligkeiten einzustellen (Q 9:2).

Der Hintergrund der Auseinandersetzung ergibt sich aus den Versen 17–19. Offenbar haben die paganen Mekkaner immer noch die Aufsicht über die muslimischen Pilgerstätten und nutzen diese, um Feindseligkeiten gegen die Muslime zu begehen und sie von dort zu vertreiben. Die Verse fordern die Muslime nun dazu auf, selbst die Kontrolle über die Pilgerstätten zu übernehmen und sich gegen die durchzusetzen, die sie hier hintergehen und betrügen. Dass es bei der Auseinandersetzung mit den Mekkanern trotz des martialischen Wortlautes des Schwertverses nicht um ihre Vernichtung gehen konnte, ergibt sich aus den Versen 14 und 15. Diese halten nämlich fest, dass das Ziel der Bekämpfung der Mekkaner darin besteht, ihre Herzen vom Zorn zu heilen. Sie sollen wieder lernen, sich Gott hinzugeben, und sie sind bleibend bei ihm willkommen. Der Wunsch nach ihrer Bekehrung hat also weniger damit zu tun, dass sie noch keine Muslime sind, sondern dass sie sich in ihrem ethischen Verhalten diskreditiert haben und schon deshalb eine Bekehrung nötig haben.

Natürlich bleibt es aus moderner Sicht fragwürdig, dass die paganen Araber hier auch mit Mitteln der Gewalt dazu gebracht werden sollen, ihr Verhalten zu ändern. Aber die hier gebotene Selbstverteidigung der Muslime zum Schutz der Pilger ist durchaus auch aus moderner Sicht ein legitimer Grund zur Gewaltausübung. Das wird dann noch klarer, wenn man sich den historischen Hintergrund des Verses vor Augen führt.

Nach klassischer islamischer Exegese ist dieser Vers nur kurze Zeit später als die soeben diskutierte Passage offenbart worden. Anscheinend haben die Muslime inzwischen schlechte Erfahrungen gemacht und sind von den Mekkanern hintergangen worden. Die Pilgerfahrt im Jahr 629 scheint also nicht so geklappt zu haben, wie sich Muhammad und seine Anhänger das vorgestellt haben. Zum einen kam es offenbar zu feindseligen Handlungen der Mekkaner. Zum anderen scheinen die Mekkaner den Kommerz rund um die Kaaba um eine muslimische Sparte erweitert zu haben, statt den eigentlichen Sinn der Pilgerfahrt zu verstehen und ihm Raum zu geben.

Die soeben vorgestellten Passagen zu Beginn der Sure 9 stellen also eine ultimative Forderung an die Mekkaner dar, die Feindseligkeiten einzustellen und fordern die Muslime dazu auf, nach Ablauf der heiligen Monate die Kontrolle über die Pilgerstätten zu übernehmen. Sie ist also ein Aufruf dazu, den Schutz der Pilger nun selbst zu übernehmen, weil die Mekkaner sich im Jahr 629 als vertragsbrüchig erwiesen haben und zugleich auch nicht die Dignität Mekkas respektieren. Der Schwertvers bereitet also die Einnahme Mekkas durch die Muslime im Jahr 630 vor. Historisch wissen wir, dass diese Einnahme friedlich war und die meisten Mekkaner freiwillig zum Islam konvertiert sind. Zu Kampfhandlungen und Bestrafungen ist es nicht gekommen. Der

Schwertvers hatte also eine reine Abschreckungsfunktion und war dabei außerordentlich erfolgreich.

Sicher kann man aus der Perspektive der Bergpredigt fragen, ob eine solche Abschreckungsfunktion Teil einer prophetischen Botschaft sein muss. Allerdings formuliert die Bergpredigt ihr Ethos auch im Rahmen einer funktionierenden Rechtsordnung und mobilisiert gezielte Provokationen gegen die Willkürmomente in der römischen Herrschaft über Palästina. Es ist schwierig, aus ihr abzuleiten, wie Staaten politisch miteinander umgehen sollten. Vielleicht ist das Vorgehen Muhammads tatsächlich aus der Perspektive der Bergpredigt kritisch zu hinterfragen. Nichtsdestotrotz steht es im Einklang mit dem Handeln auch der meisten christlichen Politiker bis heute. Von daher sollte man bei seiner Kritik vorsichtig sein.

Vergleicht man Muhammads Vorgehen nicht mit der Bergpredigt, sondern mit den Gewaltpassagen des Alten und Ersten Testaments, so kann man feststellen, dass es hier immer wieder in markanter Weise zu einer Pazifizierung und Rationalisierung der Tradition kommt. Beispielsweise wird bei der Geschichte vom goldenen Kalb

> »die biblische Androhung einer göttlichen Vergeltung über Generationen hinweg zu einer nur den Delinquenten selbst treffenden Strafe abgemildert – eine ›theologische Korrektur‹, die dem in der Gemeinde bereits Konsens gewordenen Gottesbild entspricht: Gott ist frei von emotionalen Affekten, auch sein Zorn setzt seine vorher ausgegebenen Devisen nicht außer Kraft«[13].

Der Koran betont hier also die Treue und Verlässlichkeit Gottes, stärkt aber auch die Gerechtigkeit seines Handelns.

Auch das biblisch gesehen mit viel Gewalt konnotierte Modell des Exodus wird pazifiziert. Der Exodus wird zu einem friedlichen Weggang aus Mekka ohne Vernichtung der Armeen des Gegners. In der Himmelsreise Muhammads wird das ganze Geschehen sogar in die Imagination verlegt und zu einem spirituellen Erlebnis der »Entrückung aus dem Ort der sozialen Unterdrückung, Mekka, der für die Gläubigen untragbar geworden war, an einen Ort der spirituellen Befreiung, das Heiligtum von Jerusalem.«[14] Das gelobte Land ist in dieser Perspektive dann einfach »dort, wo es den Gläubigen möglich ist, unbehelligt ihren Gottesdienst auszuüben.«[15] Sie müssen damit in keinem besonderen Land leben und können auch ihre Spiritualität überall ausleben, wo ihnen dies nicht verboten wird. Zugleich bleibt diese Spiritualität geerdet und konkret geschichtlich orientiert durch die Kaaba – eine Einsicht, die dann wieder zu Konflikten führt und die Auseinandersetzung mit den Mekkanern um eine religiöse Dimension anreichert. Doch Mekka war im Islam immer nur Pilgerort, niemals politische Hauptstadt, so dass die Herrschaftsansprüche muslimischer Herrscher nicht an ein gelobtes Land geknüpft wurden.

Natürlich genügen diese Hinweise nicht, um den Koran im Hinblick auf die Gewaltproblematik in ein besseres Licht zu rücken als die Bibel. Aber sie sollen doch andeuten, dass wir keine Berechtigung haben, den Koran gegenüber der Bibel abzuwerten. Blickt man einigermaßen vorurteilsfrei auf den Koran und vergleicht ihn mit der Bibel, so kann man feststellen, dass wir Christen mit den Muslimen im Blick auf die Gewaltproblematik in einem Boot sitzen und hermeneutisch gemeinsam zu ringen haben, um uns die produktiven Potenziale unserer normativen Schriften neu anzueignen.[16]

Betrachtet man den derzeitigen öffentlichen Diskurs, wird allerdings schnell deutlich, dass uns diese Schicksalsgemeinschaft wenig bewusst ist. Vielen erscheint die Gewaltproblematik ausschließlich oder doch zumindest primär als muslimisches Problem. Und natürlich ist diese Haltung angesichts der terroristischen Gewalttaten, die derzeit täglich im Namen des Islams begangen werden, nur zu verstehen. Wieso also konnte es in der Gegenwart zu dieser beispiellosen Eskalation der Gewalt im politischen Islam kommen, die unsere Wahrnehmung so sehr bestimmt und die es so schwer macht, die Brücken zwischen Islam und Christentum namhaft zu machen? Um hier klarer zu sehen, ist es wichtig, ein wenig über die Beziehung des Westens zum Islam nachzudenken.

3. Der islamische Fundamentalismus als Kind der Moderne

Will man verstehen, warum so viele Muslime derzeit ein gebrochenes Verhältnis zum Westen und zur Moderne haben, ist es wichtig, sich an die Veränderung unseres Verhältnisses zum Islam im Zuge der Kolonialzeit zu erinnern. Nach der Eroberung Kairos durch Napoleon im Jahr 1798 gerieten immer mehr muslimische Länder unter die Kolonialherrschaft europäischer Länder. Die Kolonialherren versäumten es leider, eine Kultur der Wertschätzung der unterworfenen Völker zu entwickeln. Stattdessen sahen sie im Islam und seiner Kultur den Grund der Niederlage und wollten den Islam deshalb reformieren und an den Westen anpassen.

Sie verhalfen damit einem Narrativ zum Durchbruch, das bis heute die westliche Wahrnehmung des Islams beherrscht. Es handelt sich um ein Narrativ, das den Islam als rückständig und vormodern kennzeichnet und damit zum Gegenüber Europas und den Werten der Aufklärung stilisiert. Dieses Narrativ war zunächst eine rhetorische Begleitmusik zur Rückeroberung Europas gegen das Osmanische Reich, nachdem die Türken durch die Schlacht vor Wien 1683 endgültig aus der Mitte Europas zurückgedrängt wurden. Es entstand die Wahrnehmung nicht nur des Osmanischen Reiches, sondern der gesamten muslimischen Welt als einer Welt im Untergang, die sich den modernen Errungenschaften der Aufklärung verweigert.

Der Islam avancierte in der westlichen Wahrnehmung so immer mehr zu einer im Recht erstarrten Religion ohne eigenständige Philosophie und ohne Zugang zur Aufklärung. In diesem Narrativ erscheint das Christentum als eine Religion, die symbolisch durch die Orte Rom, Jerusalem und Athen repräsentiert ist.[17] Rom steht dabei für das im Kern säkulare römische Recht, das die Autonomie des Rechts und dadurch die Trennung von Religion und Staat ermöglicht. Jerusalem steht für das positive Anknüpfen an die jüdische Tradition und seine heilsgeschichtlichen Perspektiven. Athen steht für die Anknüpfung an die griechische Philosophie, die spätestens durch die grandiose Syntheseleistung des Thomas von Aquin für das Abendland ermöglicht wurde. Aufklärung und Moderne erscheinen in dieser Perspektive als Früchte von drei Traditionen, die gerade in ihrem Zusammenklang Europa ermöglicht haben.

Der Islam dagegen wird in allen drei Bereichen zum Gegenspieler des Westens stilisiert. Auf der Ebene des Rechts gilt der Islam als unfähig, eine echte rechtliche Autonomie anzuerkennen. Entsprechend sind Zweifel verbreitet, ob der Islam überhaupt dazu in der Lage ist, eine säkulare und demokratische Rechtsordnung zu bejahen. Das Grundproblem wird darin gesehen, dass die Religion des Islams in geradezu totalitärer Weise alle Bereiche des Lebens zu regeln versucht. Das islamische Recht sei deshalb nicht dazu in der Lage, sich mit einem säkularen Recht zu versöhnen. Im Blick auf die jüdisch-christliche Tradition ist immer wieder zu hören, dass der Islam sich von ihr distanziere und so etwas wie Heilsgeschichte nicht zu denken vermöge. Und die griechische Philosophie schließlich wird als Erbin des Westens gesehen, die der Islam seit al-Ghazalis vernichtender Kritik an der Philosophie Avicennas nicht mehr als Teil seiner Tradition ansehe. Der Islam habe deshalb keine eigene Philosophie ausgebildet und biete nicht jene autonomen Vernunftpotenziale, die im Westen zur Ausbildung der Aufklärung geführt haben.

Doch dieses Bild ist in allen drei Punkten falsch. Wir hatten bereits im Kapitel zum islamischen Recht ausführlich aufgezeigt, dass dieses

Recht keineswegs mehr religiöse Elemente enthält als das römische Recht und durchaus mit einer säkularen Tradition zusammengedacht werden kann. Es ist – wie der Islamwissenschaftler Thomas Bauer zu Recht festhält – leicht aufzuzeigen, dass

> »über beinahe die gesamte islamische Geschichte eine sehr deutliche ›Trennung zwischen geistlicher und politischer Autorität‹ bestand. Herrscher ließen sich kaum je von Religionsgelehrten dreinreden, und wenn es ihnen gelang, einen Mufti für ein Gefälligkeitsgutachten zu gewinnen, heißt dies noch lange nicht, daß die anderen Gelehrten die *fatwā* akzeptierten.«[18]

Auch das Verhältnis des Islams zum Thema Heilsgeschichte und zur jüdisch-christlichen Tradition ist viel komplexer als das von seinen Kritikern zugegeben wird. Richtig ist, dass der Koran kein heilsgeschichtliches Drama entfaltet. Überhaupt ist er wenig an einer erzählerischen Ausdeutung seiner Botschaft interessiert. Genauso klar ist aber auch, dass der Koran sich in die biblischen Narrative einschreibt. Sie werden dabei systematisch umgeschrieben und neu kodiert.[19] An die Stelle der Geschichtserinnerung tritt vielfach die eschatologische Zukunftsvision[20] sowie eine Hermeneutik der in der ganzen Schöpfung gegebenen Zeichen Gottes[21], d. h. – wie Angelika Neuwirth schreibt – »Gott-menschliche Interaktion ist nicht primär göttliche Intervention im sozial-politischen Leben, sondern eine Mitteilung von Zeichen.«[22] An die Stelle des biblischen Weltendramas treten neue Funktionen der Propheten, etwa Abrahams Geschichte der Darbringung seines Sohnes als »Ätiologie des arabischen mekkanischen Heiligtums«[23].

Doch bei aller Neucodierung und Rationalisierung der biblischen Tradition wird schon in Frühmekka »mekkanische Lokalgeschichte als Teil der Heilsgeschichte erkennbar«[24]. Ab der mittelmekkanischen Zeit nimmt der Koran teil »an der Erinnerung an Heilsgeschichte, wie sie durch das Medium der Schrift transportiert wird.«[25] In Medina erfolgt schließlich der bewusste »Eintritt der koranischen Gemeinde in die Heilsgeschichte«[26]. Im Laufe der Entwicklung entsteht auf diese Weise »ein zunehmendes Bewusstsein von der Erfüllung biblischer Geschichte in der unmittelbaren Gegenwart der Gemeinde.«[27] Von daher ist es unzutreffend, den Koran in einem antagonistischen Verhältnis zur biblischen und der damit verbundenen heilsgeschichtlichen Tradition zu sehen. Der Koran schreibt sich vielmehr in sie ein und bestimmt sie fort. Ob die Art dieser Fortbestimmung dann aus christlicher Sicht überzeugen kann, werden wir im letzten Kapitel bedenken müssen. Jedenfalls kann der Islam sich genauso wie das Christentum auf die

Gründungsorte Rom und Jerusalem beziehen. Und auch Athen hat den Islam weit mehr geprägt als das heute im allgemeinen Bewusstsein des Westens verankert ist.

Zumindest bei den intellektuellen Eliten des Westens ist noch bekannt, dass die lateinische Aristotelesrezeption und die mit ihr verbundene Etablierung von Universitäten in Europa zentral mit einer islamischen Transferleistung zu tun hat. Avicenna/Ibn Sina (980–1037) und Averroes/Ibn Rushd (1126–1198) sind in ihrer bahnbrechenden Leistung für die europäische Philosophie einfach viel zu bekannt, als dass man sie übersehen könnte. Doch der Einfluss des Averroes auf die islamische Geistesgeschichte gilt als überschaubar, und der unbestreitbar große Einfluss der Synthese Avicennas wird nach der Standardmeinung westlicher Geschichtsrekonstruktion zumindest in der sunnitischen Welt durch das Werk al-Ghazalis (1058–1111) marginalisiert. Ghazali avanciert in dieser Deutung zum Totengräber islamischer Philosophie und nach ihm nimmt man keine islamische Philosophie von Rang mehr wahr.

Doch Forscher wie Frank Griffel haben in jüngster Zeit überzeugend gezeigt[28], dass Ghazali keineswegs ein Antiphilosoph sein wollte. Seine Kritik an Avicenna und der mit ihm verbundenen Schulphilosophie beschränkt sich vielmehr auf ausgewählte Punkte und erfolgt durchweg mit philosophischen Argumenten. D. h. Ghazali verwirft die Philosophie nicht, sondern reinigt sie aus der Perspektive des Glaubens – ähnlich wie später im Westen Thomas von Aquin. Viele Teile seines Denkens bleiben von der Philosophie geprägt. Und da, wo er der philosophischen Tradition nicht folgt, belegt er auch dies mit philosophischen Argumenten.

Die ganze Schultheologie nach ihm folgt ihm in dieser Rezeptionsweise. Sie ist also zutiefst durch philosophische Argumente geprägt. Allerdings erscheint die Philosophie hier genauso wenig wie bei Thomas als säkulares Gegenüber der Theologie. Vielmehr wird sie zur Form theologischen Denkens und lebt auf diese Weise in den theologischen Denkschulen weiter. Autonomes philosophisches Denken wird durch Ghazali also nicht zerstört, sondern für die Theologie fruchtbar gemacht und in ihr beheimatet. Es gehört zu den großen Fehlleistungen des westlichen Umgangs mit dem Islam, dass wir erst langsam die Komplexität und Dignität philosophischer Traditionen im Islam wiederzuentdecken und zu verstehen beginnen. Leider hat uns die koloniale Herangehensweise an den Islam lange Zeit gehemmt, den Reichtum islamischer Ideengeschichte zur Kenntnis zu nehmen. Stattdessen entwickelte sich das Narrativ des Verfalls des Islams, das umso stärker etabliert wurde, je weniger man die intellektuellen Traditionen des Islams verstand.

Die besondere Tragik der Moderne besteht darin, dass es immer mehr junge Muslime gibt, die sich das Narrativ des Verfalls des Islams zu Eigen gemacht haben und nun ihre eigenen Geistesgeschichte nicht mehr verstehen. Dieses Nichtverstehen wird gegenwärtig in zwei Weisen kompensiert. Einerseits gibt es Muslime, die den Islam modernisieren und an den Westen anpassen wollen und selbst denken, dass die muslimische Tradition dabei eher hinderlich ist. Oft gilt ihnen der Koran selbst noch als verlässliche Quelle, an die es neu anzuknüpfen gilt. Aber die Errungenschaften und Schätze der islamischen Tradition werden ignoriert.

An Traditionsvergessenheit überboten werden diese Modernisten nur noch durch den Neosalafismus, also durch die moderne muslimische Version des Fundamentalismus. Die Neosalafisten hassen nichts so sehr wie die islamische Tradition. Nichts verbindet die modernen Islamkritiker und die islamischen Fundamentalisten so sehr wie ihr Hass auf die Geschichte des Islams.[29] Erschreckend ist dabei das Ausmaß ihrer Unkenntnis von dieser Geschichte. Ist diese Unkenntnis bei den modernen Islamkritikern nicht weiter verwunderlich, stockt einem angesichts der Ignoranz muslimischer Fundamentalisten gegenüber der eigenen Religion und ihren intellektuellen Traditionen der Atem. Auf diese Weise hat sich in den letzten Jahrzehnten ein Selbstbild entwickelt, das unter Absehung von aller traditionellen Gelehrsamkeit nichts weniger leistet als eine Neuerfindung des Islams. Der Islamwissenschaftler Thomas Bauer hält im Blick auf diese traurige Entwicklung völlig zu Recht fest:

> »Im Laufe des 20. Jahrhunderts findet ein Prozeß statt, der oft fälschlich als ›Re-Islamisierung‹ bezeichnet worden ist, in Wahrheit aber die Neuschaffung des Islam als eine Ideologie ist.«[30]

Während der Islam traditionell gerade nicht die Gestalt einer Ideologie hat, sondern sich durch eine stark ausgeprägte Ambiguitätstoleranz und Pluralitätsfähigkeit auszeichnet, gelingt es dem modernen islamischen Fundamentalismus zunehmend, diese Traditionen unkenntlich zu machen. »Während die Meinungsverschiedenheit der Gelehrten in klassischer Zeit, einem bekannten Prophetenwort zufolge, als Gnade für die Gemeinde galt, gilt sie heute vielen als auszumerzendes Übel.«[31] Der typisch moderne Wunsch nach Klarheit und Eindeutigkeit führt dazu, dass der Islam das verliert, was seinen Charme und seine Stärke ausmacht: seine Fähigkeit, unterschiedlichste Meinungen durch die gemeinsame Glaubenspraxis zusammenzuhalten, auch wenn aus ideologischer Perspektive kein gemeinsames Weltbild vorliegt. Es ist offenkundig, dass

Fundamentalisten und Reformer derzeit »im Zeichen der westlichen Episteme einen Kampf gegen die eigene Kultur führen.«[32]

Dieser Kulturkampf wird von den Islamkritikern im Westen freudig aufgenommen, und auch in den westlichen Gesellschaften nimmt im Zuge der terroristischen Bedrohung die Bereitschaft ab, die Schätze der islamischen Traditionen wahrzunehmen und zu würdigen. Dabei kann gerade die Neuentdeckung des Reichtums des Islams im Westen junge Muslime davon abhalten, in die Fänge des muslimischen Fundamentalismus zu geraten. Sie können auf diese Weise die emanzipatorischen und pazifizierenden intellektuellen Ressourcen der eigenen Tradition entdecken. Stattdessen erleben wir auf breiter Front, wie die Neuerfindung des Islams durch traditionsvergessene Fundamentalisten unsere Wahrnehmung des Islams bestimmt und auch die Realität in manchen muslimischen Ländern in nie dagewesene menschenverachtende Zustände hineinmanövriert.

Diese Gefahr will ich abschließend an einem Beispiel illustrieren, das derzeit in den westlichen Medien immer wieder dargestellt wird: die Bestrafung des Ehebruchs durch Steinigung. Diese brutale Hinrichtungsform erscheint uns oft als mittelalterliches Relikt, das muslimische Fundamentalisten aus der islamischen Rechtstradition in die Gegenwart transferieren und das durch Modernisierung des islamischen Rechts abgeschafft werden muss. Wenn man sich mit der islamischen Rechtsgeschichte beschäftigt, stellt man aber interessanterweise fest, dass im Mittelalter gar keine Steinigungen vollstreckt wurden. Wenn heute also derartige Steinigungen vollzogen werden, ist das kein Rückfall ins Mittelalter, sondern Teil der beschriebenen Neuerfindung des Islams.

Denn auch wenn die Steinigung von Ehebrechern tatsächlich als Strafe für Ehebruch in manchen islamischen Rechtshandbüchern vermerkt ist, so ist diese Strafform doch zugleich an Vorschriften gekoppelt, die seine praktische Umsetzung unmöglich machen.[33] So zählt Thomas Bauer auf:

> »Gefordert werden vier Zeugen, die den Geschlechtsakt in allen Einzelheiten gesehen haben müssen und die, wenn auch nur einer an seiner Aussage Zweifel erkennen läßt, die Strafe einer öffentlichen Auspeitschung wegen Verleumdung zu gewärtigen haben – ganz davon abgesehen, daß sich die Augenzeugen schwer damit tun würden, ihr unziemliche Neugier zu rechtfertigen.«[34]

Nicht einmal außereheliche Schwangerschaften werden als Beweis für den Ehebruch anerkannt, weil die Betroffenen das Kind ja unbemerkt im Schlaf empfangen haben können.[35]

Auch einvernehmlicher Geschlechtsverkehr unter Männern wurde vor dem 20. Jahrhundert faktisch nicht verfolgt.[36] Thomas Bauer kommt deswegen zu dem Schluss:

> »Die antiken Vorstellungen von Liebe, Sex und Familie lebten jedoch nicht im Westen, sondern im Nahen Osten fort, wo sie bis in die Mitte des 19. Jahrhunderts literarischen Ausdruck fanden, ehe sie durch westlichen Einfluß zum Schweigen gebracht wurden.«[37] Galt der Islam im Westen auch wegen seiner freizügigen Haltung zur Sexualität bis Mitte des 20. Jahrhunderts als dekadent und pervers, wird er heute als prüde und repressiv angesehen, »ohne zu merken, daß es der Westen war, der sich geändert hat, und viel weniger ›der Islam‹.«[38]

Im Blick auf die Neuerfindung des Islams im muslimischen Fundamentalismus wird man Bauers Diagnose allerdings dahingehen modifizieren müssen, dass leider auch einige Muslime derzeit alles tun, um die westlichen Vorurteile gegenüber dem Islam zu bestätigen.

Die gegenwärtige Radikalisierung des Islams entfremdet ihn also nicht nur von seinen normativen Quellen, sondern auch von seiner Tradition. Die Modernisierung des Islams erweist sich so als zutiefst ambivalente Geschichte, die uns zu gesteigerter Behutsamkeit beim Versuch der Integration von Muslimen in unsere Gesellschaft veranlassen sollte. Wir müssen lernen, endlich die Traditionen der Zwangsaufklärung von oben zu durchbrechen, die sich seit den entsprechenden Versuchen durch die Muʿtazila zur Zeit von Kalifen wie al-Maʾmūn entwickelt hat und insbesondere durch das koloniale Erbe als Trauma in die islamische Geistesgeschichte eingebrannt ist. Stattdessen gilt es den Reichtum islamischer Gelehrsamkeit zu entdecken und durch seine Würdigung einer Erneuerung des Islams aus seiner eigenen Mitte den Weg zu bereiten. Aus einem solchen Prozess hat auch das Christentum viel zu lernen, wie ich im folgenden Kapitel darlegen will.

VII

ISLAM UND CHRISTENTUM – ZUM BLEIBENDEN SINN IHRER WECHSELSEITIGEN VERWIESENHEIT

In den christlichen Theologien besteht schon seit Aufkommen des Islams eine große Verlegenheit darüber, wie er theologisch zu bewerten ist. Genügte es anfangs, ihn als Häresie zu bekämpfen, wurde theologisch angesichts seines ungeheuren Erfolges die Frage immer bedrängender, warum Gott eine so starke Religion nach dem Christentum zulässt. Bis heute gibt es keine überzeugende Theologie des Islams auf christlicher Seite, aber auch Muslime tun sich schwer damit, ein wertschätzendes Verhältnis zu Christen zu entwickeln. Das folgende Kapitel will theologisch zeigen, welch *heilsgeschichtlicher Sinn* in der wechselseitigen bleibenden Verwiesenheit beider Religionen aufeinander liegen könnte. Dabei wird es sich mit vorsichtigen Andeutungen zu der Frage begnügen, welchen Sinn das Christentum aus muslimischer Sicht haben könnte (5.). Ausführlich will ich aber darüber nachdenken, wie und was Christen von Muslimen lernen können und welch theologischer und heilsgeschichtlicher Sinn aus christlicher Sicht im Islam liegen könnte (4.).

Bevor ich mich dieser Aufgabe zuwende, will ich aber wenigstens kurz auf die koranische Wahrnehmung von Jesus von Nazaret schauen (1.–3.). Denn schon in meinen Darlegungen zur koranischen Sicht auf die Trinitätstheologie wurde deutlich, dass von dieser Frage zentral abhängt, ob Christen eine echte Wertschätzung gegenüber dem Islam entwickeln können. Denn alle in den ersten Kapiteln entwickelten hermeneutischen Möglichkeiten zur Würdigung des Korans, des Propheten Muhammad und des koranischen Gottesbildes sind nur schwer durchzuhalten, wenn sich der Koran gegen den zentralen Glaubenssatz des Christentums an Jesus als den Christus wendet. Wie also sieht der Koran Jesus von Nazaret? Und ist diese Wahrnehmung so gestaltet, dass sie auch für Christen wertvolle Impulse zum Nachdenken und zur Entwicklung ihres Glaubens enthält?

1. Christliche Perspektiven auf den koranischen Jesus in den mekkanischen Suren

Die ersten koranischen Aussagen über Jesus finden sich in der mittelmekkanischen Zeit, die normalerweise auf die Jahre 615–618 n. Chr. datiert wird. Die in dieser Frühphase entstandenen Verse enthalten noch kein theologisch ausgefeiltes Bild von Jesus, ja sie scheinen gar nicht so sehr an seiner Person interessiert zu sein und vermeiden viele der gängigen mit seiner Person verbundenen Titel. Entfaltet wird das Jesusbild immer wieder in engem Kontext mit der Rede von Maria – insbesondere im Kontext der Sure Maryam (Q 19), die ich im Folgenden paradigmatisch für die mekkanische Zeit betrachten möchte.[1] Zudem scheint der Koran in dieser Zeit noch nicht zwischen dem Islam und den anderen monotheistischen Religionen im Sinne von unterschiedlichen Religionsgemeinschaften zu differenzieren. Hier werden zunächst einmal christliche Traditionen positiv aufgenommen – vielleicht in der Hoffnung, dass sich auf diese Weise eine einheitliche monotheistische Glaubensgemeinschaft entwickeln lässt.

Der Koran beobachtet in dieser Phase und auch später noch die Zerstrittenheit jüdischer (Q 43:63) und christlicher Sekten untereinander (Q 19:37; 43:58) bzw. der Juden und Christen miteinander (2:139 f.) und will in der mittelmekkanischen Periode zu einer einheitlichen monotheistischen Gemeinde einladen, die auch Raum für Christen bieten soll und deshalb einige sehr spezifische Aussagen über Jesus und Maria in das eigene Konzept integriert. Im Hintergrund steht offenbar die Vision einer Einheit, die durchaus Vielheit zu tragen und zu versöhnen bereit ist und die in spätmedinensischer Zeit noch mehr an Bedeutung gewinnt.

Im Grundbestand der Sure Maryam wird Jesus von Gott als ein »Zeichen für die Menschen« vorgestellt, das er den Menschen gibt, um ihnen Barmherzigkeit zu erweisen (Q 19:21). Jesus kommt hier allerdings zunächst nicht selbst zu Wort, sondern Gott bzw. der Engel spricht vor seiner Geburt über ihn, um Maria Mut zu machen. Der dabei entwickelte theologische Gedanke von Jesus als Zeichen Gottes bleibt in der mekkanischen Rede von Jesus zentral und wird mehrmals genannt (vgl. Q 23:50; 21:91), dabei aber immer auch auf Maria bezogen. Zugleich ist deutlich, dass die Zeichenfunktion von Jesus und Maria nicht nur für Israel, sondern für alle Menschen, ja für alle Welten gilt (Q 21:91).

Die Rede von dem Erweis der Barmherzigkeit durch Jesus (Q 19:21) bindet ihn an den in der mittelmekkanischen Zeit üblichen Gottesnamen. Diese Barmherzigkeit wird wenig später in überraschender Weise schon an Maria deutlich. Jesus (bzw. Gott selbst?)[2] ermutigt sie, macht sie auf ein Rinnsal unter ihr aufmerksam und zeigt ihr, wie sie an Dat-

teln kommen kann. Wie der Engel in der Wüste den Propheten Elija
(1 Kön 19, 5–7) fordert er sie auf, zu essen und zu trinken, um so neuen
Mut zu finden (vgl. Q 19:24–26).

Schon durch diese (mögliche) erste Intervention Jesu ist deutlich,
warum er ein »Zeichen für die Menschen« ist. In Q 19:30–33 wird diese
Intervention nun öffentlich, und Jesus spricht nicht nur zu seiner Mutter,
sondern vor allen Menschen. Grund ist auch hier die Barmherzigkeit
bzw. das Eintreten für seine Mutter. An dieser Stelle gibt es keinen Zweifel darüber, dass Jesus spricht. Wie kann man dieses Sprechen eines
Babys verstehen?

In der muslimischen Auslegungstradition wird diese Ermächtigung
Jesu oft so verstanden, dass Jesus bereits so früh von Gott zum Propheten
bestellt wird. So versteht beispielsweise *az-Zamaḫšarī* die Tatsache des
sprechenden Babys so, »dass Gott Jesus das Prophetentum (*nubbuwa*)
schon in der Kindheit verliehen habe«[3] »und Gott das Kind bereits
in diesem frühen Alter mit vollständiger Vernunft ausgestattet habe.«[4]
Hierbei sollte man allerdings bedenken, dass die mit dem arabischen
Begriff *aql* gemeinte Fähigkeit der Vernunft im Herzen angesiedelt ist, so
dass diese Begabung nicht so verstanden werden sollte, dass man Jesus
zu einem Superhirn stilisiert oder ihm supranaturale Verstandesfähigkeiten zuschreibt. Vielmehr kann es hier nur um eine Herzenseinsicht
gehen, die nach der Vorstellung des Korans offenkundig auch schon
ein Kind haben kann – ein bemerkenswertes Zutrauen, das uns einlädt,
die Fähigkeiten und Begabungen von Babys und Kindern mit neuer
Aufmerksamkeit zu betrachten, und das uns in ganz eigener Weise die
Weihnachtsbotschaft nahebringt.

Das Prophetenamt Jesu steht also von Anfang an unter einem Vorzeichen, das ihn von anderen Propheten unterscheidet. Es wird ihm
bereits in der Wiege verliehen und muss insofern mit Eigenschaften zu
tun haben, die man einem Menschen schon von Anfang an zusprechen
kann. Hierzu passt gut die sufische Tradition, die Jesus »unter allen
Propheten […] zur Verkörperung der […] Liebe erklärt«[5] und ihn als
»Epiphanie der göttlichen Schönheit« ansieht.[6] Jesus wird so als Bild Gottes erahnbar, das die Liebe und Barmherzigkeit Gottes erfahrbar macht.
Sein Sprechen als Baby wird von daher wohl metaphorisch zu verstehen
sein und könnte etwas mit dem eschatologischen Hereinbrechen der
Schönheit Gottes zu tun haben. Hierfür spricht zumindest die Deutung
Qurṭubīs, der zufolge Jesus im Säuglingsalter so sprach, wie Gott die
innersten Wesen (Diamanten) am Jüngsten Tag sprechen lassen wird.[7]

Statt nun aber länger im Allgemeinen über die Bedeutung der Tatsache
zu sinnieren, dass die Stimme des Korans Jesus schon als Baby zu Wort

kommen lässt, wollen wir uns nun dem Inhalt von Jesu Selbstvorstellung zuwenden. Diese beginnt mit der Selbstbezeichnung Jesu als Diener Gottes (Q 19:30). Lange Zeit hat die christliche genauso wie die muslimische Exegese in der Bezeichnung Jesu als Diener Gottes eine Depotenzierung seiner Besonderheit gesehen. Dabei übersieht sie, dass der hier in so prominenter Weise von Jesus selbst in Anspruch genommene Ausdruck die älteste urchristliche Bekenntnisformel aufnimmt.[8] Sie zitiert den zentralen Titel des Ebed (arabisch: ʿabd) JHWH aus Jes 52,13–53,12 und den anderen Gottesknechtsliedern. Dies ist als Selbstbeschreibung deshalb so bemerkenswert, weil der historische Jesus nach modernen exegetischen Erkenntnissen eben diese Gottesknechtslieder zur Deutung seines Schicksals verwendet,[9] sodass diese Selbsteinschätzung auch historisch sehr gut nachvollziehbar ist und für den theologisch bewanderten Leser bereits in der ersten Äußerung Jesu sein Lebensschicksal aufblitzen lässt.

Zugleich weist sein Dienersein Jesus als paradigmatischen Menschen aus. Denn die Hingabe an Gott ist – wie bereits im fünften Kapitel deutlich wurde – zentrales Kennzeichen der islamischen Anthropologie. Entsprechend ist es durchaus üblich, dass Gott von seinen Dienern spricht, und viele Menschen werden jeweils als sein Diener bezeichnet. Allerdings wird nur Jesus im Koran so eingeführt, dass er selbst von sich sagt, er sei der Diener Gottes und damit der Gottesknecht. Hier wird also ein christologischer Hoheitstitel aufgenommen und wahrscheinlich durchaus auch in kritischer Absicht neu kontextualisiert.

Denn natürlich fällt auf, dass weder an dieser noch an einer anderen Stelle des Korans der von Deuterojesaja her naheliegende Gedanke des stellvertretenden Sühneleidens mit dem Titel verbunden wird. Überhaupt liefert der Koran kein Material, um die sich einstellenden Assoziation an den Tod Jesu zu bedienen. Offensichtlich ist hier eine der bedeutsamen Leerstellen des Korans gegeben, der nicht selten durch Auslassung neue theologische Akzente setzt. Genauso, wie insgesamt das für die Evangelien so wichtige Bild des am Kreuz leidenden Christus vermieden wird,[10] erteilt der Koran jeder Form einer erlösenden Kraft ritueller Opfer eine Absage.[11] Der Gottesknechtstitel wird so neu besetzt und wieder in seinem breiteren biblischen Kontext verankert (vgl. Gen 34,5 und Jos 1,13 mit Bezug auf Mose; Ijob 1,8 in Bezug auf Ijob; Ps 113,1 und Esr 5,11 in Bezug auf Israel, um nur einige zu nennen). Allerdings stellt seine pointierte Verwendung für Jesus trotzdem eine außergewöhnliche Hervorhebung seiner Person dar, die durchaus offen für christologische Implikationen ist.

Nach der Selbstbezeichnung als Gottesknecht geht die Selbstvorstellung Jesu mit der Aussage Jesu weiter, dass Gott ihm die Schrift gegeben hat. Im Arabischen ist hier beim Wort »Schrift« von »Kitab« die Rede. In muslimischer Tradition wird diese Stelle normalerweise so gedeutet, dass Jesus, wie den anderen Gesandten auch, eine Schrift im Sinne eines Buches gegeben wurde. Damit muss – wie etwa der persische Gelehrte *Tabataba'i* in seiner Exegese verdeutlicht – aber kein Buch gemeint sein, sondern die Aussage kann sich auch auf die Lehre Jesu beziehen, sodass einfach gemeint ist, dass Gott Jesus seine Botschaft anvertraut hat.[12] Jesus wäre dann derjenige, der mit dem Willen Gottes vertraut ist und aus ihm heraus lebt. Ja, vielleicht kann man sogar so weit gehen, Jesus selbst als die Botschaft Gottes zu sehen.[13]

Um Missverständnissen dieser Hervorhebung Jesu vorzubeugen, ist es dem Koran wichtig, den prophetischen Auftrag Jesu anthropologisch einzubetten. Jesus wird präsentiert als jemand, der von Anfang an alles tut, was einen frommen und vorbildlichen Menschen ausmacht: Er hat die Gabe des Segens – und zwar in allem, was er tut –, er betet, gibt Almosen, ehrt seine Mutter, ist friedfertig (Q 19:31 f.) und sein ganzes Leben von der Geburt bis zum Tod ist vom Heil Gottes umfangen (Q 19:33). Gerade diese, das ganze Leben Jesu umspannende Perspektive verstärkt den Eindruck, dass es bei Jesus nicht so sehr auf eine bestimmte Phase seines Lebens oder eine bestimmte Botschaft ankommt, sondern auf sein Leben und seine Lehre insgesamt.

Auffällig ist schließlich am Grundbestand der Sure Maryam noch, dass die Sure die Geschichte Jesu mit der Johannes' des Täufers parallelisiert und damit den hier auch biblisch gegebenen Zusammenhang beider aufgreift. Zugleich relativiert die Sure im Vergleich mit dem Lukasevangelium einige der Passagen, die die direkte Überlegenheit Jesu über Johannes betonen. Auch Johannes wird als ganz besonderer Mensch geschildert, der schon im Knabenalter mit Weisheit, Mitgefühl und Lauterkeit begabt ist. Auch bei ihm wird seine Ehrerbietung gegenüber den Eltern betont und Friede umfängt sein ganzes Leben – vom Tag der Geburt bis zum Tod (Q 19:12–15). Von daher sollte man sich davor hüten, die Besonderheit Jesu überzubetonen. Offenbar geht es dem Koran nicht um eine Vollkommenheit Jesu, die ihn von anderen Propheten unterscheidet, sondern um eine Besonderheit, die das näher qualifiziert, was prophetisches Dasein ausmacht. Allerdings wird Johannes nicht als Gottesknecht dargestellt und er kann auch nicht schon als Baby sprechen. Zudem fehlen Aussagen zu seiner Zeichenfunktion, sodass er – bei aller koranischen Depotenzierung Jesu – insgesamt als weniger bedeutend als Jesus erscheint.

Trotz dieser bleibenden Hierarchisierung ist es wichtig wahrzunehmen, dass der Koran von Anfang an Jesu Rolle relativiert und sich auf diese Weise bleibend vom Christentum abgrenzt. Fraglich scheint mir allerdings dabei zu sein, ob diese Abgrenzung wirklich notwendig mit einer Abwertung Jesu von Nazaret oder des recht verstandenen christlichen Glaubens einhergehen muss. Vielleicht werden hier erst einmal nur Differenzen markiert, ohne gleich zu polemischen Abgrenzungen zu führen.

Die friedlich-unpolemischen Perspektiven auf Jesus und Maria des Grundbestandes der Sure Maryam scheinen schon bald Präzisierungen erforderlich gemacht zu haben, um im Blick auf die paganen Araber deutlich zu machen, dass es aus koranischer Sicht nicht legitim ist, Jesus als Sohn Gottes anzusehen bzw. anzunehmen, dass Gott Kinder haben könne. In diese Richtung zielt offenkundig der Einschub in Sure 19, der direkt im Anschluss an die soeben referierte Passage erfolgt (Q 19:34–40 und dann auch noch 88–94). Dieser Einschub, der wohl auch noch in mittelmekkanischer Zeit erfolgt, scheint aus dem Kontext von der ebenfalls mittelmekkanischen Sure 43 die Sure Maryam modifiziert zu haben.[14]

Es geht bei diesem Einschub also um Missverständnisse paganer Araber, die Jesus und Maria als Götter in der Kaaba verehrten und in die Reihe ihrer althergebrachten Gottheiten einreihten. Durch die christlichen Redeweisen fühlten sie sich hier bestärkt. Die paganen Araber scheinen die christlichen Aussagen über Jesus so begriffen zu haben, als ob Jesus als biologischer Sohn von Gott verstanden werden kann. Jesus wäre dann *walad* von Gott, was in Q 19:35 klar zurückgewiesen wird. Das ist allerdings nicht gegen die Christen gerichtet, weil Christen Jesus nicht als *walad* von Gott verstehen, sondern als *ibn*, wie auch im Umfeld der Entstehung des Koran bekannt gewesen sein muss.[15] Auch Q 19:88 und ebenso 43:81 sind damit nicht gegen Christen gerichtet, sondern gegen pagane Araber, die meinen, dass Gott einen *walad* hat. Dies kann man auch an den Argumenten sehen, die der Koran verwendet, um sich gegen die Möglichkeit zu verwahren, dass Gott Kinder haben kann. In Q 17:111 beispielsweise wird befürchtet, dass die Rede von einem Kind Gottes bedeuten würde, dass Gott seine Macht teilen müsste und »wegen seiner Schwäche eines Freunds bedarf«. Aber der christliche Selbstoffenbarungsgedanke will ja gerade ausschließen, dass Gott aus Bedürftigkeit handelt oder durch seine Inkarnation an Macht verliert,[16] so dass die mittelmekkanischen Suren offensichtlich primär als Kritik an paganen Theorien zu lesen sind.

Doch kehren wir zunächst einmal zu dem Einschub in die Sure Maryam zurück. Nach der Feststellung, dass Gott kein Kind haben kann (Q 19:35), stellt Q 19:36 in Aufnahme von Q 43:64 klar, dass Gott der Herr Jesu und der Menschen ist, d. h. er wehrt den Gedanken einer Vergöttlichung Jesu ab. Vermutlich ist hier an eine mythologische Christusdeutung gedacht, die Jesus eben doch als *walad* Gottes sieht oder ihn irgendwie vergöttlicht. Angelika Neuwirth geht jedenfalls davon aus, dass es hier um eine polemische Auseinandersetzung mit den heidnischen Mekkanern ging, die Jesus in ihren Götterpantheon eingereiht haben, zugleich aber darauf bestanden, dass ihre eigenen Göttinnen ihm überlegen sind.[17]

Im weiteren Verlauf des Einschubs in die Sure Maryam stellt der Koran warnend die Parteiungen im Glauben vor Augen und ruft im Blick auf die eschatologische Entschiedenheit der Sache zum Glauben auf (Q 19:37–40). Erst in Q 19:88–92 wiederholt er dann noch einmal, wie ungeheuerlich es ist, Gott einen Sohn zuzuschreiben. Und Q 19:93–95 stellt klar, dass alle einzeln als Diener zur Auferstehung kommen, sodass nur Gott als Richter in Frage kommt und nicht etwa Jesus. Allerdings dient Jesus als »Erkennungszeichen der Stunde des Gerichts« (Q 43:61), sodass ihm auch im Koran eschatologisch eine besondere Rolle zuzukommen scheint.

Die mittelmekkanische Periode enthält also viele positive und auch für christliche Ohren bedenkenswerte Aussagen über Jesus, auch wenn viele zentrale Titel und Zuschreibungen zu Jesus noch fehlen. Jesus wird als Zeichen Gottes eingeführt, das die Barmherzigkeit Gottes verdeutlicht und bereits als Baby erfahrbar macht. Jesus erscheint zudem als der Gottesknecht und vorbildliche Mensch; als derjenige, der mit dem Willen Gottes vertraut ist und aus ihm heraus lebt, und auf diese Weise Prophet ist, sodass auch die ihm geschenkte Schrift in seiner Lehre liegen könnte. Jesus tritt mit Beweisen auf und ruft in den Gehorsam, ordnet sich aber radikal Gott unter und wehrt sich gegen jede Vergöttlichung seiner Person. All das könnte auch eine christliche Quelle über Jesus sagen und sie würde dabei einige interessante Anhaltspunkte für eine moderne Rekonstruktion christologischer Gedanken bieten.

Zugleich fällt das offensichtliche Desinteresse des Korans auf, wegen der erkennbaren Besonderheit Jesu über seine Natur nachzudenken.[18] Offenkundig steht ihm allzu deutlich vor Augen, wie leicht es zu Streitigkeiten über derartige Fragen kommen kann, als dass er sich an Spekulationen darüber beteiligen möchte.

2. Christliche Perspektiven auf den koranischen Jesus in den medinensischen Suren

Auch in spätmekkanischer Zeit finden sich immer wieder Bezüge auf Jesus; doch erst in Medina wird er wieder zu einem zentralen Thema

des Korans. In besonders prominenter Weise wird dies in der Sure Āl
ʿImrān (Q 3) deutlich, die einerseits das Haus von Jesu Großeltern gleichberechtigt neben das Haus Abrahams stellt und durch eine matrilineare
Dynastie von Maria her in seiner Dignität begründet.[19] Eingebettet wird
diese ausgesprochen pluralitätsfreundliche Konzeption in die zu Beginn
sehr prominent vertretene Konzeption der Mehrdeutigkeit mancher
Verse der Schrift (vgl. Q 3:7), sodass Angelika Neuwirth völlig zu Recht
die Ambiguität der Schriftverse als das zentrale durch die Christologie
ausgelöste Thema dieser Sure ausmacht.[20] Und in der Tat scheint mir
auch der Tenor der Ansprache der Christen in der Sure so gestaltet zu
sein, dass sie noch einmal in die Gemeinschaft der Gottergebenen eingeladen werden, dabei aber durchaus – vielleicht ja wegen der Ambiguität
der Schrift – in ihrer Andersheit gewürdigt werden.

Nach der muslimischen Tradition ist es eine Delegation der Christen
von Naǧrān, die den Koran in der Sure Āl ʿImrān dazu veranlasst, noch
einmal die Rolle von Jesus zu erläutern. Wenn Jesus nicht der Sohn Gottes ist, was ist er dann? – so lautete die Frage der Christen, auf die die
Ausführung in Sure Āl ʿImrān antworten will. Dabei kommt eine ganze
Reihe von Hoheitstiteln Jesu ins Spiel, die teilweise auch an anderen Stellen wieder aufgenommen wird und sich mit zentralen Kategorien traditioneller Christologie auseinandersetzt. Gleich die erste Einführung Jesu
in Q 3:45 hat es in sich. Jesus wird hier als *Wort Gottes* verkündigt, und
erstmals wird sein Name Christus und damit der Messiastitel verwendet.

Darüber hinaus wird im Folgenden von Jesus ausgesagt, dass er im
Diesseits und im Jenseits Gott nahestehen wird. Dieses dauernde Nahestehen Jesu zu Gott erinnert als adverbiale Bestimmung des Ortes
an das christliche Bekenntnis, dass Jesus zur Rechten Gottes sitzt. Als
Gott Nahestehender ist Jesus einer derjenigen, die vorauseilen in die
Gärten der Wonne (vgl. Q 56:10–12) und dort aus der Quelle trinken
(vgl. Q 83:28). Interessanterweise wird im Koran zwar immer wieder
die eschatologische Kategorie der Nahestehenden genannt, aber sonst
nie mit einem bestimmten Propheten in Verbindung gebracht. Jesus
scheint also in ganz ausgezeichneter Weise der Gott Nahestehende zu
sein, der Gott bereits von Anfang seines Lebens an nahesteht und gerade
deswegen ja auch schon als Baby sein Wort verkündet (Q 3:46) und dem
auch der Tod keine letzte Zerstörung bringen kann (Q 4:158).

Es liegt also nahe, aus dieser besonderen Vertrautheit und Nähe Jesu
zu Gott auch den Grund abzuleiten, warum er als Wort Gottes bezeichnet wird. Denn diese Kennzeichnung finden wir ebenfalls im Koran
für keinen anderen Propheten, und sie wird später sogar noch einmal
wiederholt und verstärkt. In Q 4:171 wird die Nähe zwischen Gottes Hei-

ligem Geist und Jesus so sehr zugespitzt, dass Jesus sogar als sein Wort und sein Geist bezeichnet wird. Es ist interessant, dass die besondere Nähe, die Jesus durch seine Geisterfülltheit schon in der frühmedinensischen Phase zugesprochen wurde, jetzt so zugespitzt wird, dass Jesus nicht nur vom Heiligen Geist gestärkt, sondern mit dem Geist identifiziert und in einer eschatologischen Nähe zu Gott gesehen wird, die es erlaubt, ihn (und nur ihn) als Wort Gottes zu bezeichnen. Offenbar liegt das ganze Gewicht des Jesusbildes der Aussage von Q 3:45 auf dem Gedanken, dass Jesus Wort Gottes ist, während dann die Bezeichnung als Christus hier ausdrücklich nur als Name eingeführt wird, sodass man diese Bezeichnung an dieser Stelle nicht christologisch in Anschlag bringen sollte. Man kann lediglich feststellen, dass der Koran offenbar keine Scheu hat, diesen wichtigsten aller christlichen Hoheitstitel für Jesus zu verwenden.

Gerade ältere Korankommentatoren sahen in der Beschreibung Jesu als Wort Gottes einen Hinweis auf die Besonderheit der Erschaffung Jesu, die ihn noch einmal von allen anderen Menschen unterscheidet.[21] Einige meinen sogar, dass dieser Titel deutlich machen soll, dass Jesus »die Verkörperung von der frohen Botschaft von der Barmherzigkeit Gottes« darstellt und liegen damit schon sehr nah am Kern der christlichen Interpretation.[22] »*Rāzī* ... [beispielsweise; Vf.] versteht Jesu Wort-ebenso wie sein Geist-Sein auch in dem Sinne, dass er als Person die frohe Botschaft von Gottes Barmherzigkeit verkörpere.«[23]

Zugleich ist aber auch deutlich, dass der Koran in einem emphatischen Sinn davon ausgeht, dass er selbst das Wort Gottes ist. Der Platz, der in christlicher Tradition von Jesus Christus eingenommen wird, ist von daher aus Sicht des Korans gewissermaßen besetzt, und zwar durch ihn selbst und seine mündliche Rezitation, in der Gottes Wort gegenwärtig wird. Entsprechend wird der Koran immer wieder auch sprachlich in noch pointierterer Form als Wort Gottes bezeichnet als Jesus, was aber nichts daran ändert, dass Jesus im Koran der einzige Mensch ist, der als Wort Gottes angesehen wird – eine Beobachtung, die man vielleicht ja auch aus muslimischer Sicht zu einer besonderen Würdigung Jesu nutzen kann.

Im weiteren Verlauf der Sure werden das Wunder der jungfräulichen Geburt und einige der Wunder Jesu aufgezählt und ganz wie im Johannesevangelium als Zeichen gewürdigt. Die Zeichen werden hier aber nicht als Beweise eingestuft, sondern sind ausdrücklich nur für Glaubende überzeugend (Q 3:49). Jesus wird zudem als Bestätigung der Tora bezeichnet (vgl. auch Q 61:6 und 5:46), der allerdings zugleich auch einige Bestimmungen der Tora aufzuheben scheint (Q 3:50). Offenbar sucht der Koran hier einen Mittelweg zwischen der Position der Bergpredigt, der zufolge Jesus kein Jota der Tora geändert hat (Mt 5,17 f.) und der Idee des Paulus, dass in Jesus der Weg der Tora für christusgläubige Heidenchristen zu Ende ist (Röm 10,4) – eine Vermittlungsposition, die sicher auch unter den arabischen Christen der damaligen Zeit weit verbreitet war und breite biblische Evidenz für sich reklamieren kann. Jesus erscheint so also als Reformator des Gesetzes, nicht als sein Gegner.

Eine weitere spannende Aussage der Sure besteht darin, dass Gott Jesus zu sich abberufen und in den Himmel erheben wird (Q 3:55) – in christlicher Hermeneutik eine Anspielung auf Auferstehung und Himmelfahrt – und dass er seinen Jüngern bzw. denen, die in seiner Nachfolge stehen, bis zum Ende der Tage gegen die Ungläubigen beistehen wird (Q 3:55). Ja, Gott scheint sogar die Überlegenheit der Kirche über die Kräfte zu versprechen, die sie vernichten wollen – zumindest dann, wenn man sich klarmacht, dass Kirche ja nichts anderes ist als die Gemeinschaft der Jünger und dass ihre Überlegenheit ja zumindest auch bedeuten muss, dass die Ungläubigen sie nicht vernichten können (vgl. nochmals Q 3:55).

Wenn der Koran nach der Erzählung von Christi Himmelfahrt betont, dass Jesus im Blick auf seine Erschaffung dem Adam gleicht (vgl. Q 3:59) und verdeutlicht, dass er genau wie Adam und wie sonst niemand unmittelbar durch Gottes Schöpferwort ins Sein gekommen ist, fällt es mir schwer, darin eine Degradierung Jesu zu sehen. Immerhin wird so deutlich, dass Jesus ganz Mensch war, was von dem Koran ja auch später noch an vielen Stellen unterstrichen wird. Aber es ist zugleich auch deutlich, wie besonders Jesu Leben – vom Moment seiner Empfängnis bis zu seiner Auferstehung und Himmelfahrt – war. Von daher scheint mir der Tenor der Sure Āl 'Imrān insgesamt einer zu sein, der noch keine polemischen Absichten verfolgt und verschiedene Christustitel in prominenter Weise aufnimmt. Die Sure ist getragen von dem Wunsch nach Ausbildung eines monotheistischen *Common Sense*, der die Hingabe an den einen Gott in den Mittelpunkt stellt, dabei aber unterschiedliche Wege zu ihm erlaubt und in diesem Kontext Ambiguitätstoleranz im Rahmen des gemeinsamen monotheistischen Glaubens einübt. Christentumskritische Tendenzen sind eindeutig auf eine bestimmte Gruppe bezogen (Q 3:69) und werden nicht generalisiert.

Ist die Sure Āl 'Imrān also noch deutlich von einer positiven Einstellung gegenüber dem Christentum geprägt, mischt sich diese bleibende Wertschätzung bestimmter Facetten des Christentums in den späteren Versen des Koran immer stärker mit einer kritischen Auseinandersetzung mit bestimmten christlichen Sekten. Zu Unrecht wird in diesem

Kontext auch Q 4:156–159 oft als antichristliche Polemik gelesen. Hier scheint mir noch die Wertschätzung dominierend und ich kann an dieser Stelle keine Polemik sehen, sondern meine sogar im Gegenteil eher eine Bestätigung des christlichen Auferstehungszeugnisses sehen zu dürfen.[24] Denn gegen die Behauptung der Juden, Jesus getötet zu haben, betont der Koran, dass Jesus lebt und bei Gott gerettet ist, weil Gott ihn zu sich erhoben hat (vgl. Q 4:158). Der Koran leugnet hier ganz offensichtlich nicht seinen Tod, den er ja auch an anderen Stellen selbstverständlich voraussetzt,[25] sondern unterstreicht einfach nur, dass er dem Hass seiner Gegner nicht definitiv unterlegen ist. Jesus ist hier genauso wenig tot wie die Märtyrer, die ebenfalls bei Gott gerettet sind, obwohl niemand bestreitet, dass sie in ihrem Körper in dieser Welt gestorben sind (Q 3:169). Aufschlussreich ist in diesem Kontext auch Q 8:17, wo Gott Muhammad deutlich macht, dass nicht die Muslime, sondern er selbst ihre Gegner getötet hat. Gott erscheint hier also immer wieder als der eigentliche Akteur der Geschichte, sodass es eben nicht die Juden waren, die Jesus getötet haben, sondern Gott selbst. Zudem ist dieser Tod nicht die eigentliche Aussage und Wirklichkeit über Jesus. Vielmehr besteht diese darin, dass er bei Gott gerettet ist (vgl. Q 4:157f.). Sein endgültiger Tod steht also noch aus und könnte erst erfolgen, wenn alle Christen und Juden zum Glauben gekommen sind (Q 4:159) – eine Aussicht, die man wohl kaum für diese Geschichte wird annehmen dürfen.

Ist der Kontext von Q 4:156–159 eindeutig eine Auseinandersetzung mit den Juden, so finden sich später in der Sure und dann vor allem auch in Sure 5 ausdrückliche Auseinandersetzungen mit christlichen Gruppierungen. Dass es sich dabei oft um fragwürdige Sekten gehandelt haben muss, wird deutlich, wenn der Koran nachdrücklich auf der eigentlich trivialen Aussage besteht, dass Maria und Jesus wie gewöhnliche andere Sterbliche Speise zu sich genommen haben (vgl. Q 5:75). Interessant ist, dass diese eigentlich selbstverständliche Feststellung auch in der muslimischen exegetischen Tradition immer wieder als Argument gegen den christlichen Glauben ins Feld geführt wurde. Diese in unserem heutigen Verständnis fast skurril wirkende Intervention und ihre prominente Rezeption werden sofort verständlich, wenn man sich vergegenwärtigt, dass Kaiser Justinian noch 564 oder 565 ein Edikt erlassen zu haben scheint, das verkündete, dass der Leib des Herrn nicht nur »unempfänglich für die physischen und tadelsfreien Leiden [war]; er sagt so, daß der Herr schon vor dem Leiden so gegessen habe, wie er nach der Auferstehung aß.«[26] Menschen, die also glauben, dass der irdische Jesus nicht anders isst als der pneumatische Leib des Auferstandenen, wird man dringend in Erinnerung rufen müssen, dass er ganz normal gegessen hat wie wir auch, und man kann christlicherseits dem Koran in dieser berechtigten Kritik nur Recht geben.

Ein weiterer aufschlussreicher Einspruch gegen den christlichen Glauben findet sich in Q 9:30 f. Hier wird nicht nur den Christen vorgeworfen, Christus als Sohn Gottes zu verehren, sondern auch den Juden, dass sie dasselbe mit Esra tun (vgl. Q 9:30). Außerdem wird den Christen vorgeworfen, dass sie ihre Gelehrten und Mönche genauso wie Christus »an Gottes statt zu Herren genommen« haben (vgl. Q 9:31). Diese Szene mutet insofern etwas surreal an, als mir keine Juden bekannt sind, die Esra als Sohn Gottes verehren, und auch aus der Religionsgeschichte solche Gruppen nicht bekannt sind. Schon den traditionellen muslimischen Exegeten ist diese Unterstellung offenkundig etwas unangenehm, und sie mutmaßen, dass es in Medina wohl eine entsprechende jüdische Gruppierung gegeben haben müsse, geben aber zugleich zu, dass derartige Auffassungen im zeitgenössischen Judentum nicht mehr existieren.[27]

Vielleicht hat der Vers allerdings auch eine ganz andere Stoßrichtung. Denn auch im Blick auf den an die Christen gerichteten Vorwurf kenne ich keine Christen, die ihre Gelehrten und Mönche wie Gott verehren. Allerdings stellt sich die Lage in der Zeit der Entstehung des Korans bei näherer Betrachtung anders dar: So findet sich etwa bei einem so prominenten Autoren wie *Pseudo-Dionysios Areopagita* bereits die Idee, dass die Bischöfe durch ihre Salbung göttlich sind.[28] Und Holger Zellentin stellt fest, wie sehr der Koran gerade diese besondere Verehrung kritisiert, sodass Q 9:30 f. eben diese anzugreifen scheint.[29] Für eine derartige Deutung spricht auch der Befund, dass bereits in der klassischen muslimischen Exegese die Rede von den Söhnen Gottes in Q 9:30 f. als Ausdruck des Hochmutes der Christen interpretiert wird.[30]

Dass eine derartige Hybris gemeint sein könnte, merkt man auch an dem zu einer ähnlichen Zeit geäußerten Vorwurf des Koran, dass Christen und Juden sich beide als Gottes Söhne und Günstlinge bezeichnen (Q 5:18). An dieser Stelle wird Sohn ebenso wie in Q 9:30 in Arabisch mit *ibn* bzw. *abnā* wiedergegeben, d. h. auch hier ist eine metaphorische Kennzeichnung gemeint, die dazu führt, Christus, Esra, Engel oder gegenwärtige Autoritäten in beiden Religionen mit göttlicher Macht auszustatten. Bereits die traditionelle islamische Exegese hat darauf hingewiesen, dass der Offenbarungsanlass von Q 5:18 darin bestand, dass jüdische Führungspersönlichkeiten die Gerichtsdrohungen Muhammads mit dem Hinweis ablehnten, dass sie als Söhne Gottes nichts zu befürchten hätten – ein Hintergrund, der auch im Blick auf Q 9:31 plausibel ist, wie *Mun'im Sirry* deutlich macht.[31]

Wie immer man diese historische Rekonstruktion beurteilt, so scheint es mir jedenfalls plausibel zu sein, dass sich der Koran in Q 9:30 f. gegen wirklich vorhandene missbräuchliche Praktiken in beiden Religionen wendet. In der Tat wird man anerkennen müssen, dass es im Christentum Traditionen des Klerikalismus und der Heiligenverehrung gab und gibt, die durchaus dem Verdacht des Korans Nahrung zu geben vermögen – genau wie es möglicherweise Phasen des jüdischen Exils gab, in denen Esra und die mit ihm verbundene Rückkehr ins Gelobte Land eine übergeschichtliche Bedeutung bekamen. Bei solchen Extremen schreitet die Stimme des Koran ein und warnt vor solcher »Verschrobenheit« (Q 9:30).

Es geht hier also gar nicht um eine allgemeine Kritik am christlichen oder jüdischen Bekenntnis, sondern um eine Kritik an übertriebenen Zuspitzungen dieser Glaubensformen. Speziell dem Christentum wird in diesem Kontext auch vorgeworfen, gelegentlich Gott direkt mit Christus zu identifizieren (Q 5:17 und 5:72), was sicher auch im Kontext des christlichen Glaubens fragwürdig ist, weil Gott ja nicht auf eine der trinitarischen Personen reduziert werden darf. Dennoch muss man christlicherseits zugeben, dass Christen immer wieder in einem gewissen Übereifer des Bekenntnisses eben diese direkte Identifikation Jesu mit Gott vollziehen, vor der der Koran zu Recht warnt.

3. Christentumsfreundliche Wendung in Spätmedina und Ertrag der koranischen Jesusaussagen aus christlicher Sicht

Ist es in der Sure Maryam noch so, dass der Geist Gottes zu Maria in Gestalt eines Engels kommt und sie durch sein Wort ermutigt (Q 19:17.19), aber nichts direkt mit der Zeugung Jesu zu tun hat, spricht der medinensische Vers Q 66:12 davon, dass Gott ihr in ihre Scham hinein seinen Geist einbläst (vgl. auch Q 21:91). Das ist eine auffällige Formulierung, die sonst von niemandem ausgesagt wird und offensichtlich auf die jungfräuliche Geburt Mariens anspielt.

Eine geradezu spektakulär christentumsfreundliche Aussage findet sich ganz am Ende der koranischen Aussagen über Jesus in Q 5:109–115. Diese Passage ist auch deswegen besonders bemerkenswert, weil sie chronologisch wahrscheinlich die letzte koranische Aussage über Jesus Christus überhaupt darstellt. Hier werden zunächst ausführlich viele der positiven Aussagen des Korans über Jesus noch einmal summarisch wiederholt und dann um einige bemerkenswerte Momente ergänzt – so etwa durch den Hinweis darauf, dass Jesus Tote zum Leben erweckt hat und ihn (während seiner Zeiten als Wanderprediger in Galiläa?) vor den Kindern Israels bewahrt hat (Q 5:110). Die entscheidende Pointe dieser Passage scheint mir allerdings darin zu bestehen, dass sie die Einsetzung der Eucharistie durch Jesus bestätigt.

Der Anlass für die Auseinandersetzung mit der Eucharistie ist die Einsicht, dass die Jünger in ihrem Glauben dadurch angefochten sind, dass die Machttaten Jesu als Zauberei missverstanden werden, sodass sie einen festen Grund für ein Glaubenszeugnis suchen. Sie erbitten deshalb von Jesus, dass Gott ihnen einen Tisch (mit Speisen) vom Himmel schickt (Q 5:112). Jesus verlangt von ihnen zunächst, dass sie auch ohne ein solches Zeichen glauben (vgl. Joh 20,29). Doch als sie ihm ihre Kleingläubigkeit und Verunsicherung gestehen und um dieses Zeichen bitten, um Gewissheit im Glauben zu erlangen und zudem versichern, dass sie über den Tisch auch in Zukunft ihren Glauben bezeugen wollen (Q 5:113), erfüllt Jesus ihren Wunsch und bittet Gott, den Tisch herabzusenden, »der (mit seinem Mahl) für uns von jetzt an bis in alle Zukunft eine Feier und ein Zeichen von dir sein wird!« (Q 5:114)

Kann man bis Vers 113 immer noch denken, dass es sich hier um ein Speisewunder nur für die Jünger Jesu handelt, macht dieser Vers m. E. unmissverständlich klar, dass es um einen kultischen bzw. rituellen Zusammenhang geht. Das arabische Wort für »Feier« (*'īd*) verweist auch auf die rituellen Feste, die sich im Islam entwickelt haben. Der Ausspruch »von jetzt an bis in alle Zukunft« macht – ebenso wie die zuvor verdeutlichte Zeugenschaft der Jünger über den Tisch – deutlich, dass es nicht um ein einmaliges Zeichen geht, sondern um etwas, das immer wieder geschieht. Es wäre ja auch kaum verständlich, warum ein einmaliges Speisewunder die Jünger aus ihren Glaubenszweifeln retten sollte, wenn kurz zuvor doch sogar noch darauf verwiesen wird, dass Jesus Tote zum Leben erweckt; was ja wohl auch für die Jünger um einiges spektakulärer sein dürfte, als ein Speisewunder. In meinen Augen ist es deshalb die beste Erklärung dieser Koranstelle, wenn man sie als Anspielung auf die Eucharistie versteht. Denn diese ist ja für die Kirche das zentrale Ereignis, in dem ihr Gewissheit im Glauben geschenkt wird. Sie ist das Zeichen, an dem der christliche Glaube durch die Zeiten hindurch immer neu entspringt, und sie ist der zentrale Anhaltspunkt für die bleibende Berechtigung des christlichen Zeugnisses. Insofern ist es bemerkenswert, dass der Koran offensichtlich dieses Zeugnis akzeptiert und die Jünger und Jüngerinnen sogar darin bestärkt, dieses Zeugnis wirklich ernst zu nehmen. Denn in Vers 115 erfüllt Gott nicht nur den durch Jesus vorgetragenen Wunsch der Jüngerinnen und Jünger, sondern ruft sie auch in eine durch die Eucharistie begründete besondere Verantwortung. Wer trotz des eucharistischen Geschenks im Unglauben verharrt und wer also sehenden Auges die Gemeinschaft mit Christus im Herrenmahl verweigert, dem drohen die schlimmsten aller vorstellbaren Strafen. Diese Aussage passt genau zum christlichen Selbstverständnis, dass es nichts Schlimmeres gibt, als sich von Gottes Zusagewort abzuwenden, wenn es mir verbindlich und in verständlicher Weise geschenkt wird und wenn ich es in der Gemeinschaft der Jüngerinnen und Jünger Jesu einmal angenommen habe. Sicher würde man in der Moderne auch an dieser Stelle weniger rabiat formulieren; aber im Blick auf spätantike und auch noch mittelalterliche Vorstellungen bestätigt der Text genau das, was Christen damals glaubten und ist auch für moderne Rezeptionsversuche offen.

Der Koran ist also durchaus bereit, einige der zentralen Ansatzpunkte für die Christologie zu bestätigen, stellt aber im selben Atemzug Warnschilder auf, die vor Fehlentwicklungen in der christlichen Theologie warnen und die m. E. von bleibender Bedeutung sind, auch wenn man christlicherseits mit den koranischen Einsprüchen nicht immer zufrieden sein wird. Der Koran bestätigt die Wunder Jesu, erinnert aber daran, dass Jesus sie nur mit der Hilfe von Gott tun kann und dass er mit ihnen wie mit all seinen Taten von sich weg auf Gott hin verweisen will. Allerdings wird diese Bewegung auch vom koranischen Jesus vermittelt, der deswegen ja in den Gehorsam rufen kann. Der Koran macht also deutlich: Indem ich auf Jesus höre und mich ihm anvertraue, kann ich lernen, mit ihm von ihm weg zu schauen und Gott in den Mittelpunkt meines Lebens zu stellen.

Christlicherseits wird man an dieser Stelle sicher bleibend Bedenken anmelden, weil das Blicken auf Jesus für Christen ja gerade den Weg zum Vater eröffnet. Von daher betont der Koran hier Unterschiede, die christlicherseits so nicht zu akzeptieren sind. Zudem fehlen aus christlicher Sicht im Koran zentrale Aussagen über Jesus, insbesondere die Rede von seinem Leiden und seinem Kreuz sind aus christlicher Sicht so zentral, dass man als Christ mit dieser Leerstelle des Korans sicher nicht einverstanden sein kann. Trotz dieser bleibenden Unterschiede enthält der Koran viel ermutigende Gedanken für Christinnen und Christen.

Der Koran konzediert, dass der Weg der Nachfolge Jesu immer ein Weg des Glaubens ist, der angefochten bleibt. In die Anfechtung hinein schenkt Gott seiner christlichen Gemeinde die Eucharistie, die zwar durch Jesus vermittelt gegeben wird, die aber zugleich betont, dass Gott der eigentliche Akteur dieser Handlung ist. Die Anspielung auf die Einsetzungsworte in Q 5:114 dürfte kein Zufall sein; denn hier wird deutlich, dass die Tradition von Einsetzungsworten Jesu, die den epikletischen Teil unterbetonen, zurückgewiesen wird. Es ist immer Gott der schenkt und handelt, auch in der Kreuzigungsszene. Das bedeutet natürlich nicht, dass der Koran die menschlichen Handlungen leugnet, sondern dass er das Gewicht verschiebt – weg von aufgeblasenen religiösen Menschen, die meinen, alles selbst in der Hand zu haben und auf diese Weise immer wieder in Streit geraten, hin zur Perspektive auf den Menschen als Gottesknecht für die Jesus ein vorzügliches Beispiel darstellt. Vielleicht ist es ja doch – zumindest in der Hermeneutik einer christlichen Lektüre – auch mit dem Koran möglich, festzuhalten, dass die Besonderheit Jesu darin besteht, dass er so sehr vom Geist Gottes erfüllt ist, dass er uns zum Wort Gottes wird und uns durch sein Leben und seine Lehre veranschaulicht, was es heißt, ein Diener Gottes und gerade darin ein vorbildlicher Mensch zu sein.

Der Koran bietet also einige wertvolle Impulse, die Christinnen und Christen in ihrer Christologie in produktiver Weise aufnehmen können: Seine Worte erinnern uns daran, dass es in erster Linie die Eucharistie ist, durch die wir heute noch Zugang zu Christus und Bestärkung im christlichen Glauben gewinnen können. Sie sprechen uns Mut zu, dass die Kirche durch die Geschichte hindurch Bestand haben wird und also auch eine bleibende Funktion in Gottes Vorhaben mit dieser Welt hat. Sie laden uns ein, Jesu Lebenshingabe als Modell und Eröffnung von Menschlichkeit schlechthin zu sehen. Sie lenken unseren Blick also auf die menschlichen Züge Jesu und ermuntern uns, sie zum Ausgangspunkt unserer Würdigung seiner Person zu nehmen – eine Strategie, die wir seit Wolfhart Pannenberg auch in den modernen Christologien wiederfinden.[32] Zu derartigen modernen christologischen Ansätzen passt auch die koranische Beobachtung der besonderen Vertrautheit Jesu mit Gott, die auch den Koran dazu bringt, Jesus als Wort Gottes zu bekennen und ihn als Verkörperung von Gottes guter Botschaft an uns Menschen zu würdigen.

Schließlich finde ich es sehr berührend, wie von muslimischer Seite die Zeichenfunktion von Jesus mit Leben gefüllt wird. Im Anschluss an Kermani und die mystische Jesusverehrung im Islam kann ich ihn als Verkörperung der Liebe Gottes und als Epiphanie seiner Schönheit sehen. Auf diese Weise erschließt sich mir ein neuer Zugang zur Weihnachtsbotschaft. Auch das Baby Jesus vermag schon zu uns zu sprechen – durch seine Liebe und Schönheit. Der Koran lädt uns ein diese Einsicht auf uns alle zu übertragen. Was Christinnen und Christen im Stall zu Bethlehem besingen, ist demnach in jedem Baby erfahrbar. Es ist Manifestation göttlicher Schönheit und Kraft und bewegt uns so dazu, in seine unbedingte Liebe einzustimmen. Doch auch wenn der Koran diese Wahrheit für alle Menschen glaubt, so formuliert er sie doch im Blick auf Jesus, der insofern auch für Muslime Erkenntnisort dieser göttlichen Kraft im Kind ist, die ich auch an meinen eigenen Kindern immer wieder voll Dankbarkeit erlebe.

All diese Anknüpfungspunkte ändern nichts daran, dass der Koran auch bleibende Einsprüche gegen das Christentum formuliert. Aber auch von diesen Einsprüchen können wir lernen. Besonders einleuchtend finde ich die koranische Warnung vor der Zerstrittenheit der Christen. In der Tat hat diese Zerstrittenheit in der Geschichte ja immer wieder zu verheerenden Kriegen geführt, sodass es sicher nicht von Nachteil gewesen wäre, wenn wir Christen uns vom Koran dazu hätten einladen lassen, dogmatische Unterschiede nicht in Entzweiung und Feindseligkeit münden zu lassen. Gerade im Umgang mit Christen entwickelt der Koran ein Modell der Ambiguität der Schrift, von dem wir lernen können, Unterschiede anzuerkennen und wertzuschätzen.

Doch die Ambiguitätstoleranz darf aus koranischer Sicht nicht so weit gehen, dass die Grundbotschaft des Monotheismus aus dem Blick gerät. Zu Recht macht er darauf aufmerksam, dass die Christologie und die Trinitätstheologie hier auf Abwege einladen, wenn Jesus in einem mythologischen Sinn als Kind Gottes gesehen oder gar mit Gott identifiziert wird. Wenn man solche Redeweisen stehen lässt, droht die emanzipatorische Kraft des Glaubens an den einen Gott verloren zu gehen, von der in diesem Buch bereits viel die Rede war. Von daher scheint mir der Koran auch in seinem Widerspruch zum Christentum eine bereichernde Wirkung für Christen entfalten können. Ich bin damit schon bei meinen Schlussbetrachtungen, die noch einmal präzisieren sollen, was wir Christen vom Islam lernen können.

4. Was wir Christen von Muslimen lernen können

Die Bibel ist so verwegen anzunehmen, dass Gott die Geschichte der Menschen mitgestaltet und in ihr und durch sie erfahrbare Wirklichkeit wird. Gott setzt seine Erkennbarkeit und seinen Heilswillen also in der Geschichte aufs Spiel und will sich nicht anders als durch die Geschichte hindurch bestimmen. Das bedeutet nicht, dass alle geschichtlichen Ereignisse Gottes Wille sind. Immerhin gibt es ja auch das Fehlverhalten und die Sünde von Menschen, die Gottes Pläne für diese Welt vereiteln. Wenn man aber den Islam nicht als Sünde und den muslimischen Glauben als solches Fehlverhalten sehen will, legt es der biblische Glaube nahe, auch im dauerhaften Fortbestehen des

Islams einen heilsgeschichtlichen Sinn zu sehen. Zumindest erscheint es mir aus christlicher Sicht als notwendig, diese Möglichkeit einmal theologisch zu durchdenken und zur Diskussion zu stellen.[33]

Gut 1400 Jahre nach den ersten Offenbarungserlebnissen des Propheten Muhammad und nach fast ebenso vielen Jahren des agonalen Wettstreits von Muslimen und Christen, ohne dass eine Seite die andere wesentlich zurückdrängen könnte, scheint es mir an der Zeit zu sein, zumindest die Möglichkeit ins Auge zu fassen, dass Gott uns etwas durch die bleibende Existenz der je anderen Religion sagen will. Was also könnte der Sinn des Islams und seiner bleibend lebendigen Strahlkraft aus christlicher Sicht sein? Was können Christen von Muslimen lernen und warum können sie dankbar dafür sein, dass es Muslime gibt und sie Gottes Wort im Koran und die Lebenshingabe an dieses Wort in Muhammad bezeugen?

Sieben Punkte, die ich in diesem Buch herausgearbeitet habe, möchte ich abschließend noch einmal gebündelt vor Augen führen. Diese Liste ist nicht vollständig und nimmt nur einige der Anregungen auf, die in diesem Buch enthalten sind. Vor allem aber gibt es sicher viele Impulse, die mir selbst gar nicht bewusst sind. Zugleich hängen diese Anregungen von einer bestimmten Deutung des Islams ab. D. h. nicht alle Muslime werden sich in meinen Ausführungen wiedererkennen. Wie bereits in der Einleitung vermerkt, präsentiert dieses Buch eine Sichtweise des Islams, die diesem nicht mit der sonst so weit verbreiteten Hermeneutik des Verdachts begegnet, sondern ihn in seinen starken Seiten zur Geltung bringen will. Vielleicht wollen Muslime aber gar nicht in dieser Weise stark sein und werden mir widersprechen. Zur Verteidigung meiner Wahrnehmung des Islams kann ich nur sagen, dass sie aus dem lebendigen Gespräch mit Muslimen und mit dem Koran erwachsen ist. Es ist nicht so, dass ich mir den Islam so zurechtbiege, wie ich ihn gerne hätte. Vielmehr gehe ich von den Wahrnehmungen aus, die mich herausfordern und die mir von muslimischer Seite entgegenkommen. Es sind also die Lernprozesse, die bei mir durch Muslime ausgelöst wurden, die ich hier theologisch zu verarbeiten versuche. Ihre Artikulation soll nicht mehr als ein erstes Gesprächsangebot sein, das sich noch theologisch zu bewähren hat und dabei auch zu modifizieren ist. Kommen wir also zu den sieben Punkten, die ich von Muslimen gelernt habe und die Christen aus meiner Sicht generell von Muslimen lernen können und lernen sollten.

Die *erste Lektion* besteht in der *Neuentdeckung der Schönheit Gottes*. Bereits im ersten Kapitel hatte ich überlegt, dass es sein mag, dass der Gott Israels und der Gott Jesu Christi sich im Koran in seiner Schönheit zu Gehör bringt und durch seine Schönheit um die Liebe und Hingabe des Menschen wirbt. Besonders wichtig ist mir hier die orale Gegebenheitsweise der Offenbarung, die Christinnen und Christen neu sensibel fürs Hören auf Gottes Stimme machen kann: in der Liturgie, in der Musik, in der Literatur, in der Oper, in der Kunst und im eigenen Herzen. All das ist der christlichen Kultur nicht fremd. Doch zu selten wagen wir es, ästhetische Erfahrungen der Schönheit auch als Erfahrungen Gottes zu qualifizieren und sie zum Ansatzpunkt unseres Glaubens zu machen. Hier kann uns die Schönheit der Koranrezitation inspirieren, mutiger auf die Zeichen Gottes in seiner ganzen Schöpfung zu schauen und seiner Schönheit Raum in unserem Leben zu geben.

Wir dürfen bei aller Faszination für die Schönheit Gottes aber – *zweitens* – *nicht seinen Schrecken vergessen*. Gott bleibt auch für Christen das *fascinosum et tremendum*, insofern seine Liebe größer ist als all unser Verstehen. Wie sollten wir auch eine Liebe und Barmherzigkeit akzeptieren können, die auch da noch verzeiht und liebt, wo wir nur noch Abscheu empfinden können? Der Islam kann uns hier in seiner Betonung der Transzendenz und des Größerseins Gottes Warnung vor einer allzu anthropomorphen Gottesvorstellung sein. Er kann uns so zu einem mahnenden Einspruch gegen überaffirmative Bemächtigungen des Gottesbegriffs werden, die uns Christen vor der – mit Wittgenstein gesprochen – »schweinischen Gesinnung« bewahren kann, »die mit der Religion & mit Gott auf Du & Du ist & sie zu sich herabzieht«[34]? Denn wie schon Gisbert Greshake völlig zu Recht formuliert:

> »Gott ist auch für den christlichen Glauben nicht einfach der ›liebe Gott‹, dem man sozusagen von gleich zu gleich auf die Schulter klopfen kann. Gott ist und bleibt verzehrendes Feuer, unbegreifliches Geheimnis, die über alles erhabene und dem Menschen entzogene Kraft.«[35]

So bleibt auch für Greshake die Frage des Islams an uns:

> »Versteht ihr euch als ganz *unter* dem Wort Gottes stehend, gehorsam, verfügbar, sich hingebend, oder besteht nicht bei euch die Tendenz, das Wort Gottes zu vereinnahmen, es als eine beruhigende, harmonische, sinnverleihende Größe zu nehmen, die euch nur in eurem eigenen Denken und Wollen bestätigt?«[36]

Müssen wir als moderne Christen nicht wieder mehr lernen, dass Menschsein eben auch Hingabe an den einen Gott bedeutet, dem ich ausgeliefert bleibe und den ich nicht einfach zur Verfügung habe? Ich zumindest muss zugeben, dass ich an dieser Stelle zu lernen habe.

Eine *dritte Lektion*, die ich nennen möchte betrifft das muslimische Insistieren auf der *Einheit Gottes*. Man sollte hier nicht unterschätzen, wie sehr gerade die Trinitätstheologie zu einer Trivialisierung des Gottesgedankens führen kann. Wenn Gott im Zuge der sozialen Trinitätslehre als Gemeinschaft von Liebenden gedacht wird, besteht die ernsthafte und dauernde Gefahr, dass er nur als Extrapolation menschlicher Sehnsüchte gedacht wird und menschliche Traumvorstellungen von Beziehung in den Himmel verlegt. Ich erinnere mich noch gut, wie ich im Iran vor einigen Jahren das erste Mal eine Vorlesung zur Trinitätstheologie vor Muslimen gehalten habe und wie ich versucht habe, die Trinität als Verdeutlichung von Gottes Wesen als Liebe verständlich zu machen. Während christliche Studierende mir an dieser Stelle in der Regel willig folgen und auch ich selbst die Logik der Gedankenführung bestechend finde, hatten meine muslimischen Hörerinnen und Hörer einfach den Eindruck, dass ich ein hoffnungsloser Romantiker bin, und es stockte ihnen der Atem, wie unvermittelt ich meine romantischen Phantasien auf Gott projiziere. Die Diskussionen mit Muslimen haben mir hier sehr geholfen, meine Trinitätstheologie zu verbessern und Gottes Transzendenz und Geheimnishaftigkeit an mich heranzulassen und ihr im trinitarischen Denken Raum zu geben. Von daher können die Einsprüche des Korans gegen die Trinitätslehre vielleicht bleibender Reformmotor für das christliche Denken sein und es davor bewahren, sich allzu schnell allzu menschlichen Trugschlüssen hinzugeben. Christinnen und Christen können auch hier wieder lernen, mehr auf Gottes Stimme zu hören, statt ihn im eigenen Denksystem ergreifen zu wollen.

Es ist sehr interessant, dass es auch in der islamischen Mystik die Liebe ist, die die Schönheit und den Schrecken Gottes zusammenhält und miteinander vermittelt. Auch hier ist es die Liebe, die Gott dem Menschen so erfahrbar macht. Doch Liebe wird hier viel mehr als in der modernen christlichen Theologie in ihrer Abgründigkeit und Ambivalenz wahrgenommen. Sie ist einerseits menschlicher, weil sie viel mehr Raum für erotische Dimensionen bietet. Andererseits ist sie aber auch viel weniger anthropomorph, weil sie nicht so sehr von romantischen Phantasien überlagert ist. Diese mystische Sichtweise kann die Chiffre der Liebe zur Wahrnehmungsschule für die gesamte Wirklichkeit machen. Statt einfach nur die schönen Erfahrungen der Liebe mit Gott zu verbinden und so zu einer Halbierung der Wirklichkeitserkenntnis zu kommen, kann uns diese mystische Betrachtungsweise der Wirklichkeit helfen, Gott wieder mehr als Tiefendimension der ganzen, der *einen* Wirklichkeit zu entdecken und ihn also – mit Ignatius von Loyola gesprochen – in allen Dingen zu finden.

Natürlich haben wir auch hierfür Ressourcen in der eigenen christlichen Tradition. Aber es ist schon auffällig, um wie viel präsenter die

Mystik im Islam über die Jahrhunderte hinweg war und wie sehr sie die muslimische Spiritualität auch in der Volksfrömmigkeit geprägt hat – fast bis in unsere Zeit hinein. Die Diskreditierung der Mystik als unislamisch kann jedenfalls nicht die muslimische Tradition für sich in Anspruch nehmen, sondern speist sich aus der gleichen modernen Neuerfindung des Islams, die auch an anderen Stellen die muslimische Tradition zu zerstören versucht (vgl. nochmals Kap. VI.3).

Ich habe bisher drei Lektionen kenntlich zu machen versucht, die alle in erster Linie die Gotteslehre betreffen. Es ging mir darum, die Schönheit, den Schrecken und die Einheit Gottes als Elemente muslimischer Theologie in Erinnerung zu rufen, die uns christlicherseits bleibend zur Erneuerung des eigenen Denkens und Glaubens aufrufen und uns helfen, uns in unserer Theologie an der einen Wirklichkeit auszurichten. Im Folgenden will ich mich nun auf die Beziehung Gottes zum Menschen konzentrieren und damit zunächst einmal den Offenbarungsgedanken in den Blick nehmen.

Hier scheint mir die bleibende Lernaufgabe für Christinnen und Christen darin zu bestehen – und das wäre die *vierte* zu nennende *Lektion* –, *Offenbarung in ihrer Deutungsoffenheit und Ambiguität auszuhalten*. Die Moderne ist in ihrem Ruf nach Eindeutigkeit kein guter Helfer, und auch die moderne christliche Theologie ist bisher nur in begrenztem Maß als Hüterin von Ambiguitätstoleranz in Erscheinung getreten. Die traditionelle islamische Theologie kann uns hier ganz ähnlich wie die rabbinische Theologie auf die bleibende und untilgbare Vielfältigkeit von Interpretationsmöglichkeiten der Offenbarung hinweisen. Die Pluralität der Deutungen ist demnach kein Makel, sondern gründet in der Unbedingtheit Gottes und der in seinen Äußerungen gegebenen Unausschöpflichkeit der Bedeutungen. Auch die Pluralität der Rezitationsformen verweist in ihrer Vielstimmigkeit auf den *einen* Gott, der alles menschliche Fassungsvermögen übersteigt.

Die Stärke des traditionellen Islams hatte ich bereits weiter oben in diesem Zusammenhang als seine Fähigkeit gekennzeichnet, unterschiedlichste Meinungen durch die gemeinsame Glaubenspraxis zusammenzuhalten, auch wenn aus ideologischer Perspektive kein gemeinsames Weltbild vorliegt. Denn diese *Betonung der Orthopraxie* scheint mir auch für das Christentum sehr attraktiv zu sein. Sie kann uns von der scheinbaren Notwendigkeit entlasten, alle Gegensätze auflösen zu müssen, und sie kann uns ermutigen, die bleibende Ambiguität der Schrift wahrzunehmen und auszuhalten. So kann uns der Islam helfen, auch ohne definitive Lösung aller Probleme zu leben und damit die Vorläufigkeit, Brüchigkeit und Verwundbarkeit der eigenen Erlösungshoffnung zu spüren.

Gerade der Verweis auf die Praxis und die bleibende Ambiguität der Offenbarung steht allerdings in der Gefahr, intellektuell träge zu machen und bei vertraut gewordenen Deutungen stehen zu bleiben. Deshalb ist es wichtig, diese vierte Lektion mit einer *fünften* zu verbinden, die wir ebenfalls vom Islam lernen können. Die Offenbarung ist aus muslimischer Sicht nicht nur Anrede Gottes an uns, sondern auch *Diskurs* über diese Anrede. *Der Koran schildert, wie Menschen mit Gott ringen und streiten.* Die mystische Tradition des Islams macht zudem deutlich, dass dieses Ringen mit Gott auch Teil der muslimischen Spiritualität sein darf. Gott erscheint so als ein echtes Gegenüber, an dem man sich abzuarbeiten hat, mit dem es zu rechten gilt. Und die Offenbarung wird kenntlich als ein Diskurs, in den auch wir heute uns neu einbringen dürfen.

Muslime, die in dieser diskursiven Weise ihre Rede von Gott verantworten und wahrnehmen, fordern – in ähnlicher Weise wie Juden – uns Christen dazu heraus, uns nicht in unserem Erlösungsglauben in dieser Welt einzurichten, sondern bleibend an ihrer Verbesserung zu arbeiten und uns unserer Rolle und Verantwortung als Statthalter und Stellvertreter Gottes bewusst zu werden. Sie machen deutlich, dass wir Menschen in all unserer Gebrochenheit und Schwäche von Gott gewürdigt werden, dass er seine gute Botschaft nicht anders als im Diskurs mit uns verständlich machen will.

Besonders aufregend am Koran finde ich – *sechstens* –, dass er diese typisch menschliche Gebrochenheit und Schwäche auch bei Muhammad selbst feststellt. *Damit wird deutlich, dass auch ich in all meiner Dunkelheit und Unklarheit zum Boten Gottes werden kann, wenn ich nur bereit bin, mich ihm zu öffnen.* Als Christen haben wir leider die Tendenz, die menschliche Sünde so stark zu machen, dass wir Gottes Stimme in dieser Sündhaftigkeit gar nicht mehr vernehmen können. Das Wort Gottes kann deswegen für uns nur in einem Menschen verständliche Wirklichkeit werden, der ohne Sünde ist. Dies rückt diesen Menschen und sein Wort aber von uns weg. Es besteht die Gefahr, dass seine Einladung zu mehr Menschlichkeit in einen moralinsauren Perfektionismus mündet.

Hier ist der Koran ein gutes Gegengewicht. Er sieht sehr realistisch auch die Schwächen des Propheten, ohne sie in entwürdigender Weise zur Schau zu stellen. Er stellt den Menschen über die Engel und macht ihn zu Gottes Stellvertreter, ohne die menschliche Ambiguität zu übersehen. Gott traut dem Menschen trotz seiner Schwächen und Fehler ganz viel zu und entsprechend ist es auch der mündige Mensch, den sich der Islam als Partner Gottes und als Hörer seiner Botschaft wünscht.

Während ich es immer wieder erlebe, wie Christen sich nicht trauen, im Glauben erwachsen zu werden und Gott immer weiter als ihren Übervater kultivieren, will der Islam eine Religion für Erwachsene sein. Wie insbesondere Angelika Neuwirth in ihren Forschungen immer wieder zeigt, bemüht er sich um eine Entmythisierung und Entallegorisierung der jüdischen und christlichen Traditionen[37] und vertraut auf das Erkenntnisvermögen und die Vernunft des Menschen. Die Ambiguität der Schrift und der Propheten kann auch deshalb stehen bleiben, weil Gott es aus muslimischer Sicht dem Menschen zutraut, auch in der bleibenden Ambiguität Orientierung fürs Leben zu gewinnen. Der Mensch kann auch deswegen schwach bleiben, weil diese Schwäche nicht immer gleich als Sünde diffamiert wird. Vielmehr darf er diese Schwäche nutzen, um sich von Gott und seinem Wort formen und stärken zu lassen. Er braucht nicht so perfekt wie ein Engel sein zu wollen, weil er schon mit seinen Fehlern und Brüchen besser als alle Engel ist. Die Güte des Menschen ist also gerade nicht in seiner Fehlerlosigkeit zu suchen, sondern in seiner Bereitschaft, sich in allen Bereichen seines Daseins ganz Gott hinzugeben.

Damit bin ich auch schon bei meinem *siebten und letzten Impuls*, den ich aus dem Islam für mich als Christ mitnehme. Wenn wir Menschen auch in unserer Ambiguität Adressat der Offenbarung sind, dürfen wir auch in allen Lebensvollzügen von ihr Zeugnis geben: in der Sexualität ebenso wie in Dichtung, im Gottesdienst genauso wie in der Politik. Der Islam kann uns damit ähnlich wie das Judentum helfen*, die Politik und das Recht wieder als Thema der Religion zu entdecken.* Schon die neue politische Theologie und die Theologie der Befreiung haben uns ja in den 1970er und 1980er Jahren vor der Verbürgerlichung der Religion gewarnt und uns daran erinnert, dass der biblische Gott durchaus auch zur politischen Einmischung auffordert, zur Parteinahme für die Marginalisierten und zur Prägung der Rechtsordnung durch emanzipatorische und egalitäre Tendenzen. Man wird kaum sagen können, dass diesen Einsprüchen nachhaltiger Erfolg in der Gestalt gegenwärtiger Theologie beschieden war. Hier kann der Islam uns immer wieder ermutigen, die Religion nicht nur für das Innerliche und Reine zu reservieren, sondern Gottes Willen und seine Barmherzigkeit auch in unseren Alltag mitzunehmen und sie als Botschaft mit handfesten politischen Implikationen zu verstehen. Dies wird dann zwangsläufig dazu führen, dass wir auch als Kirche vom Schmutz dieser Welt berührt werden. Aber nur aus dieser Haltung der Hingabe des eigenen Lebens in all seiner Vielfalt heraus kann Gott und seine Heil bringende Wirklichkeit allen Menschen erfahrbar werden.

Der Islam hat Christen also eine ganze Menge zu sagen. Er ist voller unabgegoltener Intuitionen, die es auch christlicherseits stark zu machen gilt und von denen wir bleibend lernen können. Von daher gibt es Grund genug, aus christlicher Sicht dankbar für den Islam zu sein und in ihm eine Zuwendung des Gottes Jesu Christi an die Menschheit zu sehen. Aber natürlich wird es christlicherseits auch immer Widersprüche geben, die uns bei aller Freundschaft zu Muslimen und Faszination vom Islam doch auch in Jesus Christus verankern. Ich will diese Punkte hier nicht nennen, um das Christentum nun am Ende doch noch auf Kosten des Islams zu profilieren. Es geht mir lediglich darum, verständlich zu machen, warum ich bei aller Lernbereitschaft mein Leben doch als Nachfolge Jesu verstehe und durch ihn, mit ihm und in ihm den Weg zu Gott suche. Ich beschränke mich darauf, die genannten sieben Punkte noch einmal durchzugehen und jeweils nur schlaglichtartig christliche Anfragen an das zu formulieren, was ich von Muslimen gelernt zu haben meine. Vielleicht können so auch Punkte sichtbar werden, die Muslime bleibend von Christen lernen können, sodass beide Religionen tatsächlich dauerhaft wechselseitig voneinander profitieren können und aufeinander verwiesen bleiben. Aber das kann ich als christlicher Theologe nicht beurteilen, weshalb die folgenden Überlegungen lediglich eine Gesprächseinladung an Musliminnen und Muslime darstellen, nicht aber eine abschließende Synthese.

5. Der bleibende Skandal des Kreuzes

Bei aller Faszination für die Schönheit Gottes, die mir im Koran entgegentritt und bei aller Anerkennung der Tatsache, dass wir für diese Schönheit auch im Christentum sensibler werden müssen, erscheint mir im Kreuz doch noch einmal eine ganz andere Schönheit Gottes. Gott im Kreuz zu sehen ist auch nicht einfach nur eine Erfahrung des Schreckens Gottes, sondern es ist Eröffnung einer Gottesbeziehung im Abgrund, in der Banalität des Alltäglichen ebenso wie in der Dramatik letzter Verlorenheit. Der Skandal des Kreuzes, den der Koran zwar nicht leugnet, wohl aber ignoriert, eröffnet uns Menschen einen Weg zu Gott, der auch unsere letzten Abgründe noch einmal zu Gott zu führen vermag. Es ist wahr, dass die so eröffnete Zugänglichkeit Gottes seine Abgründigkeit überdecken kann. Aber erst indem Gott sich in Christus zugänglich gemacht hat, kann ich ihn auch in die letzten Dunkelheiten meines Herzens hineinlassen. Damit scheint mir Gott auch die Möglichkeit zu geben, meine menschlich, allzu menschlichen Vorstellungen von Liebe zu reinigen und zu transformieren, sodass diese Kraft zur Gemeinschaft mit Gott einlädt. Ich beharre deshalb auch darauf, dass die Trinität eine für mich nach wie vor unverzichtbare Denkfigur bleibt, um geschöpfliche Differenz und menschliche Abgründe mit der Einheit Gottes zu vermitteln. Von daher kann ich bei allen drei genannten muslimischen Einsprüchen im Blick auf die christliche Gotteslehre eine tiefe Wahrheit erkennen und meine doch aus christlicher Sicht bleibenden Rückfragen an die muslimische Seite stellen zu müssen.

Auch die Einladung zur Wahrnehmung der Ambiguität der Schrift und der Wirklichkeit folge ich nur deswegen ohne zu zögern, weil mir in Christus die Klarheit der Zuwendung Gottes in einer Weise entgegentritt, die mich mit diesen Ambivalenzen leben lässt. Ist nicht gerade die Entstellung des Gesichts des Islams durch die Fundamentalisten in der Gegenwart ein gutes Beispiel dafür, dass das Lob der Ambiguität selbst ambig ist? Von daher bin ich nicht bereit, die Hoffnung auf restlose Klarheit in der Selbstzusage Gottes in menschlicher Gestalt aufzugeben, die aus christlicher Sicht in Jesus von Nazaret Wirklichkeit geworden ist. Mit ihm gewinnt nämlich auch das Ringen mit Gott einen anderen Charakter. Gott ist dann nicht nur abgründiges Geheimnis und Gegenüber, sondern auch der Ringende an meiner Seite und in mir. Er hat schon für mich den Kampf vollbracht, sodass die Last der Verantwortung der Welt nicht allein auf meinen Schultern liegt. Wenn der Koran »das Bild vom leidenden Christus am Kreuz im Koran durch das ganz andere Bild des lehrenden Jesus ersetzt«[38], so ist das in seiner entmythisierenden und opferkritischen Tendenz nur zu verständlich. Und wirklich haben Christen mit diesen Bildern ja auch immer wieder Schindluder getrieben. Dennoch ist mir der lehrende Christus alleine zu wenig, und ich weiß nicht, wie ich seinem richtenden Wort standhalten soll, wenn er nicht immer schon solidarisch und helfend an meiner Seite steht.

Gerne lasse ich mich auch vom Koran dazu ermutigen, die Schwächen der Propheten zu sehen. Auch die Schwächen Jesu bin ich gerne zu sehen bereit und staune darüber, wie der allmächtige Gott selbst sich in dieser Schwäche zu zeigen vermag. Doch ich sehe nicht nur Schwächen und Ambiguität in dieser Welt. Viel mehr beunruhigen mich die monströsen Verbrechen und das abscheuliche Verhalten vieler Menschen, das wir Tag für Tag erleben. Schon die Propheten sind ja biblisch noch deutlich abgründiger gezeichnet als im Koran. Aber unsere Geschichte führt mir täglich neu Bilder vor Augen, die mich am Menschen irre werden lassen, sodass ich wie die Engel im Koran fragen möchte, warum Gott uns geschaffen hat und dieses erschreckende Ausmaß an Heillosigkeit und Boshaftigkeit zulässt, das wir täglich erleben.

An dieser Stelle könnte man den Glauben an den Menschen verlieren, und ich staune, wie muslimische Reformtheologen wie Khorchide so mutig sein können, mit Gott weiter an den Menschen zu glauben.[39] Mir hilft dieser Glaube nicht weiter, der Weg zu ihm ist mir durch zu viele unschuldige Opfer verstellt. Deshalb brauche ich den Blick auf den geschundenen Menschen, in dem Gott selbst mich berührt und der mir durch seine Lebenshingabe vorführt, dass die Hingabe an Gott auch wirkliche Gemeinschaft mit Gott eröffnet. Nur durch diese Eröffnung von Gott her wird mir die Lebenshingabe, zu der mich auch der Islam einlädt, lebbare Wirklichkeit.

Mit alledem will ich nicht sagen, dass sich muslimischerseits nicht auch Gründe dafür finden lassen, diese Hingabe zu leben. An der faszinierenden muslimischen Praxis sehe ich ja tagtäglich, dass diese Hingabe in überzeugender Weise auch anders verantwortet werden kann. Allein, vieles was mich am Islam fasziniert und was ich auch in diesem Buch bezeuge, bleibt mir als Christ bei aller Begeisterung doch verschlossen. Eine Offenbarungsgestalt, die in der Schwäche des Kreuzes gründet, verträgt sich nur schwer mit der kraftvollen Stilisierung einer Gruppenidentität. Ästhetische Lebensvollzüge leuchten mir deswegen nur begrenzt als Stabilisierung christlicher Identität ein. Entsprechend gibt es auch auf rechtlicher Ebene nur wenig Raum, um gottesdienstliche Handlungen zu regeln. Vielmehr ruft mich die Gestalt Jesu Christi in die persönliche Nachfolge und allein in ihr entscheidet sich alles. Dieser Weg ist dann sicher ein Weg, der alle Dimensionen des Lebens einbezieht – auch die Politik und das Recht. Entsprechend lasse ich mich gerne vom Islam politisieren und ins Hören auf Gott hineinrufen. Und natürlich ist der Weg der Nachfolge Jesu immer auch ein Weg zu mehr Menschlichkeit, sodass ich mich auch hier gerne vom Koran inspirieren lasse. Allerdings hängt im Christentum eben alles davon ab, dass die Gotteszuwendung und seine Menschenfreundlichkeit in Jesus Christus erfahrbare Wirklichkeit werden. Erst aus dieser Wirklichkeit heraus kann ich auch im Koran Gottes Gegenwart erkennen. Umgekehrt bin ich neugierig, wie weit Muslime sich vom Koran her auch einen Weg zu Jesus Christus eröffnen lassen. Hier scheint mir noch viel Bewegungsspielraum auf uns zu warten. Unausgeschöpfte Möglichkeiten der Begegnung miteinander und mit Gott warten darauf, erkundet zu werden. Vielleicht kann dieses Buch ja eine erste Einladung sein, sich dazu herausfordern zu lassen. Dann wäre die Herausforderung des Islams eine Herausforderung zu mehr Christusnachfolge und zugleich eine Herausforderung zu echter Würdigung der Verschiedenheit unserer Wege zum einen Gott.

ANMERKUNGEN

Kapitel I

1 Vgl. Lukas Wick, Islam und Verfassungsstaat. Theologische Versöhnung mit der politischen Moderne?, Würzburg 2009. Ich greife in dieser Einleitung einige Formulierungen aus Klaus von Stosch, Lob der Verschiedenheit: Befruchtende Differenzen zwischen Islam und Christentum. In: Paderborner Universitätsreden 129, hg. v. Peter Freese, Paderborn 2013, 3–38, auf.
2 Vgl. nur die EKD-Handreichung »Klarheit und gute Nachbarschaft« oder die viel diskutierte Regensburger Rede von Benedikt XVI. Zur Diskussion vgl. Christoph Dohmen (Hg.), Die Regensburger Vorlesung Papst Benedikts XVI. im Dialog der Wissenschaften, Regensburg 2007.
3 Auffällig ist hier die Parallele zur bereits bei Paulus grundgelegten Tendenz, dass der Jude nur gut ist als Christ (vgl. Jean François Lyotard, Von einem Bindestrich. In: ders. / Eberhard Gruber, Ein Bindestrich – Zwischen ›Jüdischem‹ und ›Christlichem‹, Düsseldorf-Bonn 1995, 27–51, hier 44). Überhaupt ist es erstaunlich, wie viele klassische Topoi des Antijudaismus in der gegenwärtigen Islamkritik wiederkehren.
4 Vgl. zur Darstellung und Kritik dieser Form von Hermeneutik Hans-Georg Gadamer, Wahrheit und Methode. Grundzüge einer philosophischen Hermeneutik, Tübingen ⁶1990, 188–201, bes. 195 f.
5 Vgl. Ray Monk, Ludwig Wittgenstein: The duty of genius, New York 1990, 536 f.
6 Ahmad Milad Karimi, Versuch einer ästhetischen Hermeneutik des Qur'ān. In: Mouhanad Khorchide / Klaus von Stosch (Hg.), Herausforderungen an die Islamische Theologie in Europa – Challenges for Islamic Theology in Europe, Freiburg 2012, 14–30, hier 27.
7 Vgl. Angelika Neuwirth, Der Koran als Text der Spätantike. Ein europäischer Zugang, Berlin 2010, 44.
8 Vgl. ebd., 112.
9 Vgl. Nicolai Sinai, Fortschreibung und Auslegung. Studien zur frühen Koraninterpretation, Wiesbaden 2009 (Diskurse der Arabistik; 16), 81.
10 Neuwirth, Der Koran als Text der Spätantike, 131.
11 Ebd., 132.
12 Vgl. ebd., 283 und 416.
13 Ebd., 322.

14 Vgl. ebd., 327.
15 Ebd., 136.
16 Vgl. Thomas Bauer, Die Kultur der Ambiguität. Eine andere Geschichte des Islams, Berlin 2011, 68.
17 Neuwirth, Der Koran als Text der Spätantike, 143.
18 Bauer, Die Kultur der Ambiguität, 66.
19 Vgl. ebd., 70, vgl. Y. Dutton, An Umayyad Fragment of the Qur'an and Its Dating. In: Journal of Qur'anic Studies 9 (2007) 57–87; A. Kaplony, What Are Those Few Dots For? Thoughts on the Orthography of the Qurra Papyri (709–710), the Khurasan Parchments (755–777) and the Inscription of the Jerusalem Dome of the Rock (692). In: Arabica 55 (2008) 91–112.
20 Vgl. Bauer, Die Kultur der Ambiguität, 75.
21 Vgl. ebd., 76.
22 Vgl. ebd., 76 f.
23 Vgl. ebd., 79; Neuwirth, Der Koran als Text der Spätantike, 258.
24 Vgl. Bauer, Die Kultur der Ambiguität, 81.
25 Vgl. ebd., 89 f.; Neuwirth, Der Koran als Text der Spätantike, 260.
26 Vgl. ebd., 254.
27 Vgl. ebd., 190; Bauer, Die Kultur der Ambiguität, 108.
28 Vgl. ebd., 110 f.
29 Vgl. zur Zusammenfassung und Bewertung dieser Positionen Neuwirth, Der Koran als Text der Spätantike, 91 f.
30 Vgl. ebd., 267–273.
31 Ebd., 250.
32 Vgl. Holger Michael Zellentin, The Qur'ān's legal culture. The *Didascalia Apostolorum* as a point of departure, Tübingen 2013, 1.
33 Vgl. zur Analyse dieser Parallelen Klaus von Stosch, Der muslimische Offenbarungsanspruch als Herausforderung komparativer Theologie. Christlich-theologische Untersuchungen zur innerislamischen Debatte um Ungeschaffenheit und Präexistenz des Korans. In: ZKTh 129 (2007) 53–74.
34 Natürlich gab es in der Frühzeit des Islams viel mehr theologische Schulen als diese beiden wie insbesondere postkoloniale bzw. postmoderne muslimische Theologinnen und Theologen derzeit herausarbeiten. Dennoch erscheint es mir um der didaktischen Reduktion willen immer noch vertretbar zu sein, mich auf diese beiden zu konzentrieren – wohl wissend, dass die theologischen Diskussionen gerade in der Frühzeit der islamischen Gelehrsamkeit deutlich vielfältiger waren als ich es hier darstellen kann. Vgl. zur näheren Differenzierung der Positionen die vorzügliche Übersicht in dem in der übernächsten Endnote zitierten Buch von Josef van Ess.
    Ich übernehme im Folgenden einige Formulierungen aus Klaus von Stosch, Offenbarung, Paderborn 2010, 109–119.

35 Vgl. Rudi Paret, Der Standpunkt al-Baqillanis in der Lehre vom Koran. In: ders. (Hg.), Der Koran, Darmstadt 1975 (Wege der Forschung; 326), 417–425, hier 419.
36 Josef van Ess, Theologie und Gesellschaft im 2. und 3. Jahrhundert Hidschra. Eine Geschichte des religiösen Denkens im frühen Islam. Bd. 4, Berlin-New York 1997, 443.
37 Tilman Nagel, Geschichte der islamischen Theologie. Von Mohammed bis zur Gegenwart, München 1994, 150.
38 Fazlur Rahman, Islam, Chicago-London ²1979, 31 (eig. Übers.).
39 Zur Rolle Konstantins und zur arianischen Kirchenpolitik des Konstantius vgl. Ernst Dassmann, Kirchengeschichte II/1. Konstantinische Wende und spätantike Reichskirche, Stuttgart-Berlin-Köln 1996 (Kohlhammer-Studienbücher Theologie; 11,1), 70–78. In diesem Abschnitt verwende ich einige Formulierungen aus meinem Artikel Klaus von Stosch, Der muslimische Offenbarungsanspruch als Herausforderung komparativer Theologie. Christlich-theologische Untersuchungen zur innerislamischen Debatte um Ungeschaffenheit und Präexistenz des Korans. In: ZKTh 129 (2007) 53–74.
40 Felix Körner, Einleitung. In: Ders. (Hg.), Alter Text – neuer Kontext. Koranhermeneutik in der Türkei heute, Freiburg/Basel/Wien 2006, 11–14, hier 12.
41 Nasr Hamid Abu Zaid mit Hilal Sezgin, Mohammed und die Zeichen Gottes. Der Koran und die Zukunft des Islam, Freiburg-Basel-Wien ²2008, 66.
42 Ömer Özsoy, Die Geschichtlichkeit der koranischen Rede und das Problem der ursprünglichen Bedeutung von geschichtlicher Rede. In: Felix Körner (Hg.), Alter Text – neuer Kontext, 78–98, hier 86.
43 Vgl. ebd., 87.
44 Ömer Özsoy, Erneuerungsprobleme zeitgenössischer Muslime und der Koran. In: ebd., 16–28, hier: 26.
45 Vgl. ebd., 27.
46 Mehmet Paçaci, Der Koran und ich – wie geschichtlich sind wir? In: ebd., 32–69, hier: 67.
47 Vgl. Neuwirth, Der Koran als Text der Spätantike, 179.
48 Vgl. Abu Zaid, Die Zeichen Gottes, 72.
49 Ebd., 36.
50 Ebd., 73.
51 Vgl. Ömer Özsoy, Die fünf Aspekte der Scharia. In: Forschung Frankfurt 1/2008, 28: »Der Koran ist wie ein Finger, der in eine bestimmte Richtung zeigt, es wäre falsch auf den Finger zu starren.«
52 Auch Thomas Bauer betont hier zu Recht die Gefahr einer manipulativen Koranexegese, »d. h., es dürfte nicht allzu schwer sein, stets jenen ›Kern‹ herauszudestillieren, den man hören möchte« (Bauer, Die Kultur der Ambiguität, 130).

53 Vgl. ebd.
54 Navid Kermani, Gott ist schön. Das ästhetische Erleben des Koran, München 1999, 23.
55 Bauer, Die Kultur der Ambiguität, 50.
56 Kermani, Gott ist schön, 25 f.
57 Vgl. ebd., 256.
58 Bauer, Die Kultur der Ambiguität, 49.
59 Vgl. Hans Urs von Balthasar, Herrlichkeit. Eine theologische Ästhetik. Bd. 1: Schau der Gestalt, Einsiedeln 1961, bes. 113, 298 f.
60 Kermani, Gott ist schön, 173.
61 Ebd., 217.
62 Bauer, Die Kultur der Ambiguität, 138 f.
63 Ebd., 141.
64 Vgl. Kermani, Gott ist schön, 32 f.
65 Ebd., 34 f.
66 Interessant an der Stelle ist auch das Insistieren der Schwester auf einem ritualisierten Umgang mit dem Koran, der exemplarisch deutlich macht, wie essentiell die ästhetische Selbststilisierung in der Befolgung der Scharia ist, um auf die Erfahrung der Schönheit und Majestät Gottes im Koran zu antworten (vgl. dazu die Ausführungen in Kapitel 4).
67 Ebd., 113.
68 Ebd., 165. Entsprechend ist es auffällig, dass schon in früheren Zeiten die Holprigkeit der Sprache zu den ersten Mängeln gehörte, welche man theologischen Gegnern und insbesondere sogenannten Ketzern vorzuhalten pflegte (vgl. ebd., 117), während es in der christlichen Tradition ungleich stärker auf die Wahrheit des Logos und nicht auf seine Ästhetik ankommt. Nicht umsonst gilt die Sprachgelehrsamkeit als wichtigster Zweig der Wissenschaften in der arabischen Welt (vgl. ebd.), während sie im Westen keine vergleichbare Rolle einnimmt.
69 Vgl. hierzu meine Rezension zu Navid Kermani, Ungläubiges Staunen. Über das Christentum. In: ThRv 112 (2016) 146–149.
70 Bauer, Die Kultur der Ambiguität, 46.
71 Ebd., 116.
72 Kermani, Gott ist schön, 137 f.
73 Ibn al-Djazarī zit. n. Bauer, Die Kultur der Ambiguität, 116.
74 Vgl. zum Koran ebd., 118; zur Tora vgl. die Übersicht bei von Stosch, Offenbarung, 96–108.
75 Bauer, Die Kultur der Ambiguität, 119.
76 Ebd., 117.
77 Vgl. ebd., 91.

Kapitel II

1 Die Angaben ihrer Anzahl schwanken zwischen 800 und 7000 (vgl. ebd., 145).
2 So heißt es beispielsweise, dass al-Bukhārī seine 7397 Hadithe »aus einer Masse von 600 000 ausgewählt« hat (ebd., 146).
3 Vgl. ebd., 149.
4 Vgl. ebd., 154.
5 Vgl. ebd., 155 f.
6 Vgl. Tuba Isik, Die Bedeutung des Gesandten Muhammad für den Islamischen Religionsunterricht. Systematische und historische Reflexionen in religionspädagogischer Absicht, Paderborn 2015 (Beiträge zur Komparativen Theologie; 18), 110.
7 Vgl. Annemarie Schimmel, Der Islam. Eine Einführung, Stuttgart 1990, 16.
8 Q 104:1–4. Hier wie auch sonst in meinem Buch folge ich der Koranübersetzung von Hartmut Bobzin. Ich verwende dabei jeweils das Sigel Q für Qurʾān bzw. Koran und nenne danach zuerst die Sure und dann nach einem Doppelpunkt den jeweiligen Vers bzw. die Verse.
9 Abu Zaid, Die Zeichen Gottes, 24.
10 Harald Motzki, Es gibt keinen Gott außer Gott, und Mohammed ist der Gesandte Gottes. In: Gernot Rotter (Hg.), Die Welten des Islam. Neunundzwanzig Vorschläge, das Unvertraute zu verstehen, Frankfurt a. M. 1993, 11–21, hier 17.
11 Vgl. Reza Aslan, Kein Gott außer Gott. Glaube der Muslime von Muhammad bis zur Gegenwart, Bonn 2006, 47.
12 Vgl. Isik, Die Bedeutung des Gesandten Muhammad, 118.
13 Hans Küng, Der Islam. Geschichte, Gegenwart, Zukunft, München-Zürich 2004, 143.
14 Motzki, Es gibt keinen Gott außer Gott, 17.
15 Schimmel, Der Islam, 19.
16 Jonathan A. C. Brown, Muhammad. A very short introduction, Oxford 2011, 40.
17 Küng, Der Islam, 159.
18 Abu Zaid, Die Zeichen Gottes, 45.
19 Vgl. Brown, Muhammad, 38.
20 Vgl. ebd., 39.
21 Vgl. Isik, Die Bedeutung des Gesandten Muhammad, 120.
22 Bauer, Die Kultur der Ambiguität, 119.
23 Vgl. Schimmel, Der Islam, 49.
24 Vgl. Isik, Die Bedeutung des Gesandten Muhammad, 213.
25 Vgl. ebd., 106.

26 Hadith zit. n. nach ebd., 120.
27 Zit. n. ebd., 103 Fn. 313.
28 Zit. n. ebd., 211.
29 Vgl. etwa ebd., 214: »Jemand fragte den Gottgesandten, was die beste Tat im Islam sei. Er antwortete: ›Menschen bewirten und begrüßen, ob man sie kennt oder nicht.‹«
30 Hadith zit. n. ebd., 214.
31 Ebd., 217.
32 Vgl. ebd., 215.
33 Vgl. ebd., 216.
34 Ebd., 214.
35 Die nachfolgenden Überlegungen übernehmen wörtlich einige Gedanken aus meinem Aufsatz Muhammad als Prophet? Versuch einer christlichen Annäherung. In: Klaus von Stosch / Tuba Işık (Hg.), Prophetie in Islam und Christentum, Paderborn 2013 (Beiträge zur Komparativen Theologie; 8), 145–162, erweitern diesen aber durch einige wichtige Einsichten, die ich nicht zuletzt Gesprächen mit meiner Kollegin Muna Tatari verdanke.
36 Samir Khalil Samir, Die prophetische Mission Muhammads. In: Cibedo-Beiträge 2 (2006) 4–11, hier 8.
37 Vgl. Tilmann Nagel, Mohammed. Leben und Legende, München 2008, 498.
38 Vgl. Rudi Paret, Mohammed und der Koran. Geschichte und Verkündigung des arabischen Propheten, Stuttgart [10]2008, 157; Brown, Muhammad, 76.
39 Vgl. Brown, Muhammad, 77.
40 Vgl. ebd., 50.
41 Vgl. ebd., 77.
42 Vgl. ebd., 78.
43 Vgl. Arnold Yasin Mol, A Modern *Matn* Criticism on the Tradition on 'Ā'isha's Age of Marriage: Translation and Analysis. In: https://webmail.uni-paderborn.de/imp/view.php?actionID=view_attach&id=2&muid={5}INBOX3487&view_token=PA0_KArpHmfDXXmXJClhRQ1&uniq=1464513805270 (aufgerufen am 29.05.2016).
44 Vgl. Reinhard Leuze, Christentum und Islam, Tübingen 1994, 22.
45 Samir, Die prophetische Mission Muhammads, 8.
46 Motzki, Es gibt keinen Gott außer Gott, 19.
47 Ebd.
48 Abu Zaid, Die Zeichen Gottes, 134.
49 Ebd., 135.
50 Neuwirth, Der Koran als Text der Spätantike, 384.
51 Ebd., 386. Laut Abu Zaid feierten schon die Juden Jom Kippur so, dass sie weder Nahrung noch Wasser zu sich genommen haben (Abu Zaid, Die Zeichen Gottes, 142).

52 Ebd., 143.
53 Ebd., 144.
54 Neuwirth, Der Koran als Text der Spätantike, 517.
55 Ebd., 548.
56 Vgl. Rudi Paret, Mohammed und der Koran. Geschichte und Verkündigung des arabischen Propheten, Stuttgart ¹⁰2008, 123 f.
57 Vgl. Joachim Gnilka, Wer waren Jesus und Muhammad? Ihr Leben im Vergleich, Freiburg 2011, 142 mit Verweis auf Marco Schöller.
58 Vgl. Paret, Mohammed und der Koran, 154.
59 Vgl. Motzki, Es gibt keinen Gott außer Gott, 20.
60 Vgl. Abu Zaid, Die Zeichen Gottes, 54 f.
61 Vgl. Isik, Die Bedeutung des Gesandten Muhammad, 212 mit Verweis auf Q 73:2.
62 Vgl. Tilman Nagel, Allahs Liebling – Ursprung und Erscheinungsformen des Mohammedglaubens, München 2008, 172.
63 Vgl. ebd., 172, 177.
64 Vgl. ebd., 184.
65 Vgl. Hartmut Bobzin, Mohammed, München ³2006, 69.
66 Vgl. Daniel Madigan, Jesus and Muhammad: The sufficiency of prophecy. In: Michael Ipgrave (Hg.), Bearing the Word. Prophecy in Biblical and Qu'ranic Perspective, London 2005, 90–99, hier 91.
67 Vgl. Bobzin, Mohammed, 66.
68 William Montgomery Watt, Der Islam. Mohammed und die Frühzeit, Bd. 1, Stuttgart u. a. 1980, 53.
69 Vgl. Bobzin, Mohammed, 76.
70 Motzki, Es gibt keinen Gott außer Gott, 13.
71 Vgl. Isik, Die Bedeutung des Gesandten Muhammad, 135.
72 Vgl. Küng, Der Islam, 137.
73 Ebd., 166 f.
74 Samir, Die prophetische Mission Muhammads, 10. Auch Ludwig Hagemann hält es für christlich unmöglich, »Muhammad letztlich als authentischen Propheten anzuerkennen« (Ludwig Hagemann, Propheten – Zeugen des Glaubens. Koranische und biblische Deutungen, Graz u. a. 1985, 194) und begründet dies mit Muḥammads unzureichender Christologie (ebd., 194 f.).
75 Vgl. Samir, Die prophetische Mission Muhammads, 9 f.
76 Vgl. ebd., 8 f.
77 Vgl. Mouhanad Khorchide, Islam ist Barmherzigkeit. Grundzüge einer modernen Religion, Freiburg-Basel-Wien 2012, 88–90.
78 Günter Röhser, Biblische Perspektive: Jesus als Prophet. In: Klaus von Stosch / Tuba Işık (Hg.), Prophetie in Islam und Christentum, Paderborn 2013 (Beiträge zur Komparativen Theologie; 8), 85–101, hier 85.

79 Bernhard Lang, Der Prophet – Die Geschichte eines Intellektuellentyps von der Bibel bis heute. In: ebd., 35–67, hier 35.
80 Röhser, Jesus als Prophet, 101 (im Original kursiv).
81 Vgl. Lang, Der Prophet, 41.
82 Ebd.
83 Karl-Josef Kuschel, Juden, Christen, Muslime, Düsseldorf 2007, 443.
84 Ebd.
85 Lang, Der Prophet, 54.
86 Vgl. Samir, Die prophetische Mission Muhammads, 9.
87 Leuze, Christentum und Islam, 26.

Kapitel III

1 Vgl. nur Felix Körner, JHWH, Gott, Allah: drei Namen für dieselbe Wirklichkeit? In: ThPQ 158 (2010) 31–38. Im nachfolgenden Kapitel übernehme ich einige Passagen aus meinem Artikel Gott im Islam. In: Markus Mühling (Hg.), Gott und Götter in den Weltreligionen. Christentum, Judentum, Islam, Hinduismus, Konfizianismus, Buddhismus, Göttingen 2014 (Grundwissen Christentum; 5), 103–142.
2 Mohammed Ali Shomali (Hg.), God: Existence and attributes, London 2008 (Islamic Reference Series; 1), 13.
3 Vgl. *dāiratul m'ārife islamī* (= Die große islamische Enzyklopädie), Teheran 2001, B.10, 79.
4 Vgl. Toshihiko Izutsu, God and man in the Koran. Semantics of the Koranic Weltanschauung, Tokio 1964 (Studies in the Humanities and Social Relations; 5), 95–119.
5 Vgl. F. E. Peters, Art. Allah. In: John Esposito (Hg.), The Oxford Encyclopedia of the Islamic World, Oxford 2009, 127–130, hier 127.
6 Auch wenn die Sure in der traditionellen muslimischen Exegese zeitlich unterschiedlich eingeordnet wird, wird sie mehrheitlich als mekkanisch eingestuft. Allerdings gibt es grundsätzlich zwei unterschiedliche Szenarien ihrer Herabsendung: Einmal sind es die paganen Araber, die den Propheten nach dem Wesen seines Gottes fragen – dann wird die Sure als mekkanisch eingestuft. Ein anderes Mal sind es Juden aus Medina, die Muhammad nach seinem Gott fragen – dann ist die Sure medinensisch. Wichtig für unseren Zusammenhang ist, dass beide Einordnungen keinen direkten Gesprächszusammenhang mit Christen erkennen lassen. Dennoch hält sich bis in die neueste westliche Literatur die Position, dass sich die Sure mit dem christlichen Glaubensbekenntnis von Nicäa auseinandersetzt. Vgl. z. B. Holger Zellentin, The Rise of Monotheism in Arabia. In: Josef Lössl/

Nicholas Baker-Brian (Hg.), A Companion to Religion in Late Antiquity, Hoboken 2018, 157–180, bes. 162 ff.

7   Vgl. beispielsweise Farid Esack, Qur'an, liberation and pluralism. An Islamic perspective of interreligious solidarity against oppression, Oxford 1997, 256.
8   Vgl. Neuwirth, der Koran als Text der Spätantike, 340.
9   Vgl. Fazlur Rahman, Major themes of the Qur'an, Chicago 1980, 4.
10 Vgl. Shomali, God, 7: »God is the One and nothing is like Him, but at the same time God is very close and immanent.«
11 Vgl. ebd., 31.
12 Abdoldjavad Falaturi, Wie ist menschliche Gotteserfahrung trotz des strengen islamischen Monotheismus möglich? In: Ders. / Jakob J. Petuchowski / Walter Strolz (Hg.), Drei Wege zu dem einen Gott. Glaubenserfahrung in den monotheistischen Religionen, Freiburg ²1980, 45–59, hier 49.
13 Abū-Ḥamid Muhammad al-Ghazālī, Die Nische der Lichter. Aus dem Arabischen übersetzt mit einer Einleitung, mit Anmerkungen und Indices herausgegeben von 'Abd-Elsamad 'Abd-Elhamīd Elschazli, Hamburg 1987, 8.
14 Vgl. Shomali, God, 14, 18; zur Diskussion zur Theologie der Barmherzigkeit in Deutschland vgl. Mouhanad Khorchide / Milad Karimi / Klaus von Stosch (Hg.), Theologie der Barmherzigkeit? Zeitgemäße Fragen und Antworten des Kalām, Münster-New York 2014 (Schriftenreihe Graduiertenkolleg Islamische Theologie; 1).
15 Vgl. zu diesem und ähnlichen Beispielen Khorchide, Das Jenseits als Ort der Transformation statt des Gerichts – Eine andere Lesart der islamischen Eschatologie. In: Jürgen Werbick / Sven Kalisch / Klaus von Stosch (Hg.), Glaubensgewissheit und Gewalt. Eschatologische Erkundungen in Islam und Christentum, Paderborn u. a. 2011 (Beiträge zur Komparativen Theologie; 3), 37–48, hier 38.
16 Vgl. Neuwirth, Der Koran als Text der Spätantike, 451. Diese interessante Beobachtung stellt selbstverständlich nicht in Abrede, dass der Begriff der Barmherzigkeit schon vorher als Gottesname bekannt war.
17 Vgl. ebd., 474.
18 Neuwirth, Der Koran als Text der Spätantike, 241.
19 Diese Erkenntnis verdanke ich dem Bischof der syrisch-orthodoxen Kirche von Deutschland Matthias Nayis Mor Philoxenus.
20 Shomali, God, 19.
21 Vgl. Hamideh Mohagheghi, Zum Gottesverständnis in islamischen Gesellschaften. In: Severin J. Lederhilger (Hg.), Die Marke »Gott« zwischen Bedeutungslosigkeit und Lebensinhalt. 9. Ökumenische Sommerakademie Kremsmünster 2007, Frankfurt am Main u. a. 2008, 68–83.
22 Vgl. Rahman, Major themes of the Qur'an, 6.

23 Vgl. ebd., 8f.
24 Zit n. Khorchide, Das Jenseits als Ort der Transformation, 44.
25 Diesen Hinweis verdanke ich Muna Tatari.
26 Zit. n. Paul Petzel, Christ sein im Angesicht der Juden. Zu Fragen einer Theologie nach Auschwitz, Mainz 2001, 192.
27 Vgl. Farid Esack, Unterwegs zu einer islamischen Befreiungstheologie. In: Klaus von Stosch / Muna Tatari (Hg.), Gott und Befreiung. Befreiungstheologische Konzepte in Islam und Christentum, Paderborn u. a. 2012 (Beiträge zur Komparativen Theologie; 5), 19–42; sowie Klaus von Stosch, Gott und Befreiung – eine Theologie der Barmherzigkeit und eine Theologie der Befreiung im muslimisch-christlichen Gespräch. In: Cibedo-Beiträge zum Gespräch zwischen Christen und Muslimen 7 (2012) 58–65.
28 So beispielsweise bei Khorchide, Das Jenseits als Ort der Transformation.
29 Vgl. Abu Zaid, Die Zeichen Gottes, 95, unter Berufung auf den Sufismus.
30 Wegweisend könnte an dieser Stelle die demnächst erscheinende Dissertation von Muna Tatari sein: Muna Tatari, Gott und Mensch im Spannungsverhältnis von Gerechtigkeit und Barmherzigkeit. Versuch einer islamisch begründeten Positionsbestimmung, Münster-New York 2016 (im Drucklegungsprozess).
31 Vgl. Abu Zaid, Die Zeichen Gottes, 101.
32 Shomali, God, 7; vgl. ebd., 11.
33 Vgl. Mohagheghi, Zum Gottesverständnis in islamischen Gesellschaften, 81f.
34 Vgl. Mohammad H. Beheshti, The Qur'anic proof for the existence of God. In: Shomali, God, 79–101, hier 94.
35 Vgl. Falaturi, Gotteserfahrung, 47.
36 Vgl. Annemarie Schimmel, Mystische Dimensionen des Islam. Die Geschichte des Sufismus, München 1985, 16–43.
37 Vgl. Peters, Art. Allah, 129.
38 Adel Theodor Khoury, Art. Mystik. In: Ders. / Ludwig Hagemann / Peter Heine, Islam-Lexikon. Geschichte – Ideen – Gestalten, Freiburg 1991, Bd.2, 578f.
39 al-Ghazālī, Die Nische der Lichter, 24.
40 Vgl. als gut lesbare Zusammenfassung ihrer Geschichte Reza Aslan, Kein Gott außer Gott. Der Glaube der Muslime von Muhammad bis zur Gegenwart, Bonn 2006, 216–220.
41 Ebd., 217.
42 Zit. n. Annemarie Schimmel, Mystische Dimensionen des Islam. Die Geschichte des Sufismus, Köln 1985, 67.
43 Aslan, Kein Gott außer Gott, 223. Allerdings gab es schon sehr früh von christlicher Seite Einsprüche gegen den Sex mit Kindern (vgl. Bettina Eva

Stump, Prostitution in der römischen Antike, Berlin 1998), so dass das Fehlen einer christlichen Intervention gegen Muhammad in der Spätantike die Idee, dass dieser Sex mit einem Kind hatte, unwahrscheinlich macht.

44 Vgl. Aslan, Kein Gott außer Gott, 232.
45 Zit. n. ebd., 233 f.
46 Navid Kermani, Appelliert Gott an den Verstand? Eine Randbemerkung zum koranischen Begriff *aql* und seiner Paretschen Übersetzung. In: Lutz Edzard / Christian Szyka (Hg.), Encounters of Words and Texts. FS S. Wild, Hildesheim-Zürich-New York 1997 (Arabistische Texte und Studien; 10), 43–66, 55. In diesem Abschnitt nehme ich einige Passagen aus Klaus von Stosch, Mit Gott ringen. Eine theologische Auseinandersetzung mit Navid Kermani. In: Michael Hofmann / Klaus von Stosch (Hg.), Islam in der deutschen und türkischen Literatur, Paderborn u. a. 2012 (Beiträge zur Komparativen Theologie; 4), 267–278, auf.
47 Vgl. Kermani, Appelliert Gott an den Verstand?, 60.
48 Ebd., 61 f.
49 Navid Kermani, Der Schrecken Gottes. Attar, Hiob und die metaphysische Revolte, München 2005, 209.
50 Ebd., 165.
51 Ebd., 166.
52 Vgl. ebd., 181.
53 Ebd., 212.
54 Vgl. zur weiteren Diskussion dieses Punktes Klaus von Stosch, Theodizee, Paderborn 2013 (UTB: Grundwissen Theologie); ders., Herausforderung Theologie. Ein christlicher Blick auf muslimische Perspektiven auf das Theodizeeproblem. In: Mouhanad Khorchide / Klaus von Stosch (Hg.), Herausforderungen an die Islamische Theologie in Europa – Challenges for Islamic Theology in Europe, Freiburg 2012, 77–100.
55 Vgl. als Beispiel nur Johann Baptist Metz, Theologie als Theodizee? In: Willi Oelmüller (Hg.), Theodizee – Gott vor Gericht?, München 1990, 103–118.
56 Kermani, Der Schrecken Gottes, 172.
57 Ebd., 213.
58 Vgl. ebd., 211.
59 Navid Kermani, Große Liebe, München 2014.
60 Navid Kermani, Du sollst, Zürich 2005; vgl. hierzu auch die Auseinandersetzung Hamideh Mohagheghis mit dieser Schrift sowie die Hinweise von Jim Jordan jeweils in: Michael Hofmann / Klaus von Stosch (Hg.), Islam in der deutschen und türkischen Literatur, Paderborn 2012 (Beiträge zur Komparativen Theologie; 4).
61 Vgl. zur Kritik Neuwirth, Der Koran als Text der Spätantike, 165.
62 Ebd., 166.

63 Ebd., 163.
64 Vgl. Theresia Hainthaler, Christliche Araber vor dem Islam. Verbreitung und konfessionelle Zugehörigkeit. Eine Hinführung, Leuven 2007, 32.
65 Alois Grillmeier, Jesus der Christus im Glauben der Kirche. Bd. 2/3: Die Kirchen von Jerusalem und Antiochien nach 451 bis 600. Hg. v. Theresia Hainthaler, Freiburg-Basel-Wien 2002, 280 f. Auch bei dem eben erwähnten Philoponus sind »Vater, Sohn und Geist drei Hypostasen in der Form von drei konkreten Einzelnaturen« (ebd., 290).
66 Gegen Martin Bauschke, Jesus – Stein des Anstoßes. Jesus – Stein des Anstoßes. Die Christologie des Korans und die deutschsprachige Theologie, Köln u. a. 2000 (Kölner Veröffentlichungen zur Religionsgeschichte; 29), 154, der die angebliche tritheistische Schlagseite der orientalisch-christlichen Frömmigkeit durch auch in Äthiopien immer noch einflussreiche altägyptische Vorstellungen von Göttertriaden erklärt.
67 »Gott hat keinen Sohn angenommen, und neben ihm ist kein anderer Gott. Denn dann würde jeder Gott mit dem davongehen, was er schuf, und der eine von ihnen würde sich über den anderen erheben. Gott ist erhaben über das, was sie da behaupten.« (Q 23:91; vgl. 25:2)
68 »Gelobt sei Gott, der keinen Sohn annahm und der mit keinem seine Macht geteilt hat und der nicht wegen seiner Schwäche eines Freunds bedarf.« (17:111)
69 Vgl. Klaus von Stosch, Streit um die Trinität. In: ders. / Muna Tatari (Hg.), Trinität – Anstoß für das islamisch-christliche Gespräch, Paderborn 2013 (Beiträge zur Komparativen Theologie; 7), 237–258.
70 Einen ersten Eindruck von der Komplexität des Gesprächsstandes vermittelt Klaus von Stosch / Muna Tatari (Hg.), Trinität – Anstoß für das islamisch-christliche Gespräch, Paderborn 2013 (Beiträge zur Komparativen Theologie; 7).

Kapitel IV

1 Vgl. Neuwirth, Der Koran als Text der Spätantike, 393.
2 Vgl. Schimmel, Der Islam, 38.
3 Neuwirth, Der Koran als Text der Spätantike, 640.
4 Ich bin dann mal weg. Meine Reise auf dem Jakobsweg, München ¹⁵2011.
5 Interessanterweise findet sich dieser Gedanke auch in Muhammad Asads Buch *Der Weg nach Mekka*, wobei dieser auch das Kamel als Fortbewegungsmittel gelten lässt. Diesen Hinweis verdanke ich Idris Nassery.
6 Gerade Denker wie al-Ghazali bieten hier eine Reihe von Anknüpfungspunkten, die verdeutlichen, dass diese ästhetische Neuaneignung voll aus den Schätzen der Tradition schöpfen kann.

7 Vgl. Timur Kuran, Islam and Mammon: The Economic Predicaments of Islamism, Princeton 2004. Allerdings lässt diese Studie alle erfolgreichen Zakat-Instutionen wie die ›South African National Zakah Fund (SANZAF)‹ außer Acht.
8 Karimi, Versuch einer ästhetischen Hermeneutik des Qur'ān, 28; vgl. insbesondere auch Khaled Abou el Fadl, The search for beauty in Islam. A conference of the books.
9 Vgl. ebd., 195; Abu Zaid, Die Zeichen Gottes, 162.
10 Vgl. die entsprechende Fatwa von Khaled Abou el Fadl auf www.scholarofthehouse.org/drabelfafaon.html (aufgerufen am 10.03.16), die aber natürlich nicht generell den Verzicht auf das Kopftuch nahelegt, sondern nur unter der Bedingung, dass dieses zu Diskriminierungen führt.
11 Abu Zaid, Die Zeichen Gottes, 163.
12 Vgl. nochmals el Fadls Fatwa in www.scholarofthehouse.org/drabelfafaon.html (aufgerufen am 10.03.16).
13 Vgl. Josef van Ess, Gott im Islam. In: Elmar Klinger (Hg.), Gott im Spiegel der Weltreligionen, Regensburg 1997, 36–59, hier 39.
14 So heißt es sinngemäß bei Bukhari, Buch 6, Kapitel 60, Nr. 282, in einer Aischa zugeschriebenen Überlieferung: »Und die Frauen (des Propheten; Vf.) sollten ihren Umhang für den Körper über ihre Köpfe ziehen und ihn vor dem Gesicht fallen lassen.« Khaled Abou el Fadl begründet dagegen ausführlich, wieso diese Übersetzung falsch ist und es eigentlich auch in diesem Hadith nur darum geht, welche Kopfbedeckung Frauen tragen sollen (vgl. Fadl, The search for beauty in Islam, 200).
15 Abu Zaid, Die Zeichen Gottes, 175.
16 Vgl. Intisar A. Rabb, Doubt in Islamic Law. A History of Legal Maxims, Interpretation, and Islamic Criminal Law, Cambridge 2015.
17 Abu Zaid, Die Zeichen Gottes, 50.
18 Vgl. ebd., 51.
19 Ebd., 166.
20 Bauer, Die Kultur der Ambiguität, 206.
21 Vgl. ebd., 211.
22 Entsprechend hält auch Thomas Bauer fest, dass das Tor des *idjtihād* definitiv nicht bereits vor der Osmanenzeit geschlossen war (ebd., 180). Vgl. als instruktive Übersicht Wael B. Hallaq, Was the Gate of Ijtihad Closed? In: International Journal of Middle East Studies 16 (1984) 3–41.
23 Schimmel, Der Islam, 53.
24 Vgl. Bauer, Die Kultur der Ambiguität, 184.
25 Ebd.
26 Ebd., 177.

27 Tariq Ramadan, Šarīʿa und die Werte der Aufklärung. Untersuchungen über das Verhältnis zwischen Islam und den emanzipatorischen Potenzialen der Moderne. In: Hamideh Mohagheghi / Klaus von Stosch (Hg.), Moderne Zugänge zum Islam. Plädoyer für eine dialogische Theologie, Paderborn u. a. 2010 (Beiträge zur Komparativen Theologie; 2), 85–96, hier 87.
28 Vgl. ebd., 88.
29 Vgl. Jasser Auda, Maqāṣid al-Sharīʿah. A beginner's guide, London-Washington 2008, 22.
30 Vgl. ebd., 24.
31 Vgl. ebd., 26.
32 Im Folgenden übernehme ich einige Formulierungen aus Klaus von Stosch / Idris Nassery, Der Weg zur Quelle. Mehr Scharia wagen. Denn deren Ziele könnten auch westliche Gesellschaften zu mehr Gerechtigkeit ermutigen. In: FR vom 10.10.14.

Kapitel V

1 Schimmel, Der Islam, 17.
2 Im Folgenden übernehme ich einige Formulierungen aus Klaus von Stosch, Streit um die Erbsünde? In: Jürgen Werbick (Hg.), Sühne, Martyrium und Erlösung? Opfergedanke und Glaubensgewissheit in Judentum, Christentum und Islam, Paderborn u. a. 2013, 81–96.
3 Iblis empört sich sofort über diese unerhörte Forderung Gottes und rächt sich dann auch bitter am Menschen für diese Demütigung (Q 15:31–40).
4 Vgl. Angelika Neuwirth, Der Qurʾān – islamisches Erbe und spätantikes Vermächtnis an Europa. In: Mouhanad Khorchide / Klaus von Stosch (Hg.), Herausforderungen an die Islamische Theologie in Europa – Challenges for Islamic Theology in Europe, Freiburg 2012, 31–49, hier 39 f.
5 Al-Qurtubi beispielsweise diskutiert in seinem Korankommentar zu Q 5,31, ob Kains Ermordung seines Bruders Abel ihn komplett aus der Gemeinschaft der Menschheit ausstößt oder ob nicht vielmehr die Reue Kains über den Verlust seines Bruders auch als eine Reue der Tat selbst verstanden werden kann und auf die Einsichtsfähigkeit Kains hinweist. Vgl. Al-Qurṭūbī, al-Ǧami li-aḥkām al-qurʾān.[altafir.com, 23. 03. 2014]. Diesen Hinweis verdanke ich Muna Tatari.
6 Schimmel, Der Islam, 30.
7 al-Ghazālī, Die Nische der Lichter, 10 f.
8 Abu Zaid, Die Zeichen Gottes, 109.
9 Vgl. Muḥammad bin ʿĀlī b. Muḥammad al-Šaukānī, Nayl al-awtār šarh ʾuntaqa al-āḫbār. Kairo, o. J., 7:166 und Šihāb al-Dīn ibn Ḥaǧar al-Asqalanī, Fatḥ al-barī bi-šarḥ ṣaḥīḥ al-Buḫārī. Beirut 1993, 14:303. Zitiert nach: Khaled

Abou el-Fadl, Islam and the Challenge of Democracy. Can Individual Rights and Popular Sovereignty take Root in Faith? In: http://bostonreview.net/BR28.2/abou.html#1, 15. 05. 2016. [eig. Übers.].

10 Vgl. Küng, Der Islam, 280–284.
11 Vgl. Leuze, Christentum und Islam, 197.
12 Ess, Theologie und Gesellschaft im 2. und 3. Jahrhundert Hidschra, IV, 491.
13 Nagel, Geschichte der islamischen Theologie, 113 f.
14 Vgl. Hermann Stieglecker, Die Glaubenslehren des Islam, Paderborn u. a. ²1983, 101 mit Verweis auf die 1933 erschienene Dogmatik von al-Gaziri.
15 Vgl. Harry A. Wolfson, The philosophy of the kalam, Cambridge-London 1976, 657 ff.
16 Ulrich Schoen, Gottes Allmacht und die Freiheit des Menschen. Gemeinsames Problem von Islam und Christentum. Mit einem Geleitwort v. K. Hock u. e. akt. Nachw. des Autors, Neudruck Münster 2003 (Christentum und Islam im Dialog: 2), 137.
17 Ebd.
18 Leuze, Christentum und Islam, 219 mit Verweis auf Khoury.
19 Vgl. Schoen, Gottes Allmacht und die Freiheit des Menschen, 137.
20 Vgl. hierzu und zum Folgenden ebd., 136.
21 Vgl. ebd., 158.
22 Zit. n. ebd., 154.
23 Vgl. ebd., 147; Stieglecker, Die Glaubenslehren des Islam, 122.
24 Schoen, Gottes Allmacht und die Freiheit des Menschen, 221.
25 Vgl. Klaus von Stosch, Freiheit als Basiskategorie? In: MThZ 58 (2007) 27–42.
26 Vgl. insbesondere Khorchide, Islam ist Barmherzigkeit, und meine kritische Würdigung seines Ansatzes in Klaus von Stosch, Barmherzigkeit als Leitkategorie für Islamische Theologie? In: Mouhanad Khorchide / Milad Karimi / Klaus von Stosch (Hg.), Theologie der Barmherzigkeit? Zeitgemäße Fragen und Antworten des Kalām, Münster-New York 2014 (Schriftenreihe Graduiertenkolleg Islamische Theologie; 1), 37–53.
27 Ein ermutigendes Beispiel stellt sicher der an Hegel orientierte Entwurf von Milad Karimi dar, der allerdings auch noch einige Rückfragen offenlässt. Vgl. Klaus von Stosch, Rez. zu Ahmad Milad Karimi, Hingabe. In: ThRv 112 (2016) 149–151.
28 Abu Zaid, Die Zeichen Gottes, 151.
29 Zit. n. ebd., 160.
30 Vgl. zu diesem und zum vorigen Abschnitt Halima Krausen, Frauen in der islamischen Geschichte, 5 Teile. In: Al-Fadschr 31 (1988) 3–6; Nr. 32, S. 15–19; Nr. 33, S.15–18; Nr. 34, S.48–52; Nr. 35, S. Nr. 36, S. 25–28.

31 Vgl. zum ganzen Abschnitt Mouhanad Khorchide, Auf dem Weg zu einer humanistischen Koranhermeneutik. In: Hamideh Mohagheghi / Klaus von Stosch (Hg.), Moderne Zugänge zum Islam. Plädoyer für eine dialogische Theologie, Paderborn 2010 (Beiträge zur Komparativen Theologie; 2), 31–52, hier 48.

32 Vgl. zu diesem Argument auch Abu Zaid, Die Zeichen Gottes, 155, zur Haltung des Islams zur Sklaverei vgl. Nicole Priesching, Sklaverei in der Neuzeit, Darmstadt 2014 (WBG: Geschichte Kompakt), 92–106.

33 Q 4:3; vgl. auch Abu Zaid, Die Zeichen Gottes, 152.

34 Muhammad Çazai, Bāqir Mūsawī, Hoqūqe bašar – moqāyese ta'ālīme Islam ba Manšūre melale muttaled (Menschenrechte – Vergleich zwischen islamische Lehre und Erklärung der Menschenrechte), Teheran 1967, 182f. Zit. n. Hamideh Mohagheghi, Der Mensch und seine Verantwortung. Überlegungen aus der Perspektive muslimischer Frauen. In: Dies. / Klaus von Stosch (Hg.), Moderne Zugänge zum Islam. Plädoyer für eine dialogische Theologie, Paderborn 2010 (Beiträge zur Komparativen Theologie; 2), 129–143, hier 138.

35 Vgl. Amina Wadud, Inside the Gender Jihad. Women's reform in Islam, Oxford 2006.

36 Vgl. Nimet Seker, Ermahnt sie, meidet sie im Bett und schlagt sie! Zur Frage der Geschlechtergewalt in Q 4:34. In: Hamideh Mohagheghi / Klaus von Stosch (Hg.), Gewalt in den Heiligen Schriften von Islam und Christentum, Paderborn 2014 (Beiträge zur Komparativen Theologie; 10), 117–144, hier 123.

37 Vgl. ebd., 125.

38 Vgl. ebd.

39 Vgl. ebd., 120.

40 Abu Zaid, Die Zeichen Gottes, 158; vgl. Seker, Ermahnt sie, 135–141.

Kapitel VI

1 Ich folge dabei weitgehend den Überlegungen von Fritz Stolz, Einführung in den biblischen Monotheismus, Darmstadt 1996. In einigen Formulierungen wiederhole ich teilweise wörtlich Gedanken aus Klaus von Stosch, Vollendungsgewissheit und Gewalt. In: Jürgen Werbick / Muhammad Sven Kalisch / Klaus von Stosch (Hg.), Glaubensgewissheit und Gewalt. Eschatologische Erkundungen in Islam und Christentum, Paderborn 2011 (Beiträge zur Komparativen Theologie; 3), 105–116.

2 Vgl. Metz, Theologie als Theodizee?, 104.

3 Ralf Miggelbrink, Der Zorn Gottes. Geschichte und Aktualität einer ungeliebten biblischen Dimension, Freiburg-Basel-Wien 2000, 49.

4 Fritz Stolz, Einführung in den biblischen Monotheismus, Darmstadt 1996, 150.

5 Ebd.
6 Vgl. Farid Esack, Unterwegs zu einer islamischen Befreiungstheologie. In: Muna Tatari / Klaus von Stosch (Hg.), Gott und Befreiung. Befreiungstheologische Konzepte in Islam und Christentum, Paderborn 2012 (Beiträge zur Komparativen Theologie; 5), 19–42.
7 Vgl. Miggelbrink, Zorn Gottes, 144.
8 Stolz, Monotheismus, 176.
9 Vgl. nochmals von Stosch / Tatari (Hg.), Gott und Befreiung.
10 Vgl. Abu Zaid, Die Zeichen Gottes, 138.
11 Vgl. zur genaueren Ausleuchtung des historischen Hintergrundes und der Auslegung der Verse Hamideh Mohagheghi, »Tötet sie, wo ihr sie trefft.« Eine Auslegung zu Q 2:190–195. In: dies. / von Stosch (Hg.), Gewalt in den Heiligen Schriften von Islam und Christentum, 73–91.
12 Viele der im Folgenden referierten Einsichten verdanken sich Gesprächen mit meiner Kollegin Hamideh Mohagheghi, die derzeit zu den Gewaltversen im Koran eine ausführliche Studie erarbeitet.
13 Neuwirth, Der Koran als Text der Spätantike, 526.
14 Ebd., 659.
15 Ebd., 662.
16 Vgl. dazu Mohagheghi / von Stosch (Hg.), Gewalt in den Heiligen Schriften von Islam und Christentum.
17 Vgl. zu diesem Narrativ beispielsweise Karl-Heinz Ladeur, Die Herausforderung des Verfassungsstaats durch den religiösen Fundamentalismus. In: Anja Bettenworth u. a. (Hg.), Herausforderung Islam. Autorität, Religion und Konflikt in Europa, Paderborn 2011, 17–41, hier 20.
18 Bauer, Die Kultur der Ambiguität, 323 f.
19 Vgl. Neuwirth, Der Koran als Text der Spätantike, 185.
20 Vgl. ebd., 218.
21 Vgl. ebd., 222.
22 Ebd., 223.
23 Ebd., 232.
24 Ebd., 405.
25 Ebd., 324.
26 Ebd., 327 f.
27 Ebd., 612.
28 Vgl. Frank Griffel, Al-Ghazālī's Philosophical Theology, New York 2010, 7; Ibn Rushd. Maßgebliche Abhandlung. Faṣl al-maqāl. Aus dem Arabischen übersetzt und herausgegeben von Frank Griffel, Berlin 2010, 100–112.
29 Vgl. Bauer, Die Kultur der Ambiguität, 52.
30 Ebd.
31 Ebd., 16.

32 Ebd., 114.
33 Vgl. ebd., 60.
34 Ebd., 280.
35 Vgl. ebd.
36 Vgl. ebd., 281.
37 Ebd., 290.
38 Ebd., 309.

Kapitel VII

1 Ich versuche in diesem Teil eine Zusammenfassung meiner wesentlichen Einsichten aus Klaus von Stosch, Versuch einer ersten diachronen Lektüre der Jesusverse im Koran. In: ders./Mouhanad Khorchide (Hg.), Streit um Jesus. Muslimische und christliche Annäherungen, Paderborn 2016 (Beiträge zur Komparativen Theologie; 21), 15–44.
2 Es ist sprachlich nicht ganz klar, ob in Vers 24 wirklich Jesus spricht oder nicht doch Gott. Aber da Jesus ja in Vers 30 auch als Baby sprechen kann und da Maria in Vers 29 auf Jesus verweist, damit er sie vor den sie als Hure bezeichnenden Menschen verteidigt, spricht viel dafür, dass hier tatsächlich Jesus der Sprecher ist.
3 Hüseyin Ilker Çinar, Maria und Jesus im Islam. Darstellung anhand des Korans und der islamischen kanonischen Tradition unter Berücksichtigung der islamischen Exegeten, Wiesbaden 2007 (Arabisch-Islamische Welt in Tradition und Moderne; 6), 56.
4 Ebd., 77.
5 Navid Kermani, Ungläubiges Staunen. Über das Christentum, München 2015, 48.
6 Ebd., 91.
7 Vgl. Abū Abdullāh Muḥammad Qurtubī, Al-Ǧāmiʿ li Aḥkām al-Qurʾān, Tafsir zu Sure 19:30–33, altafsir.com [12.04.2015].
8 Vgl. Claus Schedl, Muhammad und Jesus. Die christologisch relevanten Texte des Koran, Freiburg-Basel-Wien 1978, 565.
9 Vgl. Helmut Merklein, Studien zu Jesus und Paulus II, Tübingen 1998 (Wissenschaftliche Untersuchungen zum Neuen Testament; 105), 188.
10 Vgl. Neuwirth, Der Koran als Text der Spätantike, 557.
11 Vgl. ebd., 556f., mit Verweis auf Q 22:36f.
12 Genauso kann auch das Jesus gegebene Evangelium in Q 57:27 und Q 5:46 das gelebte und gelehrte Evangelium sein.
13 In diese Richtung denkt Hajj Muhammad Legenhausen, Jesus as Kalimat Allah, the Word of God. In: Mohammad Ali Shomali (Hg.), Word of God, London 2009, 129–156.

14 Vgl. zu den formalen Gründen für diese These Angelika Neuwirth, Imagining Mary – Disputing Jesus. Reading surat Maryam and related Meccan texts within the qur'anic communication process. In: Benjamin Jokisch / Ulrich Rebstock / Lawrence Conrad (Hg.), Fremde, Feinde und Kurioses. Innen- und Außenansichten unseres muslimischen Nachbarn, Berlin 2009, 383–416, hier 401.
15 Vgl. Mahmoud Ayoub, A Muslim view of Christianity. Essays on dialogue by Mahmoud Ayoub. Edited by Irfan A. Omar, Maryknoll / N. Y. 2007, 125.
16 Vgl. Klaus von Stosch, Einführung in die Systematische Theologie, Paderborn u. a. ²2009, 47–49.
17 Vgl. Neuwirth, Imagining Mary – Disputing Jesus, 406, mit Verweis auf Q 43:57–59.
18 Vgl. Neuwirth, Imagining Mary – Disputing Jesus, 408.
19 Zur Betonung der weiblichen Züge in der Sure Āl 'Imrān vgl. Angelika Neuwirth, Mary and Jesus: Counterbalancing the Biblical Patriarchs. A re-reading of *sūrat Maryam* in *sūrat Āl 'Imrān* (Q. 3:1–62). In: parole de L'Orient 30 (205) 231–260.
20 Vgl. Angelika Neuwirth, Koranforschung – eine politische Philologie? Bibel, Koran und Islamentstehung im Spiegel spätantiker Textpolitik und moderner Philologie, Berlin-Boston 2014, 87 f.
21 Vgl. Ayoub, A Muslim view of Christianity, 129.
22 Friedmann Eißler, Jesus und Maria im Islam. In: Christfried Böttrich / Beate Ego / Friedmann Eißler, Jesus und Maria in Judentum, Christentum und Islam, Göttingen 2009, 120–205,177; vgl. Josef Imbach, Wem gehört Jesus? Seine Bedeutung für Juden, Christen und Moslems, München 1989, 93.
23 Vgl. Martin Bauschke, Jesus – Stein des Anstoßes. Die Christologie des Korans und die deutschsprachige Theologie, Köln u. a. 2000 (Kölner Veröffentlichungen zur Religionsgeschichte; 29), 115.
24 Vgl. zur ausführlichen Begründung dieser These meine Ausführungen in Stosch, Jesus im Koran, 130–132, die ich hier nicht noch einmal wiederholen will.
25 So sagt Jesus bereits in der Sure Maryam von sich selbst, dass er sterben wird (Q 19:33 / amutu), und Gott sagt über Jesus in der Sure Āl 'Imrān, dass er ihn abberufen wird (Q 3:55 / tawaffa). Später ist dann in Q 5:117 wieder vom Abberufen die Rede.
26 Alois Grillmeier, Jesus der Christus im Glauben der Kirche. Bd. 2/2: Die Kirche von Konstantinopel im 6. Jahrhundert. Unter Mitarbeit von Theresia Hainthaler, Freiburg-Basel-Wien 1989, 492.
27 So macht Az-Zamaḫšarī beispielsweise deutlich, dass nur die in Medina lebenden Juden tatsächlich 'Uzair als Gottes Sohn angesehen haben (Çinar, Maria und Jesus im Islam, 146 mit Verweis auf Q 9:30). »Ar-Rāzī erklärt

weiter, dass diese Ansicht unter den Juden damals wahrscheinlich weit verbreitet war, inzwischen aber bedeutungslos geworden sei.« (ebd., 148)

28 Vgl. Pseudo-Dionysios Areopagita, De ecclesiastica hierarchia V,2.1., zit. n. Peter Neuner, Ekklesiologie I. Von den Anfängen zum Mittelalter, Graz-Wien-Köln 1994 (Texte zur Theologie. Dogmatik; 5,1), 63 f.

29 Vgl. Holger Michael Zellentin, The Qur'ān's legal culture. The *Didascalia Apostolorum* as a point of departure, Tübingen 2013, 221, 225.

30 Vgl. Mun'im Sirry, Scriptural Polemics. The Qur'ān and other Religions, Oxford 2014, 141.

31 Vgl. ebd., 140.

32 Vgl. Wolfhart Pannenberg, Systematische Theologie. Band 2, Göttingen 1991, 315–440; ders., Grundzüge der Christologie, Gütersloh, 2. veränderte Auflage 1966, 335–378.

33 Ich kenne noch keinen christlich-theologischen Entwurf, der diese Möglichkeit einmal detailliert und überzeugend durchbuchstabiert. Zumindest die Frage wird auch gestellt bei Hans-Martin Barth, »Nimm und lies!« Die spirituelle Bedeutung von Bibel und Koran. In: Ders. / Christoph Elsas (Hg.), Hermeneutik in Islam und Christentum. Beiträge zum interreligiösen Dialog. Rudolf-Otto-Symposium 1996, Hamburg 1997, 9–23, 17: »Was spricht sich darin aus, wenn der Gott Jesu Christi dies zugelassen, ja sogar veranlaßt haben sollte (dass es jetzt so viele Muslime gibt; Vf.)? Gott mit diesem welt- und religionsgeschichtlichen Ereignis nicht in Zusammenhang zu bringen, verbietet sich aber gerade dem Glaubenden!«

34 Brief Wittgensteins an Ludwig Hänsel vom 23.11.29. In: I. Somavilla / A. Unterkircher / Ch. Berger (Hgg.), Ludwig Hänsel – Ludwig Wittgenstein. Eine Freundschaft. Briefe, Aufsätze, Kommentare, Innsbruck (1994) Brenner-Studien 14, 117.

35 Gisbert Greshake, Göttliches und vergöttlichendes Wort. In: Andreas Bsteh (Hg.), Hören auf sein Wort. Der Mensch als Hörer des Wortes Gottes in christlicher und muslimischer Überlieferung, Mödling 1992 (Beiträge zur Religionstheologie; 7), 117.

36 Ebd.

37 Vgl. Neuwirth, Der Koran als Text der Spätantike, 559, 595.

38 Ebd., 557.

39 Vgl. Mouhanad Khorchide, Gott glaubt an den Menschen. Mit dem Islam zu einem neuen Humanismus, Freiburg-Basel-Wien 2015.

AUSGEWÄHLTE LITERATUR

Abu Zaid, Nasr Hamid / Sezgin, Hilal, Mohammed und die Zeichen Gottes. Der Koran und die Zukunft des Islam, Freiburg-Basel-Wien ²2008.
al-Ghazālī, Abū-Ḥamid Muhammad, Die Nische der Lichter. Aus dem Arabischen übersetzt mit einer Einleitung, mit Anmerkungen und Indices herausgegeben von 'Abd-Elsamad 'Abd-Elhamīd Elschazli, Hamburg 1987.
Aslan, Reza, Kein Gott außer Gott. Der Glaube der Muslime von Muhammad bis zur Gegenwart, Bonn 2006.
Bauer, Thomas, Die Kultur der Ambiguität. Eine andere Geschichte des Islams, Berlin 2011.
Bauschke, Martin, Jesus – Stein des Anstoßes. Die Christologie des Korans und die deutschsprachige Theologie, Köln u. a. 2000 (Kölner Veröffentlichungen zur Religionsgeschichte; 29.
Berger, Lutz, Islamische Theologie, Wien 2010.
Bobzin, Hartmut, Mohammed, München ³2006.
Brown, Jonathan A. C., Muhammad. A very short introduction, Oxford 2011.
Ess, Josef van, Theologie und Gesellschaft im 2. und 3. Jahrhundert Hidschra. Eine Geschichte des religiösen Denkens im frühen Islam. Bd. 4, Berlin-New York 1997.
Isik, Tuba, Die Bedeutung des Gesandten Muhammad für den Islamischen Religionsunterricht. Systematische und historische Reflexionen in religionspädagogischer Absicht, Paderborn 2015 (Beiträge zur Komparativen Theologie; 18).
Izutsu, Toshihiko, God and man in the Koran. Semantics of the Koranic Weltanschauung, Tokio 1964 (Studies in the Humanities and Social Relations; 5).
Kermani, Navid, Gott ist schön. Das ästhetische Erleben des Koran, München 1999.
Khorchide, Mouhanad, Das Jenseits als Ort der Transformation statt des Gerichts – Eine andere Lesart der islamischen Eschatologie. In: Jürgen Werbick / Sven Kalisch / Klaus von Stosch (Hg.), Glaubensgewissheit und Gewalt. Eschatologische Erkundungen in Islam und Christentum, Paderborn u. a. 2011 (Beiträge zur Komparativen Theologie; 3), 37–48.
Ders. / von Stosch, Klaus (Hg.), Herausforderungen an die Islamische Theologie in Europa – Challenges for Islamic Theology in Europe, Freiburg 2012.

Mohagheghi, Hamideh / von Stosch, Klaus (Hg.), Moderne Zugänge zum Islam. Plädoyer für eine dialogische Theologie, Paderborn u. a. 2010 (Beiträge zur Komparativen Theologie; 2).

Khoury, Adel Theodor, Der Koran, das endgültige Wort Gottes in menschlicher Sprache. In: Andreas Bsteh (Hg.), Der Islam als Anfrage an christliche Theologie und Philosphie. Erste Religionstheologische Akademie St. Gabriel. Referate – Anfragen – Diskussionen, Mödling 1994, 277–288.

Körner, Felix, (Hg.), Alter Text – neuer Kontext. Koranhermeneutik in der Türkei heute, Freiburg/Basel/Wien 2006.

Küng, Hans, Der Islam. Geschichte, Gegenwart, Zukunft, München-Zürich 2004.

Leuze, Reinhard, Christentum und Islam, Tübingen 1994.

Mohagheghi, Hamideh, Zum Gottesverständnis in islamischen Gesellschaften. In: Severin J. Lederhilger (Hg.), Die Marke »Gott« zwischen Bedeutungslosigkeit und Lebensinhalt. 9. Ökumenische Sommerakademie Kremsmünster 2007, Frankfurt am Main u. a. 2008, 68–83.

Motzki, Harald, Es gibt keinen Gott außer Gott, und Mohammed ist der Gesandte Gottes. In: Gernot Rotter (Hg.), Die Welten des Islam. Neunundzwanzig Vorschläge, das Unvertraute zu verstehen, Frankfurt a. M. 1993, 11–21.

Nagel, Tilman, Geschichte der islamischen Theologie. Von Mohammed bis zur Gegenwart, München 1994.

Neuwirth, Angelika, Der Koran als Text der Spätantike. Ein europäischer Zugang, Berlin 2010.

Paret, Rudi (Hg.), Der Koran, Darmstadt 1975 (Wege der Forschung; 326).

Ders., Mohammed und der Koran. Geschichte und Verkündigung des arabischen Propheten, Stuttgart ^{10}2008.

Peters, F. E., Art. Allah. In: John Esposito (Hg.), The Oxford Encyclopedia of the Islamic World, Oxford 2009, 127–130.

Rahman, Fazlur, Major themes of the Qur'an, Chicago 1980.

Samir, Samir Khalil, Die prophetische Mission Muhammads. In: Cibedo-Beiträge 2 (2006) 4–11.

Schimmel, Annemarie, Mystische Dimensionen des Islam. Die Geschichte des Sufismus, München 1985.

Dies., Der Islam. Eine Einführung, Stuttgart 1990.

Schoen, Ulrich, Gottes Allmacht und die Freiheit des Menschen. Gemeinsames Problem von Islam und Christentum. Mit einem Geleitwort v. K. Hock u. e. akt. Nachw. des Autors, Neudruck Münster 2003 (Christentum und Islam im Dialog: 2).

Shomali, Mohammed Ali (Hg.), God: Existence and attributes, London 2008 (Islamic Reference Series; 1).

Tatari, Muna / Stosch, Klaus von (Hg.), Gott und Befreiung. Befreiungstheologische Konzepte in Islam und Christentum, Paderborn 2012 (Beiträge zur Komparativen Theologie; 5).

Wolfson, Harry Austryn, The philosophy of the kalam, Cambridge-London 1976.

SACHREGISTER

'Ashūrā 50
Abrogation 20
Achsenzeit 58
Advaita Vedanta 71
Ästhetik / ästhetisch 11, 15, 18, 28–34, 45, 55, 74 f., 90, 94–98, 100–103, 171, 178 f., 181 f., 190, 199
Alkoholverbot 109
Ambiguität 6, 35 f., 43, 113 f., 116, 133 f., 139, 149, 160, 162, 169, 173–175, 177, 180–183, 191, 195, 199
Ankaraner Schule 24, 26 f.
Armensteuer 94 f., 98, 141
Asch'ariten 18, 21–24, 64, 68 f., 79, 121–124
Atheismus / atheistisch 76
Aufklärung 7 f., 20, 126, 146, 151, 191

Badr, Kampf von 48, 122
Barmherzigkeit 5, 21, 37, 43, 51 f., 62, 64–69, 76, 79, 85, 98, 106, 116, 154 f., 159, 161, 171, 175, 185, 187 f., 193
Basmala 65
Befreiungstheologie 70, 137, 187, 194
Bekehrung / Konversion 31 f., 39, 53, 115, 143, 141
Berufung / berufen 53 f., 56, 58 f., 101, 113, 162, 187, 197
Beschneidung 43
Beten 5, 61, 58–89, 92, 94, 107

Dattel 91, 94
Demokratie 7, 20, 110
Dschihād 117

Ehebruch 41, 150
Ehrenmorde 109
Einheit Gottes / tauhid 20 f., 62, 64, 70, 78, 84, 95, 171, 173, 177
Einswerden 71

Emanzipation / emanzipatorisch 25, 62 f., 70, 109, 113, 128 f., 150, 169, 175, 191
Engel 26, 30, 54, 56, 114 f., 117, 154 f., 164 f., 174 f., 177
Entwerdung 71
Erbrecht 25, 108, 128 f.
Erkenntnis 11, 42, 74 f., 114 f., 117, 156, 169, 172, 175, 187
Ethik / ethisch 5, 11, 24–27, 29 f., 42–45, 49 f., 53, 68, 90, 94–96, 98, 100–103, 107 f., 119, 124, 129, 133, 135 f., 139, 143
Eucharistie 166–168
Europa / europäisch 7 f., 108, 111, 145 f., 148, 179, 189, 192, 195, 199
Exegese / exegetisch 11 f., 20, 27, 35 f., 50, 52, 104, 132 f., 135, 143, 156 f., 163 f., 181, 196

Fasten 5, 50, 85, 89–91, 94, 98, 107
Fatalismus / fatalistisch 119
Feminismus / Feministin / feministisch 109, 128, 131–133
Fatwā 147, 190
Fiṭra 117
Freiheit 6 f., 36, 70, 89, 91, 94, 103, 107, 109, 113, 116, 119–126, 130, 192 f., 200
Frömmigkeit 10, 13, 24, 42 f., 47, 53, 56, 71, 73, 75, 81, 89, 173
Fundamentalismus / fundamentalistisch 6–8, 16, 18, 27, 44 f., 99, 101, 106, 141, 145, 149–151, 177

Ǧabriten 120
Ǧahmiten 120
Geist Gottes / Hl. Geist 59, 63, 79–81, 83, 117, 160 f., 165, 168
Gerechtigkeit 21, 52, 56, 58, 67–69, 75, 79, 85, 110 f., 123, 138 f., 144, 188, 191
Geschlechtergerechtigkeit 6, 98, 126, 128–130, 133

Gewalt gegen Frauen 129
Glaubensabfall 109
Glaubensbekenntnis 94 f.
Gleichberechtigung 25, 109, 113
Götze 7, 63, 79, 95, 136
Golfstaaten 110
Gottesknecht 156 f., 159, 168
Grabenkampf 49, 51

Hadith 38, 44, 48, 52, 66, 102, 106, 127, 131, 183 f., 191
Hand abhacken 103
Hanbaliten 19, 22 f.
Hariğiten 120
Hermeneutik / hermeneutisch 8 f., 18, 32 f., 36, 68, 85, 98, 100–103, 130, 134 f., 139, 145, 147, 153, 162, 168, 170, 179, 190, 197
Herzwaschung 53
Hidschra 41, 181, 192, 199
Hölle 56, 73
Hudaibiyya 140 f.

Idschtihad 105
Illiteralität 55
Inspiration 12, 26, 42, 58 f.
Invokation 65
Israel 49, 56, 58, 60, 62, 135–137, 154, 156, 166, 170

Jakobsweg 93, 190
Jerusalem 50, 137, 144, 146, 148
Jom Kippur 50, 184
Judenchristen 59
Jungfrau / Jungfräulichkeit 55, 161, 165

Kaaba 40 f., 62, 72, 87, 92 f., 138, 140 f., 143 f., 158
Kalif / Kalifat 14 f., 19 f., 31, 101, 118–120, 151
kasb 123
Kerbela 120
Kolonialzeit / -herrschaft 19, 100, 145, 148, 151, 180
Kopftuch 9, 98–102, 129, 190
Koranhermeneutik 11, 24, 29, 33 f., 35, 58 f., 129, 181, 193, 200
Koranübersetzung 183

Laizismus / laizistisch 100
Leiden / Leidensgeschichte 58, 75 f., 95, 156, 163, 167, 177
liberal 15, 26 f., 33, 43, 55, 67, 78, 105, 108, 110, 133
Liebe 33, 38 f., 44 f., 58, 66 f., 70–74, 76–79, 82, 88 f., 97 f., 116, 131, 151, 155, 168, 170–172, 176, 189
Logos 18, 23, 34, 59, 80, 83, 182
lutf 122, 124

Maqāṣit as-Šarīʿa 108, 191
Marianiten 82
Medina 6, 12, 14, 41 f., 46, 48–50, 104, 114, 140, 147, 154, 159, 161, 164 f., 197
Meditation 71
Mekka 6, 12–14, 39–42, 48–51, 56, 61, 65, 87, 92–94, 120, 122, 138, 140, 142–145, 147, 154, 158 f., 190
Miswāk 45
Mondjahr 91
Miaphysitismus / miaphysitisch 81.
Muʾmin 70
Murğiiten 120
Muʾtaziliten 18–24, 30, 63, 68 f., 79, 121–124
Mystik / mystisch 36, 71–77, 117, 124, 168, 172–174, 188, 200

Nabī 59
Niqab 102

Opfer 19, 92 f., 137, 156, 177 f., 191
Orthodoxie / orthodox 7, 21, 23, 29, 71, 75, 82, 87, 122, 125, 187
Orthopraxie 173

Paradies 56, 73, 114 f.
Pilger / Pilgerfahrt 40, 49, 85, 92–94, 107, 140–143, 145
Pluralismus 8, 110
Polygamie / polygam 46, 53, 129 f.
postmodern / postliberal 126, 180
Postulat 36, 75–77
Prophet 5, 11–15, 17 f., 26, 31, 35, 37–39, 41–45, 47 f., 50–62, 66, 70, 92 f., 95, 101 f., 105, 108, 114, 116 f., 119 f., 128, 131, 133, 135–138, 144, 147, 149, 153, 155, 157, 159 f., 170, 174 f., 177, 184–186, 190, 200

Protest 75–77
Protestatheismus 76 f.

Qadariten 120 f.

Rasūl 59, 95
Ramadan 50, 89–91, 108
Rationalismus/rationalistisch 19 f., 125
Rechtleitung 26, 52, 66, 70, 79, 115 f., 118, 122
Rechtsquellen 105
Reformtheologie/reformtheologisch 20, 42, 48, 178
Rezitation 11, 13, 15 f., 22, 30, 62, 74, 95 f., 98, 161, 171, 173

Sabbat 104
Säulen des Islams 5, 85, 91, 95, 107 f.
Salafismus/Salafisten/salafistisch 14, 16, 44, 61, 68, 149
ṣalāt 30, 85
Satanische Verse 40
Schahāda 95
Scharia 5, 9, 47, 50, 107–111, 113, 181 f., 191
Schirk/Beigesellung 61, 63
Schönheit 5, 29, 32–34, 55, 62, 72–75, 77 f., 96–98, 102, 155, 168, 170–173, 176, 182
Schrecken 5, 62, 74 f., 77 f., 171–173, 176, 188 f.
Schultheologie 5, 11, 18, 117, 148
Sex/Geschlechtsverkehr 78, 87, 91, 99–101, 130, 132 f., 151, 175
Sinnlichkeit/sinnlich 11, 74, 77 f., 91, 97
Solidarität 39, 77, 95, 136, 139
Spiritualität 43, 72, 89, 93, 95, 144, 173 f.
Statthalter 6, 113 f., 119, 174
Steinigung 92, 107, 150
Sündenfall 114 f.
Sufi/Sufismus 15, 71, 73, 77 f., 155, 187 f., 200
Sunna 43, 105, 133

Talmud 63
Teufel 92
Theodizee 76, 189, 194
Tod 12, 14 f., 17 f., 38, 41, 47, 52, 57, 77, 83, 121 f., 130, 156 f., 160, 163
Tora 36, 50, 104, 161 f., 182
Transzendenz/transzendent 18–21, 23 f., 63 f., 70, 79, 171 f.
Trinität 8, 20, 23, 34, 58, 62, 65, 80–84, 97, 153, 169, 172, 177, 190
Tritheismus/tritheistisch 81 f.

Übersetzung 31, 102, 188, 191
Uhud, Kampf von 48 f.
Umayyaden 119 f.
Unfehlbarkeit 52
Ungeschaffenheit des Korans 19 f., 23
Unnachahmlichkeit (iğaz) 5, 28–30, 36

Vernunft 18–20, 27, 29, 33, 38, 68, 74, 76, 97, 105, 109, 117 f., 125 f., 133, 146, 155, 175
Vernunftkritik 126
Verstand 64, 76, 188
Vertrauenspfand (amāna) 114

Wahhabiten/wahhabitisch 19
Wallfahrt 41, 85, 87, 91–93
Wirklichkeit 13, 21 f., 34, 71, 74 f., 77 f., 83, 85, 92, 97, 105, 114, 163, 169, 172–175, 177 f., 186
Würde 6, 109, 113–115, 127

Zeichen 15, 29, 50, 57, 74, 88, 92, 106, 118, 128, 147, 150, 154–157, 159, 161, 166, 168, 171, 181, 183–185, 187 f., 190–194, 199
Zeugnis 5, 13, 26, 32, 59, 61, 72, 75, 77 f., 80, 83, 129, 163, 166, 175

PERSONENREGISTER

'Abd al-Malik 171
Abduh, Muhammad 125
Abel 192
Abraham / abrahamisch 39, 58, 87 f., 92, 147, 160
Abū Bakr 14 f.
Abū Hanīfa 31, 64
Adam 87 f., 114–117, 127, 162
Aischa 47, 190
al-'Adawiyya, Rabi'a 73
al-Ašari 21
al-Asqalanī, Šihāb al-Dīn ibn Hağar 192
al-Azhar, Muhammad Sayyid Tantawy 102
al-Basri, Hasan 71
al-Bukhārī 38, 183
al-Gaziri 192
al-Ghazali / Ghazali 21, 64, 72, 117, 146, 148, 186, 188, 190, 192, 195, 199
al-Ğuwainī 109
al-Gurğani 29
al-Halladsch 71 f.
Ali, Kecia 109
Ali, Yusuf 67
al-Lat 40
al-Ma'mūn 19 f., 151
al-Qaradawi, Yusuf 95
al-Qurṭūbī 192
al-Šaukānī, Muḥammad bin ʿĀlī b. Muḥammad 192
al-Uzza 40
Amos 136
An-Na'im, Abdullahi 109
'Arafāt 92
arRaschīd, Hārūn 19
ar-Rummānī 29
as-Suyūṭī 106
Atatürk 100
Atay, Hüseyin 26
Attar 75–77, 188
Averroes / Ibn Rushd 148, 195

Avicenna / Ibn Sina 146, 148
Asad, Muhammad 190
Aslan, Reza 183, 188, 199
Auda, Jasser 191
Ayoub, Mahmoud 196 f.
az-Zamahšari 124, 155, 197

Bakr, Abū 14 f.
Balthasar, Hans Urs von 182
Banū Quraiẓa 50 f.
Barth, Hans-Martin 197
Bauer, Thomas 28, 105, 147, 149–151, 182 f., 191, 195, 199
Bauschke, Martin 189, 197, 199
Beheshti, Mohammad H. 188
Benedikt XVI. 179
Berger, Christian Paul 198 f.
Bettenworth, Anja 195
Bobzin, Hartmut 183, 185, 199
Böttrich, Christfried 197
Brown, Jonathan A.C. 183 f., 199

Çazai, Muhammad 193
Chadīğa 39, 54 f.
Çinar, Hüseyin Ilker 196 f.
Conrad, Lawrence 196
Cook, Michael 17
Crone, Patricia 17

Dassmann, Ernst 181
David 135
Dhu'n Nun 71
Dohmen, Christoph 179
Dschunaid 72

Echnaton 135
Edzard, Lutz 188
Ego, Beate 197
Eißler, Friedmann 197
el Fadl, Khaled Abou 99 f., 190, 192
Elija 53, 56, 136, 155
Elischa 136

Elsas, Christoph 197
Erasmus von Rotterdam 121
Esack, Farid 62, 67, 186 f., 194
Esposito, John 186, 200
Ess, Josef van 180 f., 190
Eva 114 f., 127
Ezechiel 137

Falaturi, Abdoldjavad 70, 186, 188
Fatima 31 f., 48

Gabriel 30, 54, 56
Gadamer, Hans-Georg 179
Griffel, Frank 148, 195
Grillmeier, Alois 197
Gruber, Eberhard 179

Hagar 92, 192
Hagemann, Ludwig 185, 188
Hallaq, Wael B. 191
Hassan, Riffat 128
Hegel, G.W.F. 84, 193
Heine, Peter 188
Hofmann, Michael 188 f.
Hosea 136
Hussein 119 f.

Iblis 114 f., 192
Ibn al-Arabi / Ibn Arabi 36, 71
Ibn al-Djazarī 36, 182
Ibn Hanbal, Ahmad 19, 22
Ibn Ishāq 38
Ibn Kullāb 21 f.
Ibn Mudjāhid 16
Ibn Thābit, Zaid 14
Ignatius von Loyola 172
Ijob 75 f., 156
Imbach, Josef 197
Ipgrave, Michael 185
Isik, Tuba 10, 43–45, 183–185, 199
Ismael 87
Izutsu, Toshihiko 186, 199

Jeremia 54
Jesaja bzw. Deuterojesaja 137, 156
Jesus von Nazaret 6, 18, 23, 30, 33 f., 53, 55, 59 f., 65, 74, 79, 80–83, 97, 99, 103 f., 153–163, 165–169, 176–178, 185 f., 189, 195–197, 199

JHWH / Jahwe 79 f., 136 f., 156, 186
Johannes von Damaskus 46
Johannes Philoponos 81
Johannes der Täufer 56, 157
Jokisch, Benjamin 196
Jona 54
Joschija 138
Josef 56

Kain 116, 197
Kalisch, Muhammad Sven 187, 194, 199
Khorchide, Mouhanad 57, 65, 178 f., 185, 187, 189, 192 f., 195, 198 f.
Khoury, Adel Theodor 188, 192, 200
Kamali, Muhammad Hashim 109
Kant / kantisch 75 f.
Karimi, Ahmad Milad 11, 96, 179, 187, 190, 193
Kerkeling, Hape 93
Kermani, Navid 28 f., 31, 34, 74–78, 96, 168, 181 f., 188 f., 196, 199
Kierkegaard, Søren 27
Klinger, Elmar 190
Körner, Felix 181, 186, 200
Krausen, Halima 128
Küng, Hans 42, 56 f., 183, 185, 192, 200
Kuran, Timur 190
Kuschel, Karl-Josef 186

Ladeur, Karl-Heinz 195
Lang, Bernhard 58, 186
Lederhilger, Severin J. 187, 200
Leila 72
Lessing, Gotthold Ephraim 27
Leuze, Reinhard 184, 186, 192, 200
Luther, Martin / lutherisch 85, 121
Lyotard, Jean François 179

Madigan, Daniel 185
Madschnun 72
Mahmud, Mustafa 124
Manah 40
Maria 54 f., 65, 128, 154, 158, 160, 163, 165, 195–197
Merklein, Helmut 196
Metz, Johann Baptist 136, 189, 194
Miggelbrink, Ralf 194
Mina 92

Mohagheghi, Hamideh 10, 187–189, 191, 193 f., 200
Monk, Ray 179
Mor Philoxenus, Matthias Nayis 187
Mose 30, 54, 56, 128, 156
Motzki, Harald 183, 185, 200
Muʿāwiya 119 f.
Muhammad / Mohammed 5, 9, 11 f., 15, 17, 22, 26, 28–30, 32, 37–62, 66, 82, 88, 95, 104 f., 116, 120, 128–131, 133, 138, 140, 142–144, 153, 163 f., 170, 174, 181, 183–186, 188, 199 f.,
Mühling, Markus 186
Muslim 38

Nagel, Tilman 181, 184 f., 192, 200
Napoleon 145
Naqshband 72
Nassery, Idris 10, 190 f.
Neuwirth, Angelika 12–14, 17, 115, 147, 159 f., 175, 179–181, 184–187, 189–192, 194–196, 198, 200

Oelmüller, Willi 189
Origenes 121
Özsoy, Ömer 24–26, 181

Paçaci, Mehmet 24, 181
Pannenberg, Wolfhart 168, 197
Paulus 35, 134, 162, 179, 196
Peters, Francis Edward 186, 188, 200
Petuchowski, Jakob J. 186
Petzel, Paul 187
Plotin 71
Priesching, Nicole 193
Pseudo-Dionysios Areopagita 164, 197

Rabb, Intisar A. 191
Rabiʿa al-ʿAdawiyya 73
Rahman, Fazlur 24, 181, 186 f., 200
Ramadan, Tariq 108, 191
Rebstock, Ulrich 196
Richard von St. Viktor 82
Rohe, Matthias 107
Romeo und Julia 72
Röhser, Günter 58, 185 f.

Rotter, Gernot 183, 200
Rumi 71

Salomo 127, 135
Samir, Samir Khalil 57, 184–186, 200
Samuel 56
Schedl, Claus 196
Schimmel, Annemarie 71, 183, 188, 190–192, 200
Schoen, Ulrich 125, 192 f., 200
Seker, Nimet 193 f.
Sezgin, Hilal 181, 199
Shankara 71
Shomali, Mohammed Ali 186–188, 196, 200
Sinai, Nicolai 179
Sirry, Munʾim 164, 197
Somavilla, Ilse 198
Stieglecker, Hermann 192
Stolz, Fritz 137, 194
Stosch, Klaus von 179–182, 184 f., 187–197, 199–201
Strolz, Walter 186
Szyka, Christian 188

Tabari 132
Talbi, Mohamed 125
Tantawy, Muhammad Sayyid 102
Thomas von Aquin 9, 146, 148

Umar 31 f.
Unterkircher, Anton 198
ʿUthmān 15–17

Wadud, Amina 131, 193
Wansbrough, John 17
Waraqa ibn Naufal 55
Watt, William Montgomery 185
Werbick, Jürgen 187, 191, 194, 199
Wick, Lukas 179
Wittgenstein, Ludwig 8, 21, 171, 179, 198
Wolfson, Harry A. 192, 201

Yazid 120

Zaid, Nasr Hamid Abu 24, 26, 42, 48, 104, 128, 133, 181, 183–185, 187f., 190–194, 199
Zainab 46f.
Zellentin, Holger Michael 164, 180, 197